KB211228

제임스 패커의
절대 진리

성경은 왜 우리 인생을 걸 만한 책인가?

James

제임스 패커의 절대 진리

God has spoken

제임스 패커 지음
박문재 옮김

Packer

국제제자훈련원

우리는 성경을 하나님의 말씀으로 믿거나, 성경에 관한 전통적인 입장을 주장하면 시대착오적이라고 생각하는 시대를 살고 있습니다. 그만큼 신앙과 교회생활에서 성경의 무게는 가벼워지고 있습니다.

제임스 패커는 이 책에서 성경의 권위와 그 아래에서 이루어지는 성경적인 삶의 방식이 무엇인지를 상세히 다루고 있습니다. 고전적 성경관에 대한 교과서적 진술, 성경 비평학에 대한 일갈, 성경의 권위를 상실한 시대와 교회의 쇠락에 대한 탄식, 놓칠 수 없는 계시의 중요성 등을 매우 진솔하고 설득력 있게 설파합니다. 경건한 신학자의 성경 사랑이 갈피갈피 묻어나는 책입니다. 목회자와 설교자, 신학생, 성경교사 들에게 꼼꼼히 읽어볼 것을 강력하게 권합니다.

류호준 백석대학교 신학대학원 은퇴교수

하나님의 존재마저 외면하는 현대 지성인은 물론, 성경의 권위를 상대시하는 그리스도인이 절망의 경계를 넘어선 채 인식 주관주의, 가치 상대주의, 견해 관점주의에 빠져 있는 것을 안타깝게 바라보던 저자는 성경이야말로 신앙과 삶의 유일한 기준임을 논증한다. 우리 모두 하나님 절대주의, 성경 객관주의, 진리 원칙주의로 돌아가야 함을 강력하게 외치는 복음주의 대가의 감동적인 선언이다.

전광식 고신대 신학과 교수, 전 고신대 총장

목차

일러두기

1. 이 책의 초판은 "기독교의 토대"(Christian Foundations)로 이름 붙인 총서 중 한 권으로 1965년에 출간되었다. 이 총서는 성공회 신자가 성공회 신자들을 위해 펴낸 것이었다. 내가 그 책에서 성공회와 관련된 자료를 많이 사용한 이유이기도 하다. 초판을 개정하고 증보해서 발간한 현재의 판본은 특별히 성공회의 시각을 담고 있지는 않고, 다른 신앙 전통에서 나온 자료도 자유롭게 사용했다. 물론 성공회의 공식 문서들(1563년의 39개조 신조, 1662년의 성공회 공동기도서, 제35조에서 공인한 설교집)이 성경을 토대로 하며 성경을 지향하고 있음을 보여주는 내용은 나와 같은 성공회 신자의 참된 뿌리가 어디에 있는지를 보여주는 증언이기 때문에 손대지 않고 그대로 두었다.

2. 이 책은 연구서이기 때문에 내용이 압축적으로 표현되어 있다. 하지만 간결하게 표현하느라 명료함이 희생되지 않도록 애를 썼다. 이 책에서 참고하라고 써놓은 성경 본문은 내 논증의 일부이기 때문에 반드시 찾아서 읽어보길 권한다.

기존에 나온 책의 초판에 새로운 내용을 추가해 개정판을 내달라는 요청을 꾸준히 받아 왔다. 하지만 나는 두 가지 중요한 부록을 추가하는 것 외에는, 다른 부분을 추가할 수는 없었다. 책을 쓰고 나서 40년이 지난 지금 와서 보더라도 내가 그 책에 담긴 내용을 제대로 썼고, 지금도 여전히 거기에 동의함을 하나님의 은혜로 말할 수 있을 뿐이다.

당시 성경에 관해 내가 처음으로 썼던《근본주의와 하나님의 말씀》(*Fundamentalism and the Word of God*) 자매편인 이 책을 쓰며, 나는 독자들이 책을 읽은 후 스스로 성경을 공부하고, 그렇게 해서 알게 된 진리에 더 마음을 기울여 응답할 수 있었으면 하고 바랐다. 이 책에서 내가 추구한 목표는 생각하는 그리스도인들이 진지하게 성경을 읽고 연구할 수 있도록 준비시키는 데 있었기 때문이다. 오늘날 먹구름이 몰려들고, 세상은 계속 교회를 압박하며, 장차 그 압박이 더욱 심해질 상황에서도 나는 이 책을 쓸 때 처음에 가졌던 소망이 앞으로도 계속 이루어지게 해달라고 기도했다.

그래서 나는 이 책을 어떤 식으로 사용하면 좋을지를 몇 가지 제안하려고 한다.

설교자들은 이 책의 상당 부분을 이미 어떤 식으로든 알고 있을 것이지만, 한 장 한 장 읽어가다 보면 아마도 자신에게 주어진 소임, 즉 실제로 하나님 말씀을 하나님의 이름으로 대언하고 설명하고 적용하는 소임이 얼마나 엄청난 특권인지를 다시 한번 새롭게 깨달으며 힘을 얻게 될 것이다.

신학생들은 이 책을 읽으며 성경에 관해 분명히 알아두어야 할 중요한 것을 전체적으로 이해하고 파악할 수 있다. 초판이 나온 1965년 이래로 책에서 제시한 견해와 관련된 세부 내용을 두고 많은 논의가 있었지만, 내 견해를 근본적으로 뒤엎는 일은 일어나지 않았다. 따라서 이 책은 나무만 보고 숲을 보지 못하는 어리석음을 범하지 않게 할 것이다.

교회의 여러 모임에서는 이 책을 함께 읽고 토론할 수 있다. 최대한 분명하고 명료하게 쓰려고 했고, 실제로도 그렇기 때문에 계시와 성경에 대해 자신이 무엇을 믿고 있는지 확실하지 않은 이들에게 도움이 될 것이다. 나는 교회의 그런 현실을 고려했고, 신학자보다는 평신도들이 내 책을 더 알아주길 바랐다. 이것은 지금도 여전히 바라는 바다.

이 책을 개인적으로 읽는 그리스도인은 하나님이 당신의 말씀을 자기 양심에 적용하시는 것을 더욱 민감하게 느끼고, 이것을 더 깊게 경험하려면 어떻게 해야 하는지를 통찰하게 될 것이다.

그러므로 작은 책이여, 다시 한번 나가서 갈급함이 있는 곳에 가서 하나님이 주신 복으로 하나님의 권속을 세우라. 모든 영광은 하나님의 것이 되게 하라.

2005년 1월,
밴쿠버의 리젠트 칼리지에서
J. I. 패커

나이가 들어갈수록 나는 점점 더 나의 신앙을 노래하고 싶고, 다른 사람도 나와 함께 노래했으면 좋겠다는 생각이 든다. 나는 학생들에게 신학이란 송영, 즉 하나님을 찬송하기 위한 것이라고 늘 말한다. 우리는 하나님 앞에서 하나님의 도우심을 힘입어 하나님을 주제로 신학을 하는 것이기 때문에, 신학을 할 때 그 일이 찬송이 되게 하여 하나님을 높이는 것이 가장 으뜸가며 중요한 일이라는 뜻이다. "너희의 마음으로 주께 노래하며 찬송하며"(엡 5:19)라고 한 바울의 말은 또한 신학자들을 향한 것이기도 하다. 하나님을 노래하고 그분께 기도하지 못하게 하는 신학은 분명 근본적으로 잘못된 것이다. 그런 신학은 마음을 차갑게 하고, 또한 흥미를 잃게 만든다. 이 책이 누군가를 그렇게 만든다면, 그것은 비극이다.

이 책은 꽤 진지하고 실제로 신학적인 내용을 담고 있지만, 나는 독자들이 이것을 하나님을 찬송하기 위한 재료로 받아주기를 바란다. 내가 이 책을 쓴 주된 목적은 하나님이 당신에 관한 진리를 우리에게 계시하셨음을 송축하고, 그 안에서 하나님과 교제하며 그분이 주신 구원을 받아들여서 어떻게 살아야 할지를 배우게 하는 데 있다. 원하기는, 이 책이 밑에 소개할 두 곡의 찬송을 반향하고 견고히 붙드는 것으로 받아들여지길 바란다. 독자들이 묵상할 수 있도록 아래에 두 찬송의 가사를 수록했다.

첫 번째 찬송은 이 책의 초판이 나오기 12년 전인 1953년에

만들어졌다. 가사는 다음과 같다.

하나님이 말씀하셨네
그의 선지자를 통해 변치 않는 말씀을 전하셨으니
모든 선지자가 자기 세대에서
유일하신 하나님, 의로우신 주를 선포했다네
세상의 절망과 소동 가운데서
견고한 닻 하나가 여전히 든든하니
하나님은 왕이시고 그의 보좌는 영원하며
하나님은 처음이자 마지막이시다.

하나님이 말씀하셨네
그리스도, 영원하신 아들, 아버지의 영광의 광채
아버지와 영원히 하나이신 분
그리스도 예수 곧 육신이 되신 말씀을 통해 말씀하셨으니
시간이 시작되기 전부터 계신 신의 신
이 땅에 내려오신 빛의 빛
하나님을 사람에게 계시하신 사람.

하나님은 지금도 말씀하시네
그의 성령께서 사람의 마음에 말씀하시고
오래전에 주신 말씀 안에서 그때처럼 지금도
당신의 복음을 설명하시네.
나라는 흥망성쇠를 거듭해도

확실한 믿음 하나는 견고히 서 있고
하나님은 영원히 계시고 그의 말씀은 변하지 않으니
하나님은 처음이자 마지막이시다.

두 번째 찬송은 지금부터 250년 전에 영국에서 복음에 의한 대각성이 불길처럼 일어나던 때에 찰스 웨슬리가 쓴 것으로 앞의 찬송보다 더 잘 알려져 있다(찬송가 23장, "만 입이 내게 있으면"의 원 가사이다. 여기에는 원 가사를 그대로 번역해서 실었다—편집자).

오, 내게 천 개의 혀가 있다면
내 크신 구속주를 찬미하고
내 하나님과 왕의 영광을 노래하며
그분 은혜의 승전가를 부르리라!

예수, 그 이름은 우리의 두려움을 치유하고
우리 슬픔을 그치게 하며
죄인의 귀에 음악소리요
생명과 건강과 평안이라네.

그분은 무력화된 죄의 권세를 끊으시고
갇힌 자를 자유롭게 하신다
그 피는 가장 추악한 자를 깨끗하게 하고
그 피는 내게도 효험이 되었다네.

서문(1993년판)

그분이 말씀하신다. 그 음성을 들으면
죽은 자가 새 생명을 받고
통회하는 마음은 기뻐하며
가난한 심령은 믿는다.

너희 귀먹은 자들아, 그의 말을 들으라
너희 말 못하는 자들아, 그를 찬송하라
너희 혀가 풀려 그렇게 하리라
너희 눈먼 자들아, 구주께서 오심을 보라
너희 발을 저는 자들아, 기뻐 뛰어라!

나의 은혜로우신 주, 나의 하나님
나를 도우셔서 온 땅에
널리 전하고 퍼뜨리게 하소서
주의 존귀하신 이름을.

내가 계시와 그 과정에 관한 글을 쓰는 목적은 우리에게 계시
된 것들, 즉 성부와 성자와 성령 하나님 그리고 창조와 구속과 중생
과 교회를 세우심과 관련해 삼위일체 하나님이 하신 일을 제대로
알고 이해하는 길을 닦기 위한 것임을 분명하게 해두려 한다. 이것
은 그리스도인 삶의 원천으로서, 하나님 영광과 영혼의 유익을 위해
설교자가 힘을 다해 선포해야 하는 것들이다. 오늘날 사람들은 계시
를 믿지 않기 때문에 그 샘들이 막혀 있다. 그 샘을 여는 데 조금이
나마 도움이 되었으면 하는 것이 나의 소망이요 기도다.

계속 성장해온 한 권의 책

고양이도 왕을 볼 수 있다는 속담이 있다. 식견이 있는 독자는 내가 어떤 왕을 눈앞에 그리면서 이 서문을 쓰고 있음을 눈치챘을 것이다. 그는 장 칼뱅이다. 네 권짜리 《기독교 강요》 최종판에서 칼뱅은 창조, 구속, 거듭난 삶, 교회를 순서대로 다루었고, 하나님의 영광과 찬송을 위한 그의 열정은 모든 대목에서 빛을 발했다. 나는 이 모든 광경을 관찰하는 고양이가 되어 칼뱅을 보면서 깊은 친밀감을 느낀다.

첫 번째로, 나는 칼뱅이 이 책의 요지와 핵심을 긍정하고 인정할 것이라고 생각한다(이 말이 의심스럽다면 《기독교 강요》 제1권 1~9장과 제4권 8장 1~12절을 보라).

두 번째로, 사실 칼뱅의 《기독교 강요》는 1536년부터 1559년에 이르기까지 다섯 번의 판본이 발행되면서, 처음에는 일반 독자들에게 실용적인 기독교 신앙을 소개하는 소책자였다가 최종적으로는 분량이 처음보다 몇 배는 늘어난 기념비적인 저작으로 성장했다. 그렇게 된 것은 주로 설교자들을 교육하기 위해 좀 더 전문적인 내용을 추가했기 때문인데, 대부분은 칼뱅이 처음에 제시했던 것에 사람들이 지속해서 이견을 보이자 거기 답변하려고 덧붙인 것이었다. 이런 이유로 그는 모든 내용을 어느 정도 교육을 받은 평신도의 수준에 맞추려고 애썼고, 그런 의도는 비교적 성공하긴 했지만, 일정 정도는 기독교의 중요 교리들을 해설하고자 했던 처음 의도에서 급격하게 방향을 틀어 신학 변증으로 나아가야만 했다.

나 역시 그러했다. 이 책은 1965년에 96쪽짜리 소책자로 시작되었다. 그런데 지금은 분량이 처음의 두 배가 되었고, 추가된 내용은 대체로 기존 것보다 더 전문성을 띠었다. 나로서는 단지 독자가 관대하게 봐주기만을 바라고, 초판과 마찬가지로 최대한 쉽게 쓰려고 애썼다고 말할 뿐이다.

그동안 생긴 변화들

1965년에 나온 이 책의 초판은 핵심 주제에 대해 오늘날에도 여전히 타당한 부분을 짚고 있음을 나는 믿지만, 지금에 와서는 어쩔 수 없이 시대에서 비켜난 저작이 되었음을 인정하지 않을 수 없다. 내가 그렇게 말하는 이유를 이해하려면 계시와 성경에 관한 논의에서 1993년이 처한 상황을 1965년과 다르게 만든 세 가지 발전을 짤막하게 소개하는 것이 좋겠다.

첫 번째, 영어권 세계에서는 이 책이 따르는 복음주의 신학이 한 세대 전보다 훨씬 더 강세를 보이고 있다. 성경 신자들을 지도하고 지원하려고 기록된 많은 고품질 저작들, 틴데일 성경연구회(영국)와 복음주의신학학회(미국)의 학문적인 연구 지원, 국제성경무오협회의 10년 활동(1977~1987), 그리고 많은 출판사와 신학교 덕분에 복음주의 신학은 새롭게 전성기를 맞이했다. 이것은 복음주의 신학이 대체로 최후 방어선을 치고 전전긍긍하며 방어해야 했던 1950년대와 1960년대 상황과는 많이 달라진 것이다. 제임스 바(James Barr)가 아주 방대한 책을 써서 복음주의 신학자들은 사기

꾼이고 복음주의적 경건은 병적인 것이라고 공격했을 때,[1] 동료들은 도대체 그가 무슨 억하심정으로 복음주의에 그토록 극렬한 분노와 경멸을 쏟아 붓고 있는가를 의아해했다. 그의 넋두리는 진지하게 받아들여지지 않았고, 복음주의에 대한 비난은 지지받지 못했다.

처음에 나는 도전하고 반항하며 방어하는 논조로 이 책을 썼는데, 그렇게 한 이유는 특히 1950년대 영국에서는 반세기 전과 마찬가지로 자유주의 신학이 기승을 부리고 있었기 때문이었다. 만일 내가 오늘날 책을 쓴다면, 그런 논조로 쓸 필요는 없을 것이다.

두 번째, 학계에서 계속되어 온 성경에 관한 논의에서 학문적인 쟁점이 계시와 영감에서 정경과 해석학으로 옮겨갔는데, 이것은 실제적인 관점에서 해석이 중요한 쟁점이 되었음을 의미한다. 오늘날 대부분의 신학 활동은 여기 집중하고 있고, 미국에서는 더욱 그러하다. 이 분야에서 개혁파가 견지하는 정경적인(객관적이고 유기적인) 성경 해석, 즉 복음주의와 그 성경신학은 다양한 해방 신학들, 그중에서 특히 악명 높은 여성주의자들의 선별적이고 주관적인 해석학과 정면으로 대립하고 있다.

따라서 계시와 영감이라는 주제를 중심으로 구성된 본 강론은 약간은 구식이고 진부하게 느껴져서, 마치 마이클 잭슨과 클리프 리처드, 브리튼과 브람스를 대비하는 것처럼 보인다. 하지만 정경과 해석학을 제대로 논의하려면 먼저 계시와 영감이라는 주제를 제대로 알 필요가 있다는 점에서, 이 책이 담고 있는 내용은 여전히 근본적으로 중요하다고 나는 믿는다. 최근 관심사를 다루기 위해 기존의 주장에 몇몇 내용을 추가하긴 했지만, 나는 여전히 계

서문(1993년판)

시와 영감이라는 주제에 관심이 많다.

세 번째, 영어권 신학자들의 성향에서 대세가 역전된 것으로 보인다. 건설적이고 발전적인 신학으로 가려면 어떤 형태로든 계몽운동에 따른 초자연적이지 않은 일신론(이신론 또는 범신론)을 수용해야 한다는 것이 '신학 협동조합'이 공유하고 있던 전제였다. 그런데 지금은 그런 전제가 무너지고, 많은 신학자가 니케아 신조의 삼위일체론, 칼케돈 신조의 성육신론, 아타나시우스나 아우구스티누스가 보여준 구원론으로 새롭게 뛰어드는 것이 대세가 되었다. 따라서 이 책이 속한 사상 세계는 불트만, 틸리히, 존 로빈슨과 그들 진영에 소속된 추종자가 학계를 주도했던 1965년에는 주변적인 것이었지만, 지금은 더 이상 주변적인 것이 아니라 중심 무대에 우뚝 서 있다.

이렇게 역전된 대세가 얼마나 지속될지는 알 수 없지만, 적어도 현재로서는 성경이 삼위일체와 사도적 신앙의 세 가지 R, 즉 파멸(ruin), 구속(redemption), 중생(regeneration)에 관해 무엇을 가르치는지 듣는 것은 처음 이 책을 쓸 당시보다는 덜 이질적이고 덜 이상한 일이 되었다. 상황이 이렇게 된 것을 하나님께 깊이 감사한다.

따라서, 내 관점에서 보면 분명히 형편은 이전보다 나아졌다. 그렇다고 모든 것이 그렇다고는 할 수 없다. 성경을 하나님의 영감으로 된 그분의 말씀으로 보는 고전적인 기독교 신학은 대서양 양편에 있는 좀 더 오래된 개신교 세계에서 여전히 소수의 입장이다. 대학교에 있는 오만한 교사들은 학생에게 복음주의 신앙의 잔재를 발견하는 즉시 그것을 몰아내려고 안간힘을 쓴다. 자유주의 진영에 속한 자들이 곳곳에서 활동하면서 대부분의 주요 교단과 세계교회협의회(World Council of Churches)를 여전히 장악하고 있다.

자유주의 신학의 주관적인 방법론 때문에 언젠가는 발생할 수밖에 없었던 통제 불가능한 상대주의, 다원주의, 궁극적인 허무주의가 자유주의적이며 급진적인 진영에서 생겨나, '하나님', '그리스도', '믿음', '사랑'이 점점 더 다른 형태로 변화될 수 있는 밀랍으로 된 코처럼 변해가고 있다. 여러 종교를 동시에 믿는 혼합주의 신앙을 유효한 원칙으로 받아들이고, 동성애적인 삶의 방식을 건강한 것으로 인정하라는 압박이 교회에 점점 더 심하게 가해지는 것은 그런 추세를 보여주는 두 사례일 뿐이다.

이 책의 취지는 성경의 권위와 그 권위 아래에서 이루어지는 성경적인 삶의 방식이 무엇인지 다시 알리는 것이다. 나는 그러한 일이 지금도 여전히 필요하다는 신념으로 이 책을 다시 펴낸다. 하나님께서 이 책을 그러한 목적으로 사용해주시기를 기도한다.

제1장

성경이 주는 기쁨

즐거움의 비밀: 우리를 하나님 임재에 머무르게 함

성경을 연구하려고 할 때 무척 도움이 되는 길잡이는 존 블랜 차드(John Blanchard)가 쓴 《성경을 즐겨라》(*Enjoy your Bible*)는 책이다. 이 제목에는 역사가 있다. 원래는 한 세대 전에 지금은 고인이 된 하딩 우드(Harding Wood)가 동일한 목적을 위해 쓴 책의 제목이었 고, 거기에서 또다시 한 세대 전에 해링턴 리즈(Harrington C. Lees)가 쓴 《성경 연구의 기쁨》(*The Joy of Bible Study*, 1909년)이라는 책의 제목을 반영했다. 우리는 이러한 제목이 강조하는 부분이 무엇인지 안다. 성경을 가까이하면 즐거움을 얻을 수 있다는 것이다. 그리고 이것 은 맞는 이야기다. 하나님은 자기와 교제하는 백성에게 순전하고 무궁한 즐거움을 주시기 때문이다. "주의 앞에는 충만한 기쁨이 있 고 주의 오른쪽에는 영원한 즐거움이 있나이다"(시 16:11).

일편단심 온 마음을 다해 하나님께 감사하고 헌신하며 자기를 부인하는 그리스도인이 누리는 즐거움만큼 큰 기쁨은 없다. 또한 일과 여가 시간, 우정과 가족, 사람들과 함께 어울리며 먹고 노는 것, 예술과 기술들, 시합 관람, 새로운 뭔가를 발견하거나 만들기, 다른 사람을 돕는 것을 비롯해 인생이 주는 온갖 고귀한 즐거움은 그리스도인에게서 두 배로 커진다는 것도 안다.

쾌활한 옛 청교도의 말마따나(우리 상상 속에 존재하는 독선적이고 성질머리 나쁜 사람들이 아닌 역사상 실제로 존재했던 청교도를 가리킨다), 그리스도인은 자신이 누리는 모든 즐거움 속에서 하나님을 맛보기 때문이다. 즉, 그리스도인이 아닌 사람은 그 즐거움을 누리면서도 동시에 공허감을 맛보기 때문에 그 즐거움이 감소되는 반면, 그리스도인은 즐거움 속에서 하나님을 맛보기 때문에 그 즐거움이 배가 된다. 또한 참된 그리스도인과 하나님의 말씀, 곧 "주의 입의 법"(시 119:72)이 만날 때, 그 말씀이 자신을 아무리 괴롭게 하거나 낮추더라도, 블랜차드와 우드와 리즈가 말했듯, 결국 그 말씀으로부터 기쁨이 솟아나고, 괴로움과 비천하게 함이 더 심해질수록 기쁨도 더 커진다는 것을 나는 안다.

또한 나는 성경을 즐기는 것이 무엇인지를 안다. 그것은 성경 안에서, 성경을 통해 내가 하나님을 발견하고 하나님이 나를 발견하시는 일을 기뻐한다는 것이다. 나는 왜 시편 기자가 하나님 약속의 말씀과 명령을 "즐거워하고"(delight, 시 119:16, 24, 35, 47, 70, 77, 92, 143, 174. 무려 아홉 번이나!) 자신의 "기쁨"(joy, 시 119:111; 119:14, 162, 시 19:8 참조)이라고 했는지, 그리고 왜 그가 그 말씀과 명령을 사랑한다고(loved, 시 119:47, 48, 97, 113, 119, 127, 140, 159, 163, 167. 무려 열 번이나!) 말했는지를 경험적으로 안다. 나는 다른 사람과 마찬가지로 좋은 음식이 자양분과 함께 즐거움을 주는 것처럼 하나님의 선하신 말씀도 그러하다는 것을 경험해왔다. 그래서 나는 그리스도인이 즐거움을 기대하면서 성경을 깊이 파고들어 가기를 바란다. 그리고 성경 연구는 무미건조하고 지루할 수밖에 없다는 통념을 깨고 기쁨을 얻길 기대하면서 하는 것임을 강조한 이 시편 저자에게 박수갈채를 보낸다. 하지만 나는 무엇이든 균형 있게 다루는 것이 중요하다고 생각한다.

즐거움은 본질적으로 부산물이다. 즐겁다는 느낌은 즐거움 자체를 즐기는 것이라기보다는 어떤 것에 집중할 때 오는 만족스럽고 충만한 상태이기 때문이다. 즐거움 자체가 목표라면, 당신은 즐거움을 얻지 못할 수 있다. 그렇게 하면 즐거움을 얻을 수 있는 조건이 충족되지 못하기 때문이다. 우리가 경험을 통해 알고 있듯이, 즐거움을 추구하면 즐거움을 얻을 수 없다. 행복해지려는 노력을 그만두고, 사람과 일에 집중하기 전까지는 결코 행복을 발견할 수 없다. 이것을 성경 연구에 적용하면, 우리는 창조주를 믿고 순종하여, 믿고 행하는 일을 창조주의 뜻에 일치시키는 것을 목표로 삼을 때만 성경을 연구하면서 즐거움을 얻게 된다는 뜻이다. 하나님을 위해서가 아니라 자신의 즐거움을 위해 성경 연구를 하면 결국 하나님을 기쁘시게 해드리지도 못하고 자신도 즐거움을 얻을 수 없다.

바울이 베뢰아에서 말씀을 전했을 때, 거기 있던 유대인들은 "간절한 마음으로 말씀을 받고" 바울이 말한 것이 정말 "그러한가 하여 날마다 성경을 상고"하였다(행 17:11). 여기서 간절한 마음으로 받은 '말씀'은 영원히 멸망에 처할 인류가 오직 예수 그리스도로 말미암아 받는 구원에 관한 메시지였다. "다른 이로써는 구원을 받을 수 없나니 천하 사람 중에 구원을 받을 만한 다른 이름을 우리에게 주신 일이 없음이라. … 주 예수를 믿으라. 그리하면 너와 네 집이 구원을 받으리라"(행 4:12. 16:31). 그들에게 "간절한 마음"이 생긴 것은 자신의 영원한 운명에 관한 문제를 복음이 중점적으로 다루고 해결해준다고 바울이 말했기 때문일 것이다. 대부분 사람에게는 "간절한 마음"이 더 마음에 와닿겠지만, 오늘날의 관점으로는 '존재론적 관심'이라고 부를 수도 있다.

이렇게 해서 베뢰아 사람 중에는 믿는 자가 많아졌는데(행 17:12), 나중에 성경을 공부해 보니 너무나 즐겁고 기뻤다고 증언했을 것이 틀림없다. 하지만 그들이 성경을 공부한 이유는 기쁨을 얻으려는 목적이 아니라, 하나님이 마련해놓으신 구원의 길을 확실히 알려는 것이었다. 그들이 성경에서 발견한 것은 이전 생각들을 여지없이 무너뜨리는 것이었고, 전에 알지 못했던 죄의식과 부끄러움과 절망을 안겨주는 것이었지만, 오히려 거기에서 기쁨이 왔다. 이것은 우리에게도 마찬가지다. 하나님이 성경을 통해 말씀하시는 것이 우리가 전에 가진 것들을 허물고 우리를 초주검이 되게 하는 것일지라도, 그렇게 주어지는 하나님의 길, 하나님의 은혜, 하나님과의 교제는 우리에게 기쁨을 안겨준다.

따라서 성경 공부가 주는 기쁨은 곡과 마곡, 두발가인과 므두셀라, 성경 숫자와 '짐승'의 정체처럼 신기하고 색다른 것에 관한 단편적인 지식을 수집하는 재미도 아니고, 단정하게 정돈된 것을 좋아하는 사람들이 교묘한 기법을 사용해서 본문을 분석해놓음으로써 느끼는 희열도 아니다. 성경 공부가 주는 기쁨은 우리를 하나님 임재 앞으로 데려다줌으로써 살아 계신 하나님과 친교를 나눌 때 생기는 깊은 만족감이고, 오직 하나님의 참된 제자들만이 이런 기쁨을 안다.

영원한 운명을 결정하는 것들

우리의 영원한 운명은 성경에 마음을 쏟느냐의 여부에 달려 있다. 지금은 많은 사람이 성경에 무관심한 시대여서, 어떤 사람은 이 말을 처음 들었을 때 그것이 무슨 의민지 의아해할 것이다. 사실을 실토하자면, 사람들은 내게 즉시 반문했다. "지금 무슨 말을 하는 것입니까? 그러니까 당신은 성경이 말하는 것을 우리더러 곧이곧대로 믿으라는 것입니까?" 내 대답은 다음과 같은 의미에서 "그렇다"이다.

첫째, 내가 "영원한 운명"이라고 말할 때, 그것은 사람이 죽고 나서 맞는 기쁨 또는 비탄의 상태인데, 이는 내가 죽은 자 가운데서 살아나신 하나님의 아들 예수 그리스도에게서 배운 것이고, 하나님의 영감을 받아 기록되어 신뢰할 만한 신약성경의 저자들이 모두 한목소리로 증언하는 것이기 때문이다. 나는 단지 사람은 죽은 후에도 계속해서 어떤 식으로든 다시 살아나게 된다고 말하는 것이 아니라, 우리가 이 땅에 살면서 실제로 뿌린 것들을 죽음 이후에 거두게 되는 장래의 상태에 관해 말한다.

신약성경은 현세의 삶이 대기실이고 분장실이며 도덕을 훈련하는 곳이라고 분명히 말한다. 즉, 이 세상에서 우리 몸은 점점 낡아져가는 반면에 우리의 성품은 점점 더 형체를 갖추어감으로써, 이 세상에서 자신이 선택한 삶과 행실에 따라 결정되는 내세의 삶을 준비하고 있는데, 거기에서 어떤 사람은 이 세상이 알지 못하는 더 큰 기쁨을 누리고 어떤 사람은 더 큰 괴로움을 겪을 것이라고 말한다. "이는 우리가 다 반드시 그리스도의 심판대 앞에 나타나게 되어 각각 선악 간에 그 몸으로 행한 것을 따라 받으려 함이라"(고후 5:10).

물론 세상은 현세만이 유일한 삶이며, 육신의 죽음으로 한 사람의 존재는 소멸된다고 본다. 하나님의 심판에 대해 말하면 코웃음 치며 비웃는다. 또한 오늘날 현세에서 어떻게든 더 오래 살아남으려는 강렬한 생존본능은 혐오감을 불러일으킬 정도로 기괴한 형태를 띤다. 또한 많은 개신교인은 툭 하면 마르크스주의자로부터 "죽어서 하늘에 가야 너희 몫이 있지 않느냐"는 조롱과 위협을 받는다(특이하게도 가톨릭과 정교회 신자들은 그런 일을 거의 당하지 않는다). 개신교인은 세속적인 견해에 동조하지 않으면 무척 괴로운 삶을 살아갈 수밖에 없기 때문에, 어느 순간부터는 내세의 삶이 현세의 삶보다 더 중요하다는 것을 더 이상 말하려 하지 않고, 실제로도 내세의 삶이 현세의 삶보다 더 중요하다는 진실을 자신도 잊고 살아간다.

하지만 그렇게 했을 때 문제는 심각해진다. 내세에서 하나님을 즐거워하도록 준비시키려는 계획에 따라 하나님은 섭리 속에서 당신의 사람들이 신체적이고 정신적인 어려움, 잔인하거나 부당한 일들, 가난, 고통, 박탈 같은 일들―옛 청교도들은 그것을 "상

실과 십자가"(losses and crosses)라고 불렀다──을 겪게 하시는 것인데
도, 이 개신교인들은 그런 일들을 겪으면 혼란스러워하고 당혹해
하면서 즉시 그런 일을 초래하게 된 자기 신앙에 따른 신념들을
내팽개치고, 목회자들이 그렇게 하지 말라고 아무리 권면해도 말
을 듣지 않는다. 히브리서 12장 1~14절이 보여주듯 오직 내세를
향한 믿음이 있을 때에만 그런 일들을 인내로써 감당할 수 있기
때문이다.

　또한 성경이 가르치는 내세를 믿는다고 자처하는 사람들은
그러한 믿음을 구실로 삼아, 현세의 삶 속에서 불의를 폐기하고 마
귀적인 권력 구조를 무너뜨리며 자연 자원의 사용을 통제하고 사
회악을 개혁하기 위해 행동하는 것이 신자의 의무는 아니라고 하
는 보신주의 신학 속에 안주한다. 이 상황에서 그런 것을 인간의
의무라고 여기는 사람들이 거기에 개의치 말라고 가르치는 신앙
에 적대감을 느끼는 것은 너무나 당연한 일이다. 현실이 이러하기
때문에, 오늘날 서양 사회에서 신앙을 거부하는 자든 신앙을 강조
하는 사람이든, 누구나 내세가 있다는 말에 확신을 갖지 못하고 의
구심을 느끼는 것은 어쩌면 당연하다.

　하지만 지혜로운 자들은 이 문제를 생각할 때 감정적인 요
소나 반발하는 마음에서 나오는 반응을 배제하고, 우리가 현세에
서 지속해서 행하는 선택과 언행심사가 내세에서 우리의 영원한
운명을 결정하게 된다고 예수와 사도들이 끊임없이 증언하고 있
음을 진지하게 받아들일 것이다. "하나님께서 각 사람에게 그 행
한 대로 보응하시되 참고 선을 행하여 영광과 존귀와 썩지 아니함
을 구하는 자에게는 영생으로 하시고 오직 당을 지어 진리를 따르

지 아니하고 불의를 따르는 자에게는 진노와 분노로 하시리라"(롬 2:6~8). 지혜로운 자들은 주변 사람들이 기독교 신앙에 반발하여 회의주의에 빠져 있더라도 그런 태도에 동조하지 않고, 양심이 확증하는 이 진리를 마음에 둔다. 반발한다고 해서 무엇이 옳고 참된 것인지에 관한 믿음직한 안내자가 될 수 없음을 잘 알기 때문이다.

둘째, 내가 성경에 착념하고 거기 마음을 두라고 말했을 때, 성경은 내용과 메시지와 외적 형태에서 당신의 서가나 책상, 침대에 있는 어떤 책과도 비교할 수 없다는 의미로 그렇게 한 것이다. 성경은 다른 책과 다르다는 것을 분명히 했기 때문에, 우리의 영원한 운명은 성경 메시지를 마음속에 받아들이느냐 거부하느냐에 달려 있고, 그 메시지는 예배와 설교와 글과 대화를 통해서도 주어질 수 있다.

인쇄된 책이 없던 시대에 살았던 그리스도인, 글을 알지 못한 채로 살아갔던 그리스도인, 각국의 언어로 옮긴 성경은 개신교에서 만든 책이고 이것을 읽으면 개신교가 자행하는 악을 함께 저지르는 것이기 때문에 선한 가톨릭 신자들은 그런 일을 하지 않는다고 가르쳤던 저 악한 시절을 보냈던 로마 가톨릭 교인을 보면, 성경을 읽지는 못했지만 주 예수를 사랑하는 것이 가능했다는 말이 사실임이 증명된다.

긍휼에 풍성하신 하나님은 자신의 진리가 어떤 통로를 거쳐 전해지든지 하나님을 진심으로 찾는 모든 사람에게 자신의 진리를 깨닫게 하시고 그리스도와 성령으로 살아가는 삶을 알게 해주신다. 따라서 성경 본문을 읽고 공부하는 것이 구원에 절대적으로 필수적인 것은 아니다. 깨달음과 믿음이 없더라도 단순히 성경 본문을 읽기만 하면 어떤 신비한 힘이 작용해서 구원받을 수 있다고 생각하는 것은 정말 터무니없는 미신이다. 마찬가지로 기독교의 진리를 알고 있기는 하지만 어떤 이유에서 성경을 읽지 못한 사람에게 하나님은 은혜를 주시지 않는다고 생각하는 것도 미신이다.

하지만 역사상의 개신교 복음주의나 오늘날의 로마 가톨릭 신앙이 동일하게 강조하듯이, 성경을 읽지 않는 사람은 엄청난 불이익을 당한다. 성경을 읽고 묵상하는 것이 은혜받는 최고의 수단이라고 여기는 것은 옳다. 성경은 하나님과 그리스도와 구원을 아는 지식을 얻게 하는 원천일 뿐만 아니라, 다른 수단과는 비교할수 없을 정도로 우리 마음에 아주 생생하고 강력하게 각인하면서 기독교의 진리를 우리에게 전해준다.

정경으로서의 성경은 참다운 생명책이고, 인간의 극적인 순간들(출생, 질병, 죽음, 사랑, 상실, 전쟁, 몰락, 위기, 재난, 실패, 승리), 기본적인 감정들(기쁨, 슬픔, 사랑, 미움, 소망, 두려움, 고통, 분노, 수치, 경외), 기본적인 관계들(부모, 배우자, 자녀, 친구, 이웃, 세속 권세들, 원수, 신자들)과 관련해서 하나님을 우리에게 보여준다. 순전히 일대일로 진솔하고 경제적이며 합리적으로 마음을 나누고 소통하는 수단으로도 성경은 최고다. 한 세기 동안 계속해서 성경이 세계적인 베스트셀러였다는 것은 전혀 이상하지 않다. 무엇보다도 성경이 증언하는 하나님과 인간 사이의 교제는 우리가 알고 경험할 수 있는 모든 것 중에서 가장 중요하고, 성경이 독자들의 삶에 미치는 힘, 성경이 다루는 귀한 내용과 함께 하나님의 영감으로 된 유일무이한 책이라는 사실에서 생겨나는 힘은 실로 엄청나다.

경건한 옛 청교도들은 성경을 '강장제'라고 불렀는데, 이것은 성경이 영혼의 기운을 북돋워준다는 뜻이다. 하나님을 만나기 위해 성경을 읽는 사람은 누구든지 이것이 사실임을 안다. 성경은 천 년이 넘는 기간 동안 많은 사람이 하나님에 관해 증언한 66가지 가닥을 모아서 엮은 책이면서도, 오래전에 하나님을 알았던 사람들이 기록해놓은 글을 통해 사람들에게 하나님의 임재와 권능을 알게 하고, 그분이 인격적으로 당신을 드러내는 통로로 사용하시는 하나님의 참된 말씀이다. 엠마오로 가는 길을 걷던 두 제자에게 일어났던 일처럼, 지금도 정확히 우리 문제를 콕 짚어서 대답해주는 성경 본문을 만났을 때 우리의 슬픈 마음은 고침을 받고 뜨거워지는데, 그때 우리 문제를 해결하시는 것은 성경 본문 속에 계셔서 역사하시고 은혜 주시는 우리의 주님이자 구주이신 예수 그리스도시다(눅 14:13~35). 지금 우리는 그리스도께서 이 땅에 계셔서 공생애 사역을 하실 때 행하신 일들을 기록한 글을 통해 이 시간 우리를 살리시는 그리스도의 음성을 듣는다. 지금도 그 기록된 말씀을 통해,

> 그분이 말씀하신다. 그 음성을 들으면
> 죽은 자가 새 생명을 받고
> 통회하는 마음은 기뻐하며
> 가난한 심령이 믿는다.

따라서 하나님을 알고 싶은 사람은 누구든지 할 수 있는 한 최대한으로 성경에 무엇이 담겨 있는지를 알아야 한다. 성경을 읽을 수 없는 사람은 하나님을 아는 놀라운 지식과 거기로부터 오는

엄청난 기쁨을 놓칠 수밖에 없다. 또한 신앙을 고백한 그리스도인 중에서 성경 속으로 깊이 들어갈 수 있는데도 그렇게 하지 않으려는 사람은 자신이 과연 진정으로 하나님의 자녀인지를 의심해보아야 한다. 성경에 관심이 없는 태도는 하나님의 자녀에게는 어울리지 않기 때문이다.

셋째, 성경에 대한 우리의 태도(관심이 있느냐 없느냐, 순종하느냐 저항하느냐, 받아들이느냐 배척하느냐)가 우리의 영원한 운명을 결정할 수 있다고 했을 때, 나는 모든 성경이 지금도 살아 계셔서 우리를 구원하시는 주 예수 그리스도를 가리키는 증언이요 이정표라는 엄연한 사실을 염두에 둔 것이다.

예수께서는 한 무리의 박식한 유대인 신학자들에게 "너희가 성경에서 영생을 얻는 줄 생각하고 성경을 연구하거니와 이 성경이 곧 내게 대하여 증언하는 것이니라. 그러나 너희가 영생을 얻기 위하여 내게 오기를 원하지 아니하는도다"(요 5:39~40)라고 말씀하셨고, 요한은 "하나님이 우리에게 영생을 주신 것과 이 생명이 그의 아들 안에 있는 그것"을 선포한다고 말했다(요일 5:11). 바울은 디모데에게 이렇게 말한다. "또 어려서부터 성경을 알았나니 성경은 능히 너로 하여금 그리스도 예수 안에 있는 믿음으로 말미암아 구원에 이르는 지혜가 있게 하느니라"(딤후 3:15).

예수님과 바울이 구약성경에 대해 말한 것은 신약성경에도 똑같이 적용되고, 따라서 성경 전체에 적용된다. 즉, 모든 성경은 우리를 그리스도께로 인도한다. 주님에 관해 기록된 말씀은 그 말씀의 주인이신 살아계신 주님께로 우리를 인도하고, 우리가 주님에 대해 어떤 태도를 보이느냐에 따라 우리는 자신의 영원한 운명을 스스로 선택하게 된다. 진심으로 성경을 경청하는 사람은 성경에서 증언하는 하나님을 경청하는 것이 되어, 하나님을 섬기는 길은 하나님이 보내신 그리스도를 구주와 주님으로 영접하는 것임을 하나님에게 배움으로써 그리스도를 발견하고, 그 결과 그리스도 안에 있는 생명을 발견하기 때문이다.

이 책의 초판 차례에 내가 "R. S. V. P."라고 쓴 약자를 어떤 독자들은 "개역표준판"(Revised Standard Version)으로 이해했다. 하지만 유감스럽게도 "R. S. V. P."(répondez vite s'il vous plaît, 불어로 "대답하라"는 의미다—편집자)는 하나님이 성경과 관련해서 우리에게 어떤 요구를 하셨음을 의미한다. 나는 사람들이 하나님의 요구를 듣고 거기에 부응하는 데 이 책이 도움이 되길 소망한다.

다양한 역본을 활용하는 법

이 세기에 많은 새로운 역본이 쏟아져 나왔기 때문에, 사람들은 그 많은 역본 중에서 어느 것을 사용해야 할지 난감해했다. 그래서 나온 (불합리하지만) 자연스러운 반응 중 하나는 어떤 역본도 신뢰하지 않고, 오로지 1611년에 나온 흠정역(King James Version)만을 고집하는 것이다. 하지만 사실 오늘날 출간된 여러 주요 역본들은 아주 훌륭한 편이다. 지금껏 영어권 세대에서 우리만큼 좋은 번역 성경을 보유한 적이 없었다.

오늘날 영역 성경에는 아주 다양한 역본이 있다. 극단적으로는 자유롭게 의역한 것도 있고, 직역을 피하면서도 최초의 독자가

　　　　　　　　　　　제1장 성경이 주는 기쁨

성경을 읽었을 때 느꼈던 동일한 뜻과 의도를 현대의 독자도 알 수 있도록 "동적 등가성"을 추구하여 의역한 역본도 있다. 이런 역본들은 오늘날에 통용되는 문장과 표현들을 사용함으로써 원문의 단어 순서와 문장 구조를 그대로 따르지 않고 있어서, 원문에서 실제로 어떤 단어가 사용되었는지 드러나지 않아 본문 해석에서 많은 문제를 불러일으킨다. 예컨대 케네스 테일러가 번역한 《리빙 바이블》(Living Bible)은 미국의 대중 잡지와 신문들이 사용하는 표현과 문체를 따랐고, 《굿뉴스 버전》(Good News Version)은 가장 기본적이고 쉬운 영어 단어와 표현을 고수했으며, J. B. 필립스가 번역한 《필립스 성경》(New Testament in Modern English)은 20세기에 쓰인 온갖 산문체를 총동원했다.

다른 쪽 극단에는 가능한 한 원문에 나오는 단어와 어구와 문장을 그대로 살려 직역한 역본이 있다. 1881년에 나온 《영어 개정역》(English Revised Version), 《새미국표준역》(New American Standard Version)이 그런 역본들이다. 이러한 역본들은 직역을 하기 위해 어쩔 수 없이 부자연스러운 영어 표현을 그대로 사용한다. 이 두 극단 사이에서 적절한 균형을 잡고 견실한 번역을 추구한 역본으로는 《신국제역》(New International Version)과 《개정표준역》(Revised Standard Version)이 있고, 탁월하기는 하지만 균일하지는 못한 두 역본으로는 《새영어성경》(New English Bible)과 로마 가톨릭에서 번역한 《예루살렘성경》(Jerusalem Bible)이 있다. 앞의 두 역본은 쉬우면서도 훌륭한 영어를 사용하는 것을 목표로 했고, 실제로 그 목표를 이루었다. 뒤의 두 역본은 좀 더 '직역'에 가까운 문체를 사용하기 때문에, 이 역본에는 종종 이상한 표현이 나온다. 각각의 역본은 질적으로 결함이 있고, 나름대로 지닌 강점도 제한적이다.

그렇다면 우리는 어떻게 해야 하는가? 베토벤의 "교향곡 제 9번"이나 "C샤프단조 사중주"를 완벽하게 연주하는 것이 불가능한 것처럼, 성경을 완벽하게 번역하는 것도 불가능하다. 성경 본문은 여러 의미를 담고 있어서, 어느 한 가지 번역으로는 그 모든 것을 완벽하게 표현해낼 수 없기 때문이다. 성경 원문의 의미와 취지를 온전히 이해하려면 단어를 그대로 직역한 역본도 필요하고, "동적 등가성"을 지닌 의역을 추구한 역본도 필요하다. 전자는 성경 본문을 정확히 드러내고, 후자는 성경 본문이 지닌 깊은 의미를 드러낸다. 나는 여러분이 내가 하는 것처럼 네 종류의 역본들—장엄함과 신성함을 잘 표현한 흠정역, 자유롭게 의역한 역본, 문자 그대로 직역한 역본, 직역과 의역의 중간에서 균형 잡힌 번역을 한 역본—을 모두 옆에 두고 서로 비교하면서 각각의 장점을 최대한으로 활용하길 권한다. 하지만 성경을 읽고 암기하는 데는 하나의 역본만을 집중적으로 사용하라. 그렇게 해야 혼란은 최소화하고 유익은 극대화할 수 있다.

제2장

말씀이 그친 시대

> 주 여호와의 말씀이니라. 보라 날이 이를지라. 내가 기근
> 을 땅에 보내리니 양식이 없어 주림이 아니며 물이 없어
> 갈함이 아니요 여호와의 말씀을 듣지 못한 기갈이라. 사
> 람이 이 바다에서 저 바다까지, 북쪽에서 동쪽까지 비틀
> 거리며 여호와의 말씀을 구하려고 돌아다녀도 얻지 못하
> 리니(암 8:11~12).

그리스도께서 오시기 전, 800년 동안 북왕국 이스라엘은 기고만
장해 있었다. 참된 도덕 기준은 이미 무너졌고, 상거래에 정직함은
남아 있지 않았으며, 가난한 사람들은 압제와 학대를 당했고, 상류
층의 사치와 방탕은 얼마나 악명이 높았는지 속담으로 회자될 정
도였다. 반면에 교역과 상업은 번창해서 돈이 홍수처럼 밀려들어
왔고, 사회 전체는 부유했다("이토록 좋았던 적은 지금까지 없었지!").

이렇게 형통하고 번영하는 중인데 누가 걱정하고 염려하겠는가? 또한 이스라엘은 국가적으로 여호와를 섬겼고, 예배 참석 비율도 높았다. 세련된 음악을 곁들여 풍성한 희생제물을 드리는 공예배는 이스라엘의 공동체적 삶의 일부였다(물론 아모스 2장 12절을 보면, 회중은 설교를 듣고 싶지 않다고 공개적으로 말했다). 위대한 종교적 유산 아래 살아가던 이스라엘은 하나님이 자기편이고, 장래에 일어날 모든 일에서 이스라엘을 지켜주실 것을 의심하지 않았다.

자아도취와 자만에 빠져 있던 이 안일한 공동체에 하나님은 아모스라는 폭탄을 투하하셨다. 이스라엘이라는 교회와 나라에 멸망을 선포하기 위해 세움받은 선지자 아모스는 사마리아로 지체 없이 달려와서, 하나님이 머지않아 자기 백성을 심판하실 것이라고 선포했다(2:6~4:3).

심판의 수레바퀴는 이미 굴러가고 있었고, 이제 점점 더 빨라질 것이었다. 최근에 일어난 재난들—가뭄, 흉작, 기근, 역병, 지진—은 하나님이 이스라엘을 기뻐하지 않으신다는 사실을 충분히 보여주었지만(4:6~11), 이는 단지 시작에 불과할 뿐이었다. 머지않아 이 민족 전체가 이방 민족에게 사로잡혀 포로가 되어 끌려가게 될 터였다(5:27). 이 일은 이때로부터 50년이 지난 후에 앗수르인을 통해 일어났다(열왕기하 17장을 보라). 그보다 더 나쁜 일은 계시의 물줄기가 말라가고 있었다는 것이다. 머지않아 "여호와의 말씀을 듣지 못하게 될 기갈과 기근"이 찾아올 것이었다.

이 사태가 어떤 의미인지 제대로 이해하려면 전에는 하나님께서 언약 백성 이스라엘에게 그들이 필요할 때마다 계시로 그들을 인도하겠다고 하셨음을 기억해야 한다. 하나님은 이스라엘에게 율법을 주시고 제사장을 세우셔서 그 율법을 백성에게 가르치게 하셨을 뿐만 아니라(신 31:9; 느 8:1, 학 2:11~12, 말 2:7~8 참조), 개인이나 민족이 어려움에 처할 때마다 선지자들을 계속 보내셔서 그들의 입에 두신 자신의 말씀을 통해 그들을 지도하셨다. 모세가 신명기에서 "네 하나님 여호와께서 너희 가운데 네 형제 중에서 너를 위하여 나와 같은 선지자 하나를 일으키시리니 너희는 그의 말을 들을지니라"(18:15)라고 한 말의 의미이기도 했다.

가나안 사람들은 어려울 일을 만날 때마다 점쟁이나 요술하는 자나 무당이나 그 밖의 다른 주술 행위를 하는 자들을 찾았지만, 이스라엘은 그렇게 해서는 안 된다고 말하는 맥락에서 한 말이었다(9절 이하). 백성이 어려운 일을 당할 때마다 하나님이 친히 사자들을 보내셔서 그들이 어떻게 해야 하는지를 지도해주실 것이기 때문에 그럴 필요가 전혀 없다고 모세는 말한다. 그 후로 오랜 세월 이스라엘에는 아모스 같은 선지자들을 보내셔서 나라 전체에 관한 메시지를 전하게 하시고, 개개인에게는 훨씬 더 많은 선견자나 제의 선지자를 보내셔서 그들의 개인적인 문제에 대한 메시지를 전하고 위로하게 하심으로써(이런 종류의 사역은 다음 구절을 참고하라. 삼상 9:6, 왕상 14:1, 22:5, 왕하 8:8, 민 22~24장) 하나님은 약속을 지키셨다.

그런데 이제 아모스는 하나님이 이 모든 예언 사역을 중단하심으로써 그들을 심판하려 하신다고 선포한다. 예언도, 율법에 관한 어떤 가르침도 없을 것이다(겔 7:26). 하나님이 보내신 선지자가 전하는 말씀을 경청하지 않는 자들(암 2:11~12)은 이제 그렇게 하고 싶어도 선지자를 만날 수 없게 될 것이다(미 3:5~7. 애 2:9. 시 74:9).

사람들은 하나님이 인도하시는 말씀이나 확증해주시는 말씀을 아무리 듣고 싶어도 그런 말씀을 들을 수 없게 된다. 아모스는 하나님이 말씀을 주시지 않음으로써 초래될 영적인 기근의 모습을 이렇게 묘사했다. 즉, 하나님의 음성을 듣지 못해 불안에 사로잡혀 광분한 심령들이 그 음성을 듣고자 온 나라를 정신없이 헤매도 결국 듣지 못하게 된다는 것이다. 그들의 굶주린 심령은 절대 채워지지 않을 것이다. 하나님의 말씀이 그들에게서 완전히 사라져 버리기 때문이다.

우리도 말씀을 잃어버렸다

아모스는 오늘날을 위한 선지자다. 그가 전한 말씀은 오늘날 대부분 기독교계의 현 상태를 우리에게 보여준다. 그가 본 이스라엘의 영적 기근은 바로 우리의 모습이기도 하다. 아모스는 그 기근을 보며 하나님이 자기 백성을 심판하실 것을 내다보았는데, 온 세계에 있는 대부분 교회는 현재 그 기근을 경험하고 있다.

하지만 이것은 정말 부자연스러운 일이다. 신약성경은 교회가 그리스도로 말미암아 영적인 삶 및 영적으로 잘되는 것과 관련해 하나님의 모든 약속을 기업으로 받았다고 말한다(고후 1:20, 롬 15:8, 갈 3:16, 31; 롬 4:16~23, 히 6:12~20, 10:15~23, 13:5~6 참조). 따라서 구약의 이스라엘이 그랬던 것처럼, 신약의 교회도 하나님이 끊임없이 가르치시고 확증하시며 인도하신다는 약속을 갖고 있다. 실제로 구약 시대에는 하나님에게 직접 영감을 받은 선지자들이 계속 보내심을 받았지만, 지금은 옛적에 "선지자들을 통해서 말씀하셨던" 성령이 교회에 거하시면서 그리스도인의 각 세대에 구약성경과 사도들의 가르침을 해석하고 확증하며 적용하신다(요 14:16, 16:7~14, 6:45, 고전 2:4~5, 9-16, 고후 3:12~4:6, 살전 1:5, 2:13, 4:9, 히 3:7, 요일 2:20~27). 하나님이 자기 백성을 가르치겠다고 하신 약속이 신약 시대에는 이렇게 이루어진다.

모든 시대의 교회는 구약성경과 신약성경에 나와 있는 선지자들과 사도들의 증언이 하나님 말씀이고, 그리스도 안에서 계시된 하나님에 관한 메시지는 중심 메세지로 우리에게 회심과 믿음, 소망, 사랑, 순종의 삶을 요구하고 있음을 분명히 알고 확신해야 한다. 따라서 교회 안에서 이것이 분명하고 명료하게 인식되지 않는다면, 그 정도만큼 교회는 건강하지 못하고 정상에서 벗어나 있다고 결론 내릴 수 있다.

그렇다면 우리는 오늘날 교회에 대해 어떻게 말해야 하는가? 종교개혁 이래로 오늘날처럼 개신교 그리스도인이 무엇을 믿어야 하고 무엇을 행해야 하는지에 확신을 갖지 못하고 혼란스러워하며 머뭇거리는 태도를 취한 때는 드물 것이다. 기독교 신앙 및 행실과 관련된 중요한 문제에서 더 이상 확신하지 못하겠다는 정서가 곳곳에 퍼져 있다. 외부인이 보면, 우리는 안개 낀 밤중에 잔뜩 술에 취한 사람처럼 대체 어디에 있고 어디로 가는지를 전혀 알지 못한 채로 이리저리 비틀거리며 아슬아슬하게 곡예를 하는 것처럼 보인다. 설교는 안개 낀 것처럼 막연하고, 머리는 뒤죽박죽 엉망진창이며, 마음은 안절부절못하고, 온갖 의심은 우리 진을 빼놓으며, 불확실성은 우리를 마비시켜 행동할 수 없게 한다.

빅토리아 시대 사람들은 희망을 품고 여행하는 것이 목적지에 도착하는 것보다 더 낫다고 했지만, 그런 말은 우리에게는 사치일 뿐이다. 일부 성직자들은 확신을 가지려는 것은 단지 육신의 연약함을 보여주며 영적인 미성숙의 증표라고 하지만, 우리는 그런 말을 하는 사람을 신뢰할 수 없다. 우리는 확신을 갖도록 지음 받았고, 그런 확신 없이는 행복할 수 없다는 것을 본성적으로 안다. 하지만 300년 만에 로마 제국의 마음을 얻었던 초기 그리스도인, 종교개혁을 이끌었던 후대의 그리스도인, 청교도의 각성, 복음주의의 부흥, 위대한 선교 운동을 주도했던 그리스도인과는 달리, 우리에게는 확신이 없다. 그 이유는 무엇인가?

우리는 오늘날 만연된 세속주의라는 외부 환경을 탓하지만, 그것은 하와가 뱀을 탓한 것과 다름없다. 진정한 문제는 환경이 아니라 우리 자신에게 있고, 진실은 우리가 성령을 근심하게 했고 하나님은 성령을 거두어 가셨다는 것이다. 우리는 하나님의 심판 아래 있다. 두 세대 넘게 우리 교회들은 여호와의 말씀을 듣지 못하는 기근을 겪어 왔다. 마찬가지로 우리도 정말 하나님 말씀을 잃어버렸다.

성경 비평학의 잘못된 방향 설정

그 이유는 어디에 있는가? 교회가 성경을 읽고 공부하지 않아서 그렇다고 말해서는 안 된다. 사실 교회는 지금도 성경을 많이 읽고 공부한다. 문제는 성경을 어떻게 읽고 공부해야 하는지를 더 이상 모른다는 데 있다. 우리는 합리주의적인 성경 비평학에 매료되어 이제 더 이상 성경을 하나님의 말씀으로 듣지 않으려 한다. 자유주의 신학은 교만에 빠져 성경과 관련된 문제에서 우리가 조상들보다 더 지혜롭기 때문에 그들처럼 성경을 읽어서는 안 되고, 성경 비평학에서 '증명한 결과들'을 토대로 성경 저자들의 인간적인 불완전함과 오류를 적절하게 감안해서 성경을 읽고 연구해야 한다고 오랫동안 역설해왔다. 이러한 주장은 세 가지 결과를 초래했다.

첫 번째는 새로운 교황주의가 탄생했다. 학자들은 무오하니, 우리는 그들이 '증명한' 결과가 무엇인지 배워야 한다는 것이다. 이것은 성경의 모든 본문에 의심을 불러일으켰다. 각각의 성경 본문이 진정 하나님의 계시를 담고 있는지 아닌지를 알 수 없기 때문이다. 두 번째는 사람들이 자기를 부인하고 경외하는 마음으로 성경으로 나아가 성경에서 하나님이 하시는 말씀을 받아야만 성경이 "기록된 하나님의 말씀"임을 알 수 있는데, 이제는 그런 태도를 취할 수 없게 되었다는 것이다. 그 결과 아모스가 말한 영적인 기근이 왔다. 하나님은 우리를 황무함과 굶주림과 불만족 가운데 두심으로써 우리 교만을 심판하셨다. 이런 것은 우리가 하나님 말씀을 듣지 못해 자초한 결과였다.

이러한 상황은 병적이면서도 역설적이다. 비평학자들은 언제나 성경의 각 책에 대한 미시적이고 역사적인 분석을 통해 얼마 안 가 교회는 이전에 없던 완벽하게 참된 성경을 갖게 되리라고 항상 주장해왔다. 물론 비평학자들은 예리한 도구를 사용하여 성경을 주해해 성경의 많은 본문의 의미를 분명하게 드러내왔고, 그렇게 해서 우리는 귀한 주석서들을 가질 수 있었다. 그들은 성경을 주제별로 분석하는 기술을 고안했다. 이 기술이 없었다면 지난 60년 동안 여러 신학사전이나 성경사전은 결코 나올 수 없었을 것이다. 그런 점에서 비평학은 상당한 성과를 거두었고, 그것을 모두 부정한다면 빛을 거슬러 죄를 짓는 셈이 될 것이다. 1958년에 열린 램버스 회의(Lambeth Conference)에서 "성경에 대한 우리의 이해를 풍부하고 깊게 해준 … 수많은 헌신된 학자에 대해 우리가 진 빚"에 대해 언급한 것은 옳은 일이었다.[1]

하지만 비평학이 시작된 때부터 끊임없이 제기된 항의도 있었으니, 비평학은 그 의도와는 달리 신실한 신자에게서 성경을 빼앗고 있다는 것이었다. 그리고 이 항의는 사실이기도 하다. 비평학 운동의 역설은 여기에 있다. 즉, 비평학은 교회에 완벽하게 참된 성경을 주고자 했지만 실제로는 교회로부터 성경을 빼앗아가 버렸고, 그 결과 여호와의 말씀을 듣지 못하는 기근이 발생했다는 것이다.

우리가 묻고 싶은 것은 도대체 무엇이 잘못되어 그런 결과가 나왔느냐는 것이다. 이유는 이러하다. 성경 비평학은 아예 처음부터 계시(하나님의 말씀)와 성경(하나님의 말씀에 관해 인간이 글로 남긴 증언)을 구분하고, 이 둘은 완전히 다른 것이라고 쐐기를 박았다. 흔히 오류가 발견되는 인간이 쓴 문서를 모아 놓은 것이 성경이니 성경에 오류가 있을 수 있고, 이것이 유일하게 '학문적인' 견해라고 옹호했다. 비평학은 역사 속에서 성경 기자들에게 하나님 말씀이 주어졌다는 것도 사실이고, 그들이 쓴 글이 어느 정도 그분의 말씀을 담은 것도 사실이라고 인정했지만, 그 글을 하나님 말씀과

제2장 말씀이 그친 시대

동일시하는 것은 거부했다. 하나님의 말씀과 성경은 별개라는 것이었다.

비평학 운동은 그러한 노선을 따름으로써, "인간이여, 정녕 내 성경이 말하는 것이 내가 말하는 것이다"라고 하나님이 말씀하신다는 표현으로 아우구스티누스가 구체화한[2] 성경의 본질과 성격에 대한 기독교의 역사적인 이해와 결별했다. 비평학자들은 아우구스티누스가 말한 그러한 성경관을 신앙의 신비가 아닌, 단지 무지로 인한 오해로 치부하고는, 성경은 어디에서나 오류가 있을 수 있음을 전제한 연구방법론에 몰두했다.

성경의 무오성에 대한 믿음을 버릴 때까지 교회는 성경을 바르게 이해할 수 없다고 말했다. 그들은 신학에 새로운 과제를 정해 주기도 했는데, 즉 신학은 단지 성경의 내용을 통합적으로 이해하고 적용하는 것이 아니라, 그 내용을 검토해서 틀린 부분이 있으면 바로잡아야 한다는 것이었다. 그리고 이 과제를 받아들여 수행하지 않는 모든 신학을 비학문적인 것으로 매도했다.

오늘날까지도 비평학을 대변하는 학자들은 성경이 무오하다고 믿는 사람이 성경을 진정으로 이해할 수는 없다고 여전히 확신하며, 기독교의 고전적 영감론에 맞서 아직도 전쟁을 벌이고 있다. 이렇게 성경 비평학은 성경이 하나님에게서 온 온전히 신뢰할 말씀은 아니라고 주장함으로써, 교회에서 성경을 빼앗았다.

이제 성경 비평학의 그러한 접근법이 근본적으로 어디에서 잘못되었는지를 살펴보는 것이 좋겠다. 비평학이 저지른 근본적인 잘못은, 예수와 사도들이 성경의 본질과 성격에 대해 명확하게 가르쳤고, 그 가르침은 (하나님이 어떤 분이신지에 대한 가르침처럼) 그들이 전한 메시지의 일부였다는 사실을 무시한 것이었다. 그들은 성경에 관해 이렇게 가르쳤다. "성경은 폐하지 못하나니…"(요 10:35). "율법의 한 획이 떨어짐보다 천지가 없어짐이 쉬우리라"(눅 16:17). "모든 성경은 하나님의 감동으로 된 것으로…"(딤후 3:16). 또한 그것은 구약성경을 "하나님의 말씀"(롬 3:2, 행 7:38)이라고 부른 것에서도 드러난다. 그리고 그리스도와 사도들이 자신이 한 말을 확정하고 주장이 참된 것을 확증하려고 구약성경을 인용하거나, 문맥상 하나님이 직접 하신 말씀이 아닌 구약성경 본문을 인용할 때도 하나님이 인간의 입을 통해 말씀하신 것으로 지칭하며 인용한 것에서도 분명하게 드러난다.

그런 예로는 다음과 같은 것이 있다. "… 사람을 지으신 이가 본래 그들을 남자와 여자로 지으시고"(창 2:24을 인용한 마 19:4). "주의 종 우리 조상 다윗의 입을 통하여 성령으로 말씀하시기를…"(시 2:1~2을 인용한 행 4:25; 행 1:16 참조). "성령이 선지자 이사야를 통하여 너희 조상들에게 말씀하신 것이 옳도다"(사 6:9~10을 인용한 행 28:25). "아들에 관하여는 하나님이여 주의 보좌는 영영하며…"(시 45:6~7, 102:25을 인용한 히 1:8). "성령이 이르신 바와 같이…"(시 95:7을 인용한 히 3:7). "또한 성령이 우리에게 증언하시되"(렘 31:33을 인용한 히 10:15).

사실 신약성경은 하나님이 구약성경을 통해 약속하신 자신의 모든 예언을 성취하신 사건인 그리스도로 말미암는 기독교적 은혜의 경륜을 보여준다는 점에서, 복음서들과 사도행전, 서신서와 요한계시록 등과 같은 신약성경 전체의 밑바탕에는 그러한 성경관이 깔려 있다. 하나님 섭리에 대한 믿음이 사도행전에 나오는 모든 이야기의 토대이고, 교회와 그리스도 사이의 진정한 연합에 대한 믿음이 에베소서에서 말하는 모든 내용의 토대인 것과 마찬가지로, 성경은 하나님이 말씀하신 것들을 그대로 옮겨놓은 것이라는 믿음은 로마서와 히브리서의 토대이다. 아우구스티누스처럼 성경이 말하는 것은 하나님이 말씀하시는 것이라고 믿는 일은 사실 모든 신약신학의 초석이다.

사정이 이러하므로, 오늘날의 비평학 운동과 그 이전의 접근 방법 사이의 쟁점은 이렇게 요약할 수 있다. 신약 기자는 신뢰할 만한 교사들인가? 주 예수 그리스도는 신뢰할 만한 교사였는가? 모든 성경은 하나님의 감동으로 되었다고 신약이 말한 것을 받아들이지 않는다면, 하나님이 행하신 모든 일에 대해 신약이 하는 말을 받아들여야 하는 근거는 대체 어디에 있는가? 우리는 하나님이 자기 아들을 사람이 되게 하시고 십자가를 통해 우리를 구속하신 후에, 믿는 자들을 거듭나게 하셔서 부활하신 그리스도와 연합하게 하심을 주님과 사도들의 권위에 따라 믿는다. 그렇다면 하나님이 성경 기자들에게 영감을 주셔서 글을 쓰게 하셨으므로 그들이 쓴 글은 하나님 말씀이라고 주님과 사도들이 말해주는데도, 그것을 믿지 않는다면 이상하지 않겠는가?

우리가 성경에 관해 그리스도와 사도들이 전한 가르침을 받아들이는 근거는 다른 모든 것에서 그들의 가르침을 받아들이는 근거와 동일하다. 죄와 구원과 교회에 관해 가르친 것을 믿지 않을 수 없게 만드는 그 근거들이 성경에 관한 그들의 가르침에 대해서도 믿지 않을 수 없게 한다. 모든 성경이 하나님의 영감으로 기록되었다는 것이 참이라는 사실을 그 자체로는 증명할 수 없는 것처럼, 죄 용서나 양자 삼으심 같은 사실도 그런 식으로 증명할 수 없다. 그런데도 우리가 이를 믿는 것은 그것이 '학문적으로' 증명 가능하기 때문이 아니라, 그리스도와 사도들을 신뢰할 만한 교사로 여기기 때문이다. 그들이 왜 신뢰할 만한지는 지금 여기에서는 다루지 않을 것이다.

계시와 영감을 구분해서 보는 것의 위험

우리가 현재 처한 상황이 얼마나 역설적인지를 한층 뚜렷하게 보여주는 사실이 하나 더 있다. 성경 비평학이 주도한 시대의 특징은 단지 성경 본문을 집중적으로 연구했다는 것만이 아니라, 계시와 영감이라는 주제에 관해 전례가 없을 정도로 지대한 관심을 뒀다는 점이었다. 기독교 역사에서 지난 백여 년만큼 이 주제에 집중적인 관심을 쏟은 적은 한 번도 없었고, 관련 성경 본문들이 이토록 철저하게 검토된 적도 없었다.

하지만 이 모든 것에도 불구하고 하나님의 말씀은 교회에서 사라져 버렸다. 그래서 우리는 또다시 "대체 무엇이 잘못된 것인가"라고 물을 수밖에 없는 상황이다. 하나님의 말씀을 더 분명하고 완벽하게 알려는 목적으로 이 모든 일에 공을 들이고 치열한 연구와 논의를 해왔는데, 실제로는 의도했던 것과 정반대 결과가 초래된 이유는 대체 무엇인가? 이 질문에 대한 답은 이미 앞에서 했다. 그러한 신학적 논의와 거기에 수반된 성경 연구는 살아 계신 하나님의 계시와 성경에 기록된 말씀을 구분해서 둘은 서로 다르다고 쐐기를 박은 데 있었다.

19세기까지만 해도 개신교 신학은 계시와 영감을 하나로 묶고, 영감이라는 주제 아래에서 계시를 다루는 것이 관례였다. 수동적인 의미에서의 계시, 즉 "계시된 것들"을 성경의 가르침과 동일시하였고, 하나님의 계시 역사는 거의 전적으로 성경의 영감과 연관시켜 논의했다. 계시는 하나님이 택하신 사람들에게 다른 방식으로는 알 수 없는 것들을 드러내신 과정이었고(단 2:22, 28, 47, 10:1, 고전 2:9~10, 엡 3:4~5, 계 1:1~2), 영감은 하나님이 보이신 것들을 오류 없이 말로나 글로 전하게 하신 과정이었으며, 이 둘은 상호보완적이었다.

이 입장에 관한 전형적인 표현은 찰스 핫지가 쓴 《조직신학》(1873년)에 나온다. 거기에서 핫지는 고린도전서 2장 7~13절("은밀한 가운데 있는 하나님의 지혜… 감추어졌던 것인데… 이 지혜는 이 세대의 통치자들이 한 사람도 알지 못하였나니… 오직 하나님이 성령으로 이것을 우리에게 보이셨으니… 우리가 이것을 말하거니와… 오직 성령께서 가르치신 것으로 하니…")을 근거로 이렇게 쓴다. "성경 혹은 사람이 쓴 글 중에서 이보다 더 간단하고 분명하게 계시와 영감에 관한 가르침을 보여주는 것은 없다. 계시는 성령이 인간 지성에 하나님을 아는 지식을 전해주는 역사이다. 영감은 그 동일한 성령이 그 진리를 다른 사람에게 알게 해주는 사람을 주관하시는 역사이다. 성령이 사람들에게 알게 하시는 하나님의 생각과 진리 그리고 그것을 기록한 말씀은 동일하게 성령을 통해 선포된다. 이것이 처음부터 끝까지 교회의 가르침이었다…."[3]

하지만 비평학의 감시 아래에서 진행된 계시와 영감에 관한 논의에서, 이 둘이 상호보완적인 관계에 있다고 보는 견해는 폐기되었다. 또한 관심의 초점도 옮겨졌다. 이제 계시는 영감론으로 들어가기 위한 서론이 아니라, 독자적인 연구 주제가 되었다. 계시에 관한 성경의 가르침은 이전 신학이 계시에 대해 말해왔던 것보다 더 많은 것을 포함하고 있다고 여겨졌다. 즉, 계시는 하나님이 자신을 사람들에게 알게 하시는 역사 전체를 의미하게 되었다. 따라서 계시라는 주제는 한편으로는 성경 기자가 하나님의 자기 계시로 인식했던 하나님의 모든 말씀과 행위를 포함하고, 다른 한편으로는 하나님께서 성경의 사실들에 관한 지식을 통해 이후의 세대를 만나심으로써 당신을 알게 하시는 것과 연관된 전부를 포함하게 되었다.

이렇게 해서 성경은 과거에 있었던 계시 사건들과 현재 하나님을 아는 지식을 이어주는 연결고리로 여겨졌다. 전에는 계시를 영감의 하위 주제로 연구했지만, 이제는 영감을 계시의 하위 주제로 연구하는 것이 옳다고 보았다. 영감은 하나님이 자기 자신을 우리에게 알게 하시기 위해 행하신 오랜 기간에 걸친 일련의 역사 중 하나일 뿐이고, 그런 것으로 다루어져야 한다는 것이었다.

이렇게 계시 개념을 확장하고 거기에 영감을 갖다 붙인 것은 성경적이고 옳아 보인다. 하지만 그렇게 함으로써 영감 개념이 약화된 것은 환영할 만한 일이 아니다. 자연과학과 역사과학에 비추어서 성경의 세부적인 진리를 부정하는 일은 더 이상 반박할 수 없는 흐름이라는 신념, 특히 성경의 처음 다섯 권 중 많은 부분을 모세가 쓰지 않았고 사실을 기반으로 한 것이 아니라고 규정하여 거부한 벨 하우젠(Wellhausen)의 오경 기원론을 받아들여야 한다는 신념

(오늘날 구약성경에 관한 대부분의 교과서에서는 여전히 이것이 받아들여지고 있다)[4]은 영감 개념의 약화를 초래했다.

그러한 신념에 의하면, 영감은 하나님이 성경 저자들을 계몽시킨 데서 왔다. 그러한 계몽 덕분에 성경 저자들은 도덕적이고 영적인 통찰을 갖게 되었고, 그들이 쓴 글들은 "영감 있게" 되었다고 전한다(또는, 어떤 사람은 그러한 계몽은 그들이 하나님 말씀을 사람들에게 전하는 통로가 되게 해주었다고 말하기도 한다). 하지만 그러한 계몽은 그들이 실제로 쓴 모든 글이 신학적으로나 역사적으로 신뢰할 만한 것임을 보장하지는 않는다. 영감에 대한 이런 식의 설명은 지금도 여전히 개신교의 여러 진영에서 대체로 표준적인 것으로 받아들여지고 있다.

따라서 오늘날 개신교 신학자들은 이전의 신학자들과는 달리 계시와 성경은 서로 다른 별개의 것이고, 성경을 기록된 계시라고 생각하는 것은 도움이 되기보다는 도리어 사람을 오도하기 쉽다고 거리낌 없이 강조한다. 존 베일리는 《최근 사상과 계시관》(*The Idea of Revelation in Recent Thought*, 1956년)의 끝 부분에서 이렇게 썼다. "우리가 지금까지 인용한 최근의 저술가들은 기독교 계시와 성경의 내용을 단순하게 동일시해서는 안 된다는 사실을 경고해왔고, 그들 모두는 이 점에서 자신이 기독교의 오랜 전통과 결별했음을 잘 알고 있었다."[5]

일단 앞에서 말한 식으로 영감 개념이 약화되면, 그러한 결별은 피할 수 없다. 오류 가능성이 있는 사람들의 생각과 글들을 하나님 말씀과 동일시할 수는 없기 때문이다.

하지만 여기에서 의문이 생긴다. 성경과 계시가 서로 동일한 것이 아니라면, 이 둘의 관계는 무엇인가? 그리고 성경의 모든 내용에서 하나님의 참된 계시를 찾아내려면 구체적으로 어떻게 해야 하는가? 성경은 "영감되어 있고", "하나님의 말씀을 매개하고 있다"고 말하기는 쉽다. 하지만 성경의 모든 저자의 글 속에는 우리가 아직 찾아내지 못한 오류가 존재할 수 있음을 계속 전제한 상태에서 말한다면, 성경이 "영감되어 있다"고 하는 것이 진정 어떤 의미일까? 오늘날 많은 개신교인은 이러한 질문에 대한 답을 간절히 찾고 있지만, 여전히 공백으로 남아 있다. 이 문제에 대해 쓴 글은 많지만, 합의된 결론은 말할 것도 없고 앞뒤가 맞는 수긍할 만할 정도의 해법조차도 지금껏 나타나지 않았으며, 아마 앞으로도 그럴 것 같다. 그러는 동안 교회에는 성경에 대한 불신 풍조가 만연해가고, 우리는 여호와의 말씀을 듣지 못하는 기근으로 고통받고 있다.

시야에서 사라진 그리스도

기독교 역사에서 오랫동안 지속되었던 확신, 즉 성경이 말하는 것이 곧 하나님이 말씀하시는 것이라는 확신을 잃어버린 부분이 "교회 안에서 성경에 관해 기이한 침묵"(*The strange silence of the Bible in the Church*)이 생긴 가장 깊은 뿌리가 된다(제임스 스마트는 동일한 제목으로 책을 썼다). 그러한 확신의 상실로 이번 세기에 개신 교회의 삶은 여러 가지로 약화되었다.

첫째, 설교가 훼손되었다. 참된 설교는 설교자가 성경 본문의 대변자가 되어, 하나님에게서 온 말씀인 본문을 분명하게 드러내고 적용하여 본문이 스스로 말하게 함으로써, 그 본문이 말하는 것들을 듣고 "하나님께서 거기에서 무엇을 가르치시는지를 청중이 분별할 수 있게"(웨스트민스터 예배 모범, 1645년) 하는 것이다. 하지만 성경 본문이 하나님 말씀이 맞는지 의심하는 곳에서는 그렇게 설교하는 것이 불가능하다. 그런 곳에서 설교자가 기껏 할 수 있는 일이란 강단에 서서 "교회의 가르침"을 전하거나, 아니면 자신의 개인적인 견해를 전하는 것뿐이다. 지난날 이루어졌던 복음적인 설교 전통은 이제 거의 사라져 버렸고, 오늘날 많은 설교자는 설교가 사람들이 은혜받는 수단이라는 확신을 잃어버렸다.

둘째, 성경이 하나님의 진리라는 확신을 잃자 가르침이 약화되었다. 성직자는 무엇을 기독교 진리로 가르쳐야 하는지 확신하지 못하고, 평신도들은 성경에서 가르치는 것들이 과연 배울 만한 가치가 있는지를 의심한다. 가르침에 대해 무관심한 풍조가 만연해 있다. 이 가르침이 누군가의 견해에 불과하다는 생각이 들면, 이것으로 이런저런 의견을 내세운다고 해도 중요하게 취급받지 못한다. 일부 성직자는 신앙에 관해 가르치는 것 자체를 아예 포기했고, 많은 충성스러운 교인들은 어디에서 신앙을 배워야 할지 혼란스러워했다. 성공회 교인들이 신앙과 관련해 확실한 것을 알기 위해 가톨릭 신자로 개종하거나 미사에 참석하는 일이 조금씩 꾸준히 느는 것은 이상한 일이 아니다.

셋째, 성경의 가르침이 하나님의 진리라는 확신이 사라지면서 믿음이 약화되었다. 종교적 헌신은 오직 믿음의 표현일 때만 하나님을 기쁘시게 할 수 있고, 그렇지 않으면 단지 미신에 불과하다고 사도 바울은 역설한다(행 17:22~23, 30, 롬 14:23). 바울에 의하면, 믿음은 하나님의 말씀에 우리의 지성과 양심을 드리는 것이다(롬 10:17, 고전 2:1~5, 살전 2:13). 따라서 무엇이 하나님의 말씀인가에 대한 확신이 없는 곳에는 모든 것이 불확실하고 모호해서 믿음 대신에 미신만이 횡행한다.

열심이 있고 진실한 신앙을 고백한 그리스도인이라도 유대인처럼 변할 수 있다. "… 그들이 하나님께 열심이 있으나 올바른 지식을 따른 것이 아니니라"(롬 10:2). 오늘날 교회가 행하는 많은 헌신 속에는 막연함과 불안함만 있고 기쁨은 없다. 그 이유는 사람들이 성경을 신실하신 창조주의 확실한 말씀으로 믿고, 거기서 나오는 "보배롭고 지극히 큰 약속"(벧후 1:4)에 의지해서 살아가도록 가르침 받지 못했기 때문이며, 그렇기에 선뜻 그런 삶을 살아갈 엄두가 나지 않기 때문이다. 하나님과 우리 관계를 의심하고 확신을 갖지 못하는데, 어떻게 함께 살고 함께 죽을 수 있겠는가? 오늘날 많은 사람이 하나님에게서 주어지는 깃들에 대한 확신 위에 사기 신앙을 세우지 못했기 때문에 의심과 의구심에서 벗어나지 못하고 있다. 그런 상황에서 믿음이 썰물처럼 빠져나가고, 교인들은 의욕을 잃고 냉담함과 무기력으로 고통받는 것은 이상한 일이 아니다.

넷째, 성경과 관련된 혼란은 성경을 읽으려는 평신도의 의욕을 꺾어 놓았다. 저들이 말한 바로는 성경은 '함정들로' 가득한 책이고, 전문적으로 배운 사람만이 그 함정을 피할 수 있기 때문에 성경을 통해 유익을 얻었다고 해도 성경에 나오는 모든 것을 곧이곧대로 믿어서는 안 되고, 평신도가 공부하거나 연구해서 직접 유익을 얻기에 성경은 너무나 버겁고 어려운 책이라는 생각이 널리

퍼져 있다. 그래서 어떤 사람은 적어도 이 부분에서는 성경의 명료
성을 주장하는 종교개혁자들이 틀렸고, 가톨릭 측 주장이 옳다고
느낀다.

"비평학으로 검증된 결과들"에 비추어 성경의 메시지를 다시
쓴 대중서들은 선한 의도와는 달리 그런 인상을 심화한다. 1963년
에 나인햄(D. E. Nineham)은 이렇게 썼다. "새롭게 제안된 성공회 요
리문답에서 개인이 성경을 읽는 것은 글을 아는 교회의 모든 구성
원이 반드시 해야 할 의무라고 여기는 듯한 인상을 주는데, 이는
참 애석한 일이다. 그것이 현실적인 것인가?"[6] 나인햄의 이러한 의
구심에 동의하는 사람이 많을 것이다. 교회 다니는 사람들이 성경
을 별로 공부하지 않는 것은 이상한 일이 아니다.

다섯째, 성경에 대한 회의에서 초래된 모든 해악 중에서 가장
서글픈 것은 그리스도가 시야에서 사라져 버렸다는 것이다. 복음
서들은 그리스도를 네 측면에서 묘사하고, 서신서는 그리스도의
다양한 측면에 대해 말한다. 하지만 그런 것은 풍부한 종교적 상상
력의 산물이기 때문에, 거기에서 그려내는 것이 그리스도의 원래
모습이라고 생각해서는 안 된다는 말을 듣는다. 역사 속에서 살며
활동했던 '실제' 예수는 복음서에 그려진 예수와는 상당히 달랐고,
이전에는 서신서에 기록된 것을 하나님이 계시하신 진리로 받아
들였지만 사실 이런 기록은 인간이 특정 문화 속에서 만들어낸 기
독교의 비밀의식에 관련된 신화이며, 초기 그리스도인이 지닌 어
떤 감정만을 말해준다는 것이 지금은 확실하게 밝혀졌다는 말을
듣는다.

따라서 신약성경에 묘사된 예수는 이제 더 이상 '거기에' 계

셨던 그리스도가 아니고, (지금은 고인이 된 프랜시스 쉐퍼가 한 말을 빌리자면,) 우리는 역사적 예수에 접근할 수 없으며, 그리스도는 로빈 후드나 로빈 굿펠로(Robin goodfellow, 영국 민화에 나오는 장난꾸러기 요정—옮긴이)처럼 그리스도인의 마음속에 전설적이고 상징적인 인물로만 존재할 뿐이다. 회의주의자들은 오늘날 그렇게 외친다. 회의주의적 비평학자들이 만들어놓은 산성이 강한 욕조 안에서 성경 속 그리스도는 완전히 용해되고 말았다.

  우리는 그런 환경에서 자라 익숙하기 때문에, 그것을 자연스럽고 정상적인 것으로 여기는 경향이 있다. 심지어는 그렇게 하는 것이 자기 연약함을 인정하는 덕스러운 모습이라고 생각하고, 이전 시대의 그리스도인은 지나치게 교조적이고 독선적이었다고 비난하면서, 지금 자신은 진리에 모호한 태도를 보이는 것이 아니라 단지 열린 마음으로 유연하게 접근하는 것이라고 종종 자화자찬을 늘어놓기도 한다. 하지만 여기서 조심해야 한다. 우리 마음을 지나치게 넓게 열어놓으면 수많은 쓰레기가 마음속으로 밀려 들어오기 때문이다. 사도는 사람들이 유연함을 고집하다가 "온갖 교훈의 풍조에 밀려 요동하[고]"(엡 4:14) "항상 배우나 끝내 진리의 지식에 이를 수 없[게]"(딤후 3:7) 될 것을 염려한다.

  하나님이 주신 사실에 눈을 감아버리고 애매모호한 태도를 보이는 것은 언제나 마귀적이다. 물론 오직 성경만 믿는다는 핑계로 역사와 학문적 발전에 따라 발견된 사실들(이론들이 아니라)에 눈을 감아버린다면, 그것은 분명히 죄일 것이다.[7] 반면에, 신약성경의 신앙 전체는 실제로 교조적이고 독단적인 성격을 지닐 수밖에 없는데, 그 근본적인 이유가 구약성경의 기자들과 그리스도, 사도들이 전한 말씀이 하나님에게서 온 말씀이라고 확신하기 때문이다. 그런데도 우리가 역사와 학문을 앞세워 그러한 사실에 눈을 감아버린다면, 진리에 모호한 태도를 보이는 것이나 마찬가지다. 하지만 오늘날 개신교 신학은 일반적으로 그러한 사실을 고려하지 않는다. 거기에서는 신약성경에서 숨 쉬는 영과는 아주 다른 영이 숨 쉬고 있다.

자칭 급진주의자들은 우리 속에 새로운 생명을 불어넣으려면 이전과는 완전히 다른 새로운 신학, 즉 기존의 온갖 성경적인 사고방식을 내려놓고 20세기 그리스도인의 의식을 온전히 표방한 신학이 필요하다고 말한다. 하지만 우리가 지금까지 말한 것들이 옳다면 20세기 그리스도인의 의식은 한참 잘못되어 있기 때문에, 그들이 말한 길을 따라간다면 우리는 회의주의와 영적인 불모 상태로 더 깊이 빠져들 뿐이다.

이미 잘못이 확인된 길을 따라 달려가는 것은 헛된 일이다. 신학은 인간이 자신의 종교의식을 표현하는 활동에 불과하다고 단정하며 이러한 잘못된 원칙을 더 철저하게 적용하려 한다면 재앙일 것이다. 많은 성직자와 신학자들이 우리의 영적인 빈곤함과 선교의 무기력함을 타개하려고 자신의 모든 창의력을 총동원해서 그런 종류의 '급진' 신학들을 필사적으로 개발하고 있다. 하지만 아모스는 이미 그런 신학에 묘비명을 써놓았다. "사람이 이 바다에서 저 바다까지, 북쪽에서 동쪽까지 비틀거리며 여호와의 말씀을 구하려고 돌아다녀도 얻지 못하리니"(암 8:12). 우리가 겸손히 발걸음을 돌려서 처음에 잘못된 길로 접어든 그 지점으로 돌아갈 때까지 우리 상황은 결코 나아지지 않는다.

종교개혁은 어떻게 말하는가

이제 종교개혁 시대에 만들어진 몇몇 공식문서가 성경에 관해 무엇을 가르치는지를 본다면, 우리가 앞으로 할 일에 분명히 도움이 될 것이다. 이 문서들의 전체적인 입장은 오늘날 많은 개신교 진영의 입장과 크게 대비된다. 나는 주로 성공회의 39개조 신조, 설교집, 공동 기도서에서 인용할 것이다. 부분적인 이유로는 이 문서들이 내가 아는 한 최고의 표준이기 때문이고, 또한 설교집과 기도서는 예배와 기도에서 실제로 표현된 성경에 관한 원칙을 우리에게 보여주기 때문이다. 루터파와 개혁파의 토대가 된 문서도 모두 동일한 방향을 보여준다. 따라서 그 문서들이 보이는 성경에 관한 입장은 완벽하게 일치한다. 이 공식문서들이 성경에 관해 가르치는 것을 다음과 같이 세 가지로 나누어서 요약하려 한다.

1. 하나님의 말씀으로서 성경의 영감성

성공회의 공식문서들은 성경의 저자가 궁극적으로 하나님이심을 강조한다. 성경은 "기록된 하나님의 말씀"(제20조)이고, "지극히 순전한 하나님의 말씀"(서문, 교회의 예배에 관하여)이다. 하나님은 "우리가 배울 수 있도록 모든 성경을 기록하게 하셨다"(대림절을 위한 두 번째 특별기도. "우리가 배울 수 있도록 당신의 거룩한 말씀을 기록하게 하신 하나님"—병자를 심방했을 때의 기도). 성경 전체는 "성령의 영감으로 기록되었고," 따라서 "살아 계신 하나님의 말씀"이며 "하나님의 무오한 말씀"이다("성경의 특정 본문에 대해 거리낌이 있는 사람들을 위한 지식"—설교집).[8]

그렇기 때문에 성경은 진리와 지혜의 말씀이다. 우리가 이 사실을 알지 못한다면, 그 잘못은 교과서인 성경에 있지 않고 학생인 우리에게 있다. "성경은 … 모든 진리의 하나님에게서 왔기 때문에 진리일 수밖에 없다. 성경은 전능하신 하나님이 만들어내신 것이기 때문에 거기에 나오는 명령들은 지혜롭고 사려 깊은 것일 수밖에 없다. 그러므로 우리 같은 비참하고 비천한 자들이 은혜 없이 하나님의 지극히 거룩한 말씀을 상상하고 판단하는 것은 얼마나 헛되고 헛되겠는가"(설교집, 378쪽). 성경에는 서로 모순되는 것들이 전혀 없다. 진리의 하나님이 스스로 모순되실 수 없기 때문이다. 따라서 "교회가 … 성경의 한 본문을 다른 본문과 상충되게 해석하는 것은 합당하지 않다"(제20조).

공식문서들은 성경이 말하는 모든 것은 하나님 자신이 말씀하시는 것이라고 우리에게 말한다. 성경의 가르침은 전적으로 하나님의 가르침이다. "우리는 당신의 거룩한 말씀을 통해 왕들의 생각이 당신의 통치 안에 있다고 가르침받는다"(성찬. 잠 21:1을 보라). 하나님은 "당신의 거룩하신 사도를 통해 … 모든 사람을 위해 기도하라고 우리에게 가르치신 분이다"(성찬. 딤전 2:1을 보라). 우리는 신명기 27장에서 "하나님이 회개하지 않은 죄들을 저주하시는" 것을 읽고서, "그런 자들에 대한 하나님의 크신 진노와 함께 회개해야 함을 경고로 받는다"(사순절 첫날인 재의 수요일에 회개하지 않는 자들에 대한 하나님의 벌을 경고하는 말). 성공회의 공식문서 전체에 걸쳐 성경의 교훈과 명령들은 하나님의 뜻에 관한 영원히 유효한 표현들로 소개된다.

이것은 성경의 약속들에 대해서도 마찬가지다. 한 가지 예로

성 크리소스톰의 기도에 나오는 이 구절을 주목하라. "주님은 당신의 이름으로 함께 모였을 때 그들이 주의 이름으로 구하는 것들을 들어주시겠다고 약속하신다[여기서 항상 참됨을 나타내는 현재 시제가 사용되었다]"(마 18:19~20 참조). 그리스도께서 이 땅에 계실 때 하신 말씀을 기록한 저 성경은 그리스도께서 지금 여기 계셔서 하시는 말씀이기도 하다. "우리 구주 그리스도께서 어떠한 위로의 말씀을 하시는지('하셨는지'가 아니다)를 들으라"(성찬 예식을 시작할 때에 "우리 구주 그리스도께서 이렇게 말씀하신다"라고 하는 것과 비교해보라).

또한 성경에서 하나님의 긍휼과 심판의 역사에 관해 말하는 부분은 사실에 대한 서술이자 우리를 다루시는 분의 성품을 드러내는 말씀으로, 한결같이 신뢰할 만한 것으로 여겨진다. 그래서 우리가 드려야 할 기도문들은 이렇게 되어 있다. "오, 전능하신 하나님, 주께서는 광야에서 당신의 백성에게 진노하셔서 역병을 보내셨고 … 다윗왕 때도 전염병을 보내셔서 칠만 명을 죽이셨지만, 주의 긍휼하심을 기억하시고 나머지를 구원하셨습니다. 우리를 불쌍히 여기소서. … 주께서 그때에 속죄를 받으시고 멸망시키는 사자에게 명하여 벌을 그치게 하셨던 것처럼, 이제도 우리 주 예수 그리스도로 말미암아 … 우리에게서 이 역병이 물러가게 해주십시오"(역병이 있을 때의 기도. 그 외에 좋은 날씨를 위한 기도, 기근의 때를 위한 두 번째 기도, 공적인 세례 예식의 첫 번째 기도에 나오는 대홍수와 출애굽에 관한 언급, 결혼 예식에서 아담과 하와, 이삭과 리브가, 아브라함과 사라에 대한 언급 등이 있다).

성경은 하나님에게서 기원했고, 하나님이 말씀하셨고 또한 지금도 말씀하시는 권위가 있음을 강조하는 공식문서로는 먼저

1560년에 나온 "스코틀랜드 신앙고백"(Scots Confession)이 있다. 거기에서는 "기록된 하나님의 말씀, 즉 처음부터 정경으로 여겨진 저 책들로 이루어진 구약성경과 신약성경"이라고 말하고, "하나님의 성령에 의해 기록된 성경"이라고 말하며(제18조), 교회는 성경의 교훈을 경청함으로써 "자신의 배우자이자 목자의 음성을 … 듣는다" 라고 천명한다(제19조). 다음으로 제1차 스위스 신앙고백(1536년)은 이렇게 말한다. "오직 성령의 영감으로 이루어지고, 선지자들과 사도들을 통해 세상에 전해진, 하나님 말씀인 거룩하고 신적인 성경만이 … 하나님에 대한 참된 지식과 사랑과 공경에 이바지하는 모든 것을 다루고 있으며, 아울러 어떻게 참된 경건과 정직하고 복된 삶을 얻는지를 다룬다"(제1조). 그리고 제2차 스위스 신앙고백(1566년)은 이렇게 선언한다. "구약성경과 신약성경이라는 거룩한 선지자들과 사도들의 글은 참된 하나님의 말씀이고" 내재적인 권위를 지닌다. "하나님이 친히 조상들과 선지자들과 사도들에게 말씀하셨고, 여전히 성경을 통해 우리에게 말씀하시기 때문이다"(제1조).

이러한 진술 속에 반영되어 있는 성경의 영감과 권위에 관한 개념들은 1647년의 웨스트민스터 신앙고백에서 더욱 확대되었다. "주께서는 여러 시기와 여러 방법으로 교회에 자신을 계시하시고 자신의 뜻을 선포하셨으며, 그 후에는 진리를 더 잘 보존하고 전파하시기 위해 … 그 동일한 진리가 온전히 기록되게 하시기를 기뻐하셨다. … 우리가 마땅히 믿고 순종해야 할 성경의 권위는 … 전적으로 진리 자체이고 성경 저자이신 하나님께 있다. 따라서 성경은 하나님의 말씀이기 때문에, 우리는 성경을 받아들여야 한다"(제1장 1절과 4절).

하나님은 성경의 "유일한 저자"이기 때문에("성경의 읽기와 지식에 대한 유익한 권면"—설교집, 10쪽), 성경에 대해 경외심을 갖는 것은 경건함을 드러내는 표시인 반면, 성경에 경외심을 갖지 않는 것("주의 말씀과 계명에 대한 경멸"—탄원. 성금요일의 세 번째 특별기도)은 불경건의 극치로서 심판을 초래한다. "너희는 하나님의 지극히 거룩하신 말씀을 경멸하는 자들이 되지 말라. 하나님을 진노하게 하여 그 진노를 네 위에 쏟아 부으시게 하지 말라. … 네 영혼을 의도적으로 죽이는 자가 되지 말라"(설교집, 380쪽).

2. 신앙과 삶의 준칙으로서 성경의 권위

성공회의 공식문서들은 성경이 가르치는 모든 것을 가감 없이 받아 따르는 것이 하나님을 섬기는 길이라고 강조함으로써, 성경에 의한 규율이라는 원칙을 적극적인 면과 소극적인 면에서 동시에 정의한다. 이 문서들은 예배와 삶 속에서 하나님을 섬기는 것이란 "성경이 말하는" 것을 지키고, "성경이 우리를 감동시켜" 행하라고 하는 것을 철저하게 행하며, 성경의 명령에 순종하고, 성경의 약속을 믿으며, 사도들이 기록한 가르침을 고수하는 것이라고 말한다(복음서 기자 성 요한, 성 마가, 성 바돌로매, 성 누가, 성 시몬, 성 유다의 축일에 드리는 특별기도들).

세례 예식에서 행하는 서약은 그 사람이 "하나님의 거룩하신 말씀을 변함없이 믿고 그의 계명을 순종하며 지키겠다"고 약속하는 것으로 해석된다. 공동 기도서의 탄원 기도 편에서 우리가 구하는 최고의 복은 "은혜를 더 많이 받아 주의 말씀을 온유한 마음으로 듣게 하시고, 그 말씀을 순수한 사랑으로 받게 하시며, 성령의 열매를 맺게 해주시고", "주의 성령의 은혜를 허락하셔서 주의 거룩한 말씀을 따라 우리 삶을 고칠 수 있게 해주시라"는 것이다. (성찬 예식에서도 이것과 비슷하게 "온유한 마음과 합당한 경외심으로 주의 거룩하신 말씀을 듣고 받게" 해달라고 간구한다.) 결혼 예식에서 이제 막 결혼한 부부를 위해 구하는 최고의 복은 그들의 삶이 성경의 다스림을 받게 해달라는 것, 즉 "주의 거룩한 말씀 속에서 그들이 배워서 유익이 될 모든 것을 행함으로써 이루게 해주시라"는 것이다. 모든 그리스도인의 이상은 "성경을 사모하고 사랑하며 기꺼이 받아들여서 마침내 성경대로 바뀌고 변화되는"(설교집, 371쪽) 것인데, 이것은 우리가 "주께서 명하시는 것들을 사랑하고, 주께서 약속하시는 것을 사모하게" 되는 것을 의미한다(부활절을 위한 네 번째 특별기도). 이처럼 공식문서들에 따르면, 성경은 우리의 삶 전체를 조형해내기 위한 '하나님의 거푸집'이라고 고백한다.

신앙과 삶의 준칙으로서 성경이 지닌 최고 권위에 대한 공식 진술은 루터파의 일치 신조(Formula of Concord, 1580년)의 첫머리에 나온다. "우리는 성경에 '주의 말씀은 내 발에 등이요 내 길에 빛이니이다'라고 기록된 대로 모든 교리와 모든 교사를 평가하고 판단할 때 사용해야 하는 유일한 준칙이자 표준은 구약성경과 신약성경에 담긴 선지자와 사도의 글 외의 다른 것이 아니라고 믿고 고백하며 가르친다." 사실 이 원칙은 종교개혁의 모든 신앙고백 문서 속에 명시되어 있거나 암묵적으로 내재해 있다. 이렇게 이 원칙은 스위스, 프랑스, 독일, 이탈리아, 영국, 스코틀랜드, 스페인, 스칸디나비아의 루터파와 개혁파의 종교개혁 신학을 놀라울 정도로 실질적으로 하나 되게 만든 가장 중요한 방법론적인 공리이다.

성공회 신조에서는 성경의 권위에 관한 원칙을 변증적으로 전개해나간다. 거기에서는 로마 가톨릭에 대항해 성경의 충족성을 단언한다. "성경은 구원에 필수적인 모든 것을 담고 있다. 따라서 성경에 나오지 않거나 성경으로 증명될 수 없는 것은 무엇이든지 … 신앙의 신조가 아니고 … 구원에 필수적이지도 않다"(제6조). 설교집에 나오는 첫 번째 설교에서는 이 신조의 교훈을 해설한다. "우리는 … 우리의 칭의와 구원을 위하여 … 신구약 성경의 책들에서 부지런히 생명의 샘을 찾아야 하고, 악취 나는 전통의 물웅덩이로 달려가서는 안 된다"(설교집, 2쪽).

제20조에서도 로마 가톨릭에 대항하여 교회의 모든 법령은 성경에 종속되어야 한다는 추가적인 원칙을 천명한다. "교회는 성경의 증인이자 보존자가 되어야 하지만, 성경에 어긋나는 것을 법령으로 제정해서도 안 되고, 성경 이외의 다른 것을 구원에 필수적인 것으로 믿으라고 강요해서도 안 된다." 교회가 제시하는 모든 것은 반드시 성경의 비판적인 판단을 받아야 한다. 역사상의 신조들은 그러한 시험을 통과했기 때문에 권장된다(제8조). 하지만 공의회나 특정 교파의 결정이 모두 권장되는 것은 아니고(제21, 19조), 여분의 공로(제14조), 연옥, 면죄부, 성상 및 성물 숭배, 성인의 이름을 부르며 기도하는 것(제22조), 외국어로 드리는 예배(제24조), 화체설(제28조) 같은 것들은 권장되지 않는다.

또한 성공회 신조에서는 성경의 권위에 관한 원칙을 재세례파의 교리들과 대비시켜 설명해나간다. 재세례파는 자기 지도자들이 가르치는 '영적인' 통찰들을 지나치게 신뢰하고, 성경의 통일성이나 결정적 권위를 진지하게 받아들이지 않았기 때문이다. 그래

서 성공회 신조는 성경으로부터 이끌어낸 근거에 따라서, 구약성
경과 신약성경의 비일관성(제7조), 세례 이후의 완전한 삶(제15, 16
조), 세례 이후에 범한 죄는 용서받을 수 없다는 것(제16조), 그리스
도 없이도 진실한 삶으로 구원받을 수 있다는 것(제18조), 평화주의
를 신자의 의무로 정한 것(제37조), 책임이 따르는 맹세를 하는 것
을 불법으로 규정한 것(제39조) 같은 재세례파의 교리를 반박한다.

성경의 권위에 대한 종교개혁의 증언에서 핵심적인 원칙은
성경 전체에서 사용된 어법과 관용표현에 관한 연구와 해당 본문
외의 다른 성경 본문에 관한 연구를 통해 본문의 분명하고 자연스
러운 의미가 성경 안에서 자체적으로 결정되기 때문에, 성경에 관
한 전통적이고 사적인 해석들이 그러한 의미를 파악하지 못해 성
경의 가르침을 자기도 모르게 잘못 해석한 것은 아닌지를 철저하
게 검증해보아야 한다는 것이다. "성경 해석의 무오한 준칙은 …
성경 자체에 있다"(웨스트민스터 신앙고백, 제1장 9절). "하나님에게서
온 거룩한 성경은 그 자체로 해석되어야 하고 다른 식으로 해석되
어선 안 된다"(제1차 스위스 신앙고백, 제2조). 교회는 "성경의 한 대목
을 다른 대목과 어긋나게 해석해서는" 안 된다(제20조).

3. 은혜의 수단으로서의 성경에 대한 우리의 의존성

이 항목에서 우리가 살펴보게 될 모든 내용은 성공회의 공식
문서에서 가져온 것이다. 이 문서들이 본 주제에 관해 이례적일 정
도로 자세하고 강력하게 말해주고 있기 때문이다. 이 문서들에서
는 기록된 말씀, 그 말씀을 읽고 전하고 듣고 적용하는 것이 하나
님으로부터 인간에게로 흘러오는 생명의 주된 통로라고 일관되게

설명한다.

"하나님의 성경은 우리 영혼의 하늘 양식이다. … 성경은 우리 발에 등불이다. 성경은 구원의 확실하고 변함없고 영원한 도구다. … 성경은 우리 양심을 위로하고 기쁘게 만들고 힘을 주고 소중하게 대한다. … 성경 말씀은 영원한 생명의 말씀이라 불린다. 그 말씀은 하나님이 우리에게 영원한 생명을 주시려고 정하신 도구이기 때문이다. 그 말씀은 하나님의 약속으로 사람들의 마음을 변화시켜 믿음으로 받아들이게 하는 힘이 있고, 그 말씀 속에는 늘 하늘에 속한 영적인 역사가 있다"(설교집, 3쪽).

"세상 끝 날까지 교회와 함께하겠다고 약속하신" 그리스도께서는 "성경 안에서 우리에게 현재적으로[즉, 지금 여기에서] 말씀하심으로써 … 자신의 약속을 지키신다"(설교집, 370~371쪽). 따라서 우리는 "주의 거룩하신 말씀을 통해 그리스도를 믿는 믿음으로 부르심을 받는다"(성 안드레 축일을 위한 특별기도). 우리는 말씀을 통해 거룩해진다. 말씀을 들을 때 "우리 마음에 내적으로 접붙여지면" 말씀은 "우리 안에서 생명의 선한 열매를 맺는다"(성찬).

하나님은 고난받는 그리스도인에게 "성경의 위로"를 통해 소망을 주시고(대림절을 위한 두 번째 특별기도), "마음이나 양심에서 괴로워하는" 그리스도인 각각에게 그들의 상태 및 주의 경고와 약속을 바르게 깨닫게 하셔서, 그들이 주를 의지하는 마음을 버리거나 주님이 아닌 다른 것을 의지하지 않도록 지키신다"(병자 심방). 이 모든 것에서 구원하는 은혜(즉, 살아 있는 유효한 믿음)는 성경을 통해 온다. 그래서 우리는 견신례를 받으려는 사람들을 위해 하나님이 "그들을 이끄셔서 주의 말씀을 알고 순종하게 하심으로써, 그들이 결국 영원한 생명을 얻게 해주소서"라고 기도한다(견신례). 그리고 부제들을 사제로 세울 때, 그들이 전하는 말씀이 우리에게 복이되게 해달라고 기도한다. "우리에게 은혜를 주셔서, 그들이 지극히 거룩하신 말씀으로부터 전하는 것이나 그 말씀과 부합하게 전하는 것을 우리의 구원 수단으로 듣고 받을 수 있게 해주소서"(사제 서품 예식).

성공회 공식문서는 말씀을 공적으로 읽는 것에 관심을 둔다. 그래서 공동 기도서에는 1년에 구약성경과 요한계시록을 한 번, 나머지 신약성경을 두 번 읽을 수 있게 안내하는 독서일과가 포함되어 있다. 또한 성경의 많은 내용이 여러 예배와 결합되어 있다. 기독교계에서 예배 형태를 규정하는 것 중에서 공동 기도서만큼 성경을 공적으로 많이 사용하도록 정한 것은 없다.

성공회의 공식문서는 말씀을 공적으로 전하는 것에 관심이 있다. 그래서 사제를 세우는 예식에서는 "이 동일한 성경으로 사람들을 가르치고", "하나님 말씀에 어긋나는 모든 잘못되고 이상한 가르침을 추방하고 몰아낼" 것을 권면한다(사제 서품 예식). 또한 탄원 기도 편에는 하나님께서 "모든 주교와 사제와 부제에게 빛을 비추셔서 주의 말씀을 참되게 알고 깨닫게 해주시고, 말씀을 전하는 것과 삶을 통해 주의 말씀을 드러내게 해주소서"라는 기도가 나온다(성찬 예식과 관련해서도 비슷한 기도를 드린다). 또한 부제 후보자에게 "그대는 모든 성경을 정경으로서 거짓 없이 믿는가"라고 질문하고, 주교에게는 "이 책에 담긴 것들을 묵상하고 부지런히 행하라"고 권면한다. 공동 기도서는 성공회 성직자가 다른 무엇보다 말씀의 사람이 되어야 한다는 아주 간절한 소망을 보여준다.

끝으로, 성공회 공식문서는 성직자만 아니라 회중의 모든 구성원이 말씀을 개인적으로 공부하는 것에 관심이 있다. "그리스도인에게 성경을 아는 것보다 더 유익하거나 필수적인 것은 없다. … 하나님께로 나아가는 바르고 온전한 길로 들어서길 바라는 사람은 누구든지 성경을 아는 일에 자기 마음을 드려야 한다." "따라서 성경의 이 책들은 우리 손, 우리 눈, 우리 귀, 우리 입에 있어야 하고, 무엇보다도 우리 마음에 있어야 한다."

"하나님에 대한 우리 믿음과 신뢰를 강화하고, 죄짓지 않는 순수한 마음과 경건한 삶과 행실을 지키는 데에 하나님 말씀을 끊임없이 읽고 기억하는 것보다 더 나은 것이 없다. … 반대로 그리스도와 하나님 영광을 구함에 있어 하나님 말씀에 대한 무지보다 우리를 더 어둡게 하고 눈을 멀게 해 온갖 악을 저지르게 하는 것은 없다." "성 히에로니무스가 '성경을 알지 못하는 것은 그리스도에 대해 무지한 것이다'라고 말했듯이 … 성경에 대한 무지는 오류의 원인이다."

"오직 말씀을 듣기만 하더라도 유익이 아예 없다고 할 수는 없지만, 듣기도 하고 읽기도 한다면 훨씬 더 큰 유익을 얻게 될 것이다." 따라서 "우리는 밤낮으로 말씀을 읊조리고 묵상하고 관상해야 한다. 말씀을 반추하고 되새김질해서, 말씀 안에 있는 달콤한 즙, 영적인 효과, 진수, 꿀, 알맹이, 진정한 맛, 힘, 위로를 맛보아야 한다. … 하늘에 속한 이 말씀의 참되고 바른 가르침을 따라 말하고 생각하고 믿고 살다가 이 세상을 떠나게 해달라고 말씀의 유일한 저자인 하나님께 기도해야 한다. 그리고 우리는 그 말씀을 힘입어서 세상에서 하나님의 보호하심과 은총과 은혜 … 평안하고 고요한 양심을 누리고 ⋯ 하늘의 무한한 복과 영광을 누려야 한다"(설교집, 1, 3, 4~5, 372, 377, 379~380쪽).

하지만 평신도가 성경을 공부하고자 할 때 무엇을 어떻게 할 줄 몰라 당혹스럽거나 개별적인 탐구를 위험하게 생각해 사실상 유익을 얻기 힘들지 않을까? 설교집은 첫 번째 설교에서 그렇지 않다는 것을 강조하려고 애쓴다. 하나님은 신실하셔서, 마음이 가난한 자들이 잘못된 길로 들어가도록 내버려두지 않으신다는 것이다.

"어떻게 해야 위험이나 오류 없이 성경을 읽을 수 있는지를 보여줄 것이다. 성경에 대한 지식을 가지고 하나님께 영광을 돌리려는 의도로 온유하고 낮은 마음으로 겸손하게 성경을 읽으라. 하나님께서 당신의 성경 읽기를 지도하셔서 선한 열매를 맺게 해주시라고 날마다 기도하면서 성경을 읽으라. 당신이 분명하게 깨달을 수 있는 것만 받아들이고 그것을 넘어서서 성경을 해석하려고 하지 말라"(설교집, 6~7쪽).

자신을 신뢰하지 않고 기도하는 가운데 성경을 공부하는 사람은 "겸손함과 부지런함으로 말씀을 알고자 하는 사람을 감동하셔서 말씀의 참된 의미를 깨닫게 해주시는 성령"(설교집, 8쪽, 크리소스톰의 말을 인용)의 조명을 통해, 성경의 한 본문이 다른 본문을 해석하는 방식으로 말씀의 참된 의미가 이내 분명해지는 것을 경험한다. 이렇게 성경은 모든 사람이 자기 영혼을 잘되게 하기 위해, 그리고 구원의 수단으로 "읽고 유념하고 배우고 내적으로 소화해야 하는"(대림절을 위한 두 번째 특별기도) 책이다.

우리 앞에 놓인 과제

성공회의 공식문서에서 이렇게 성경을 우리의 참된 빛이자 구원의 주된 수단으로 여기고 지극히 기뻐하며 높이는 것은 오늘날 우리 중에 만연한 성경에 대한 태도, 즉 성경을 하찮은 것으로 여기고 아예 관심이 없으며 성경보다 자신이 우월하다고 여겨 마치 자기가 성경을 보호하는 듯이 거만한 행태를 보이는 것과는 너무나 대조적이어서, 이것을 보는 우리 마음은 참으로 고통스럽다.

종교개혁자들은 성경의 신성과 신비 앞에서 경외심으로 가득 차서 성경을 우러러 공경하는 마음으로 읽으면서, 거기서 그리스도에게서 나오는 말씀을 듣고 하나님을 만났다. 반면에 우리는 자신을 성경보다 더 높이고는, 마치 자신이 성경의 모든 내용을 낱낱이 다 파악했다는 듯이, 성경은 하나님의 길을 우리에게 안내하는 길잡이로서 안전하지도 않고 올바르지도 않다고 나무라고 꾸짖는 듯한 고압적인 태도를 취하고 있다. 전에 한 성직자가 교단 총회에서 구약성경이 "영적인 쓰레기"를 담고 있다고 말했는데, 그 성직자의 영과 정서가 불행히도 이 시대에 전형적으로 나타난다. 그런 상태로 성경을 읽으니 도대체 성경이 무슨 말을 하는지를 제대로 이해할 수 없는 게 당연하다.

성경이 지닌 많은 신적인 특징 중 하나는 시비를 걸려고 불경스럽게 다가오는 자에게는 자신의 비밀을 드러내지 않는다는 데 있다. 종교개혁의 공식문서들이 우리를 고발하면서 우리가 어디로부터 얼마나 멀리 멀어졌는지를 생각해보라고 요구한 지 오래되었다. 그 문서들은 성경에 대한 믿음을 잃어버린 후에는 하나님의 율법과 복음, 하나님의 계명과 약속들, 그리고 성경에서 말하는 그리스도와의 접촉도 상실했음을 깨닫게 한다. ('신신학'과 '신도덕'은 결국 그런 것에 대한 무지를 이색적으로 광고하는 것이 아니고 무엇이겠는가?) 우리의 공식문서들은 성경에 대한 변절은 실상 복음과 그리스도에 대한 변절이고, 그러한 변절로 우리가 지금 심판 아래 놓여 있음을 가르쳐준다. 우리가 아모스 8장 11~12절을 토대로 말한 것들은 설교집에 수록된 "하나님으로부터 떨어져 나가는 것이 얼마나 위험한 일인지에 관한 설교" 중에 다음과 같이 말하는 대목에서 확인된다.

"하나님이 우리를 기뻐하지 않으심은 성경에서 두 가지로, 즉 자신의 얼굴을 우리에게 보이시거나 혹은 돌리거나 숨기심으로써 표현된다. … 우리에게서 자신의 얼굴을 돌리시거나 숨기신다는 것은 … 하나님이 우리를 분명하게 버리시고 우리에게서 손을 떼신다는 의미다. … 하나님은 그리스도에 관한 바른 가르침인 자신의 말씀, 그리고 말씀과 언제나 결합되어 있는 은혜에 따른 그의 조력과 도우심을 우리에게서 거두시고 내버려두셔서 우리의 생각, 우리의 의지와 힘으로 행하게 하심으로써, 그가 우리를 버리기 시작했음을 선포하신다"(설교집, 81쪽).

교회의 현재 상태를 보면, 기록된 하나님의 말씀을 불경스러운 태도로 무시한 것에 대한 심판으로 하나님이 우리를 버리기 시작하셨음을 의심하지 못하게 한다.

이때 우리는 무엇을 해야 하는가? 행위로는 성령을 다시 불러올 수도 없고, 하나님 역사를 다시 되살릴 수도 없다. 우리를 다시 살아나게 하는 것은 오직 하나님의 대권(大權)이다. 하지만 그 길에서 우리를 걸려 넘어지게 해온 걸림돌을 제거하는 일은 우리도 할 수 있다. 즉, 우리는 오늘날의 비평학이 성경의 인간적인 측면들, 즉 문화적이고 언어적이며 역사적인 측면에서 밝혀낸 것을 버리지 않으면서도, 성경의 신성과 영원한 진리 됨에 관한 회의적인 생각을 제거하는 방식으로 계시론과.영감론을 재정립하려고 애쓸 수는 있다. 이것보다 더 긴급한 과제는 없다. 그리고 나는 이 책에서 개략적이나마 이것을 시도하려고 한다.

제2장 말씀이 그친 시대

제3장

찾아오시는 하나님

신약성경의 기본 주장은 기독교가 계시의 종교라는 것이다. "계시하다"로 번역되는 헬라어('아포칼립토')는 이전에는 감춰져 있던 어떤 것을 드러내거나, 전에는 보이지 않았던 뭔가를 보이게 하는 것을 말한다. 기독교는 숨어 계시던 창조주께서 자신을 드러내신 것에 토대를 둔다. 덕분에 그리스도인은 "예수 그리스도의 얼굴에 있는 하나님의 영광을 아는 빛"(고후 4:6)을 누린다.

하나님이 자신의 권속으로 택하신 이스라엘이라는 민족과의 관계를 통해 사람에게 자신을 계시하신 일련의 과정은 성육신하신 하나님의 아들 나사렛 예수의 인격과 말씀과 사역에서 절정에 도달했다. 따라서 히브리서 첫머리에는 기독교 신앙이 계시로 탄생한 것임을 최종적으로 선포하는 말씀이 장엄하게 나온다. "옛적에 선지자들을 통하여 여러 부분과 여러 모양으로 우리 조상에게 말씀하신 하나님이 이 모든 날 마지막에는 아들을 통하여 우리에게 말씀하셨으니…"(히 1:1~2).

성경을 구성하는 66권의 책들은 이 계시 과정의 산물이면서 동시에 선포다. 처음 39권의 책(구약성경)은 이스라엘에 계시가 주어졌던 천 년이 넘는 기간에 쓰였고, 나중 27권의 책(신약성경)은 주후 1세기 후반까지 기록되었다. 후자는 모두 주후 26년에서 30년 사이에 "본디오 빌라도 치하에서" 십자가에 못 박히셨다가 죽은 자 가운데서 다시 부활하신 예수님 안에서 하나님이 주신 최종 계시를 담고 있다.

히브리서의 첫머리에 나오는 말씀을 보면, 계시는 하나님이 주체가 되어 행하신 역사이고("… 말씀하신 하나님이"), 하나님은 여러 시기에 걸쳐 누적적으로("선지자들을 통하여 … 아들을 통하여") 친히 말씀하시는("말씀하신 … 말씀하셨으니") 형태로 우리에게 계시를 주셨다고 설명한다. 이 장과 다음 장에서 우리는 이 말씀에 담긴 의미를 살펴봄으로써 계시라는 주제를 논의하려고 한다.

계시는 하나님이 주체가 되어 행하신 역사이다. 따라서 인간이 이루어낸 일이 아니다. 계시는 무엇인가를 발견해내는 것도 아니고, 통찰을 얻는 것도 아니며, 탁월한 생각이 떠오르는 것도 아니다. 계시는 인간이 하나님을 찾아내는 것을 의미하지 않고, 하나님이 인간을 찾아오셔서 자신의 비밀을 우리와 공유하시고 자신을 우리에게 보여주셨음을 의미한다.

계시와 관련해서 하나님은 대상임과 동시에 주체다. 계시는 단지 사람들이 하나님에 관해, 또는 하나님을 위해 말하는 것이 아니고, 하나님이 친히 자기 자신을 위해 말씀하시고 우리에게 말씀하시는 것이다. 신약성경의 메시지는 그리스도 안에서 하나님이 이 세계를 향해 말씀하셨고, 모든 세대에 속한 모든 사람은 이 말씀을 듣고 응답하도록 호출되었다는 것이다. 이것이 무슨 의미인지 알려면 세 가지 질문을 살펴보아야 한다.

인격 대 인격으로 만나시다

첫 번째 질문은 이것이다. "이렇게 말씀하신 이 하나님은 누구신가? 이 하나님은 어떤 존재이신가?"

이 질문이 중요한 이유는 하나님의 본성을 제대로 알지 못하면 잘못된 계시관을 갖게 되기 때문이고, 또한 이 문제는 하나님이 계시를 통해 분명히 하고자 하셨던 핵심이기 때문이다. 하나님은 처음부터 계시의 가장 중요한 대상이었다. 성경은 하나님이 자신을 어떤 존재로 계시하셨다고 말하는가?

첫째, 하나님은 자신을 "나"라고 하시고 인간을 "너"라고 부르시며 말씀하심으로써 자신이 인격적인 존재임을 보여주셨다. 하나님은 출애굽에 앞서 불붙은 떨기나무 안에서 모세에게 말씀하실 때에 자신의 이름을 "스스로 있는 자"(더 정확하게는 "내가 존재하고자 하는 것으로 존재하는 자"[I WILL BE WHAT I WILL BE, 출 3:14~15, NIV 난외주], 줄여서 "야웨"[여호와])라고 밝히셨다. 이 이름은 하나님이 붙여주신 다른 이름(아브라함, 이스라엘, 예수 등)과 마찬가지로 이 이름을 지닌 분에 관해 무엇인가를 알려주는 원천이었다.

이 이름은 한편으로는 하나님의 초월적인 인격, 하나님의 자유와 목적성을 알려주었고, 다른 한편으로는 하나님의 자족성과 전능하심을 알렸다. "여호와"라는 이름은 하나님을 인격 없는 단순한 어떤 원리로 이해하는 것이 잘못임을 알려주는 영원한 증언이다. 이 이름은 만물의 배후에 아무런 목적 없는 어떤 힘―맹목적인 운명 또는 우연―이 아니라 자신의 고유한 생각과 의지를 지닌 전능하신 인격체가 계신다고 선언한다.

하나님은 성자와 성령을 이 세상에 보내심으로써 자신의 계시 사역을 최종적으로 완결하셨고, 그렇게 하심으로써 자신이 세 위격으로 이루어진 한 분 하나님이심을 보이셨다. 삼위일체 하나님은 기독교 계시의 핵심이다. "성부와 성자와 성령"은 신약성경에서 하나님의 '이름'이다(마 28:19). 칼 바르트가 사용한 "그리스도인이 부르는 하나님의 이름"이라는 멋진 어구는 오직 그리스도인만이 하나님에 관한 기본적인 진리를 알고 있음을 표현한 것이다.

둘째, 하나님은 자신이 도덕적인 존재임을 보여주셨다. 즉, 하나님은 옳고 그름에 대해 큰 관심을 두고 계시고, 도덕적인 관점에서 사람들을 보시기 때문에, 하나님과 인간의 관계는 도덕적인 관점에서 이해해야 한다는 것이다.

시내산에서 모세가 하나님의 영광을 보여 달라고 하자, 하나님은 자신의 이름을 이렇게 드러내셨다. "여호와라 여호와라 자비롭고 은혜롭고 노하기를 더디 하고 인자와 진실이 많은 하나님이라. 인자를 천대까지 베풀며 악과 과실과 죄를 용서하리라. 그러나 벌을 면제하지는 아니하고 아버지의 악행을 자손 삼사 대까지 보응하리라"(출 34:6~7).

하나님은 능력뿐 아니라 사랑과 순전하심에서도 완전하셔서, "무한하신 능력과 지혜와 선하심의" 하나님이시고(제1조), "자신의 존재와 지혜와 능력과 거룩하심과 의로우심과 선하심과 진실하심에서 무한하시고 영원하시며 변할 수 없으신 영"이다(웨스트민스터 소요리문답, 제4문의 답). 하나님이 친히 자신의 이름에 관해 설명해 주신 것에 비추어 보았을 때, 하나님을 변덕스럽거나 일관되지 못하거나 신뢰할 수 없거나 사랑 없는 존재라고 생각할 수 없다.

하나님에 대한 구약성경과 신약성경의 묘사가 서로 달라, 구약은 하나님을 보응하시는 무서운 분으로 묘사하지만, 신약은 하나님을 지나치게 긍휼이 많으시고 인자하셔서 누구도 정죄하지 않는 분으로 묘사하고 있다고 여기는 것은 잘못이다. 많은 사람이 오랜 세월 누누이 반박해왔음에도, 그런 생각은 오늘날에도 널리 퍼져 있다. 하지만 그런 생각은 잘못이다.

하나님의 선하심과 엄하심은 구약성경에나 신약성경에 나란히 나온다. 구약성경에는 거룩하신 하나님이 자기 백성에게 이루 말할 수 없을 정도로 은혜로우심을 시편을 통해 끊임없이 선포한다(시 92, 104편, 105:1, 106:1~2, 107, 108편 참조). 반면에 신약성경에서는 하나님 긍휼하심의 영광을 우리에게 보여줄 뿐만 아니라—주로 그리스도 자신의 말씀을 통해(마 8:12, 10:28, 13:40, 25:41, 막 9:42~48, 눅 13:1-5, 16:23~29 등)— 하나님의 두려운 심판도 보여준다. 다른 것에서와 마찬가지로 하나님에 관한 묘사에서도 "구약성경은 신약성경과 상충하지 않고"(제7조), 신약성경은 구약성경을 폐기하기는커녕 오로지 시인하고 확장하고 성취한다. 구약의 하나님과 신약의 하나님은 한 분 동일하신 하나님이다.

셋째, 하나님은 자신이 모든 피조물, 특히 인간의 근원이고 의지처이며 최종 목적이심을 계시하셨다. "이는 만물이 주에게서 나오고 주로 말미암고 주에게로 돌아감이라"(롬 11:36). 바울은 아테네의 우상숭배자들에게 그들의 "알지 못하는 신"에 대해 설교할 때에 유신론에 관한 이러한 기본적인 진리들을 사용한다(행 17:22이하). 먼저 그는 하나님이 우리의 근원, 즉 우리를 존재하게 하시는 분이라고 말한다. "우주와 그 가운데 있는 만물을 지으신 하나님께서는 … 인류의 모든 족속을 한 혈통으로 만드사 온 땅에 살게 하시고…"(24, 26절). 그런 후에 바울은 하나님이 의지처라고 말한다. 즉, 하나님은 "만민에게 생명과 호흡과 만물을 친히 주시는" 분이기 때문에, "우리가 그를 힘입어 살며 기동하며 존재하느니라"고 말한다(25, 28절).

우리는 매 순간 하나님을 의지하며 존재한다. 피조물들은 오직 하나님이 자신의 권능으로 끊임없이 붙들어주실 때에만 계속 존재할 수 있다(히 1:3). 하나님은 한편으로 자신이 창조하신 세계로부터 완전히 독립해서 따로 존재하시는 초월적인 분이지만(행 17:24), 다른 한편으로는 이 세계 안에 침투하여 붙드시면서 이 세계의 모든 것에 질서를 부여하시고 그 운행을 주관하시며 이 세계를 다스리시는 내재적인 하나님이다.

끝으로, 바울은 하나님을 우리의 최종 목적이라고 말한다. 즉, 하나님이 인간을 지으셨기 때문에, 사람들은 하나님을 찾는다는 것이다(27절). 인간은 하나님을 위해 존재한다. 따라서 하나님 없이 살아가는 것은 인간의 본성을 부인하는 것이다. 인간성은 오직 하나님을 아는 사람 안에서만 온전해진다. "사람의 으뜸가는 목적은 하나님을 영화롭게 하고 하나님을 영원토록 즐거워하는 것이다"(웨스트민스터 소요리문답, 제1문의 답).

바울은 이 하나님이 "우리 각 사람에게서 멀리 계시지 아니하도다"(27절)라는 말을 덧붙인다. 하나님은 "천지의 주재"(24절)이고 무한히 크시지만, 멀리 계시지 않는다는 것이다. 하나님은 이 세계를 창조하신 분이기 때문에, 우리는 언제나 필연적으로 하나님께 둘러싸여 살아간다. 하나님을 인정하든 안 하든, 모든 것을 아시고 모든 곳에 계시며 주무시지도 않고 한눈팔지도 않으시는 하나님은 우리 앞에도 계시고 뒤에도 계셔서 우리의 모든 것을 다 아신다. "나 여호와는 심장을 살피며 폐부를 시험하고…"(렘 17:10; 시 139:1~5). 하나님에게서 숨으려 해도 숨지 못한다. 원하든 원하지 않든 하나님이 모든 것을 보시는 가운데 살아간다. 하나님이 말씀하실 때, 하나님이 무엇을 말씀하시는지를 경청하는 것은 우리의 마땅한 본분일 뿐만 아니라 지혜로운 일이기도 하다.

1963년에 존 로빈슨의 《신에게 솔직히》(Honest to God)가 출간되었다는 소식과 함께 "하나님에 대한 우리의 표상은 계속되어야 한다"라는 제목의 글이 영국의 전국구 신문 하나에 실렸다. 하지만 만물의 근원이자 목적인 인격적이고 초월적이며 내재적이고 거룩하신 하나님이라는 이 표상은 사실 우리에게 계시된 것이다. 이것과 다른 하나님에 대한 온갖 '표상'은 거짓되고 우상숭배적인 것이다. 계시를 통해 하나님은 자신이 어떤 분인지를 우리에게 말씀하시기 때문에, 우리는 마치 자신이 하나님보다 하나님을 더 잘 알고 있다는 듯이 그분의 증언을 수정하려고 해선 안 된다!

히브리서 기자는 인간에게 말씀하신 하나님을 우리가 위에서 설명한 것과 똑같은 분으로 생각했다. 그에게 하나님은 이런 분이다. 구약성경의 살아 계신 주(3:12, 10:31), 만물을 지으시고 붙들고 계시는 분(1:2, 11:3), 우리에게 말씀하시는 인격적인 존재(1:1, 11:7~8, 12~25, 13:5), 자신의 말씀으로 우리 마음을 살피시는 분(4:12), 우리를 낱낱이 아시는 분(4:13), 자신의 약속을 지키시는 하나님(6:13~18), 의로우신 심판주(10:30, 12:23, 13:4), 율법과 복음을 경멸하여 배척하는 오만한 자들에게는 소멸하시는 불(2:1~3, 6:6-8, 10:26~31, 12:29), 자기 백성을 아버지로서 사랑하시는 분(12:5~6), 은혜의 보좌에 앉아 계시는 왕(4:16), 믿음으로 그를 찾는 모든 자에게 상을 주시는 분(11:6, 16). 히브리서 기자는 바로 이런 분이 "우리의 결산을 받으실" 하나님이시고(4:13), 장차 우리는 이 하나님 앞에서 우리의 모든 것에 결산해야 한다고 말한다.

하나님이 말씀하시는 목적

두 번째 질문은 이것이다. 하나님은 왜 말씀하셨는가? 하나님은 그 자체로 부족함이 없으신 분이고, 사람들이 뭔가를 드릴 필요도도, 섬김을 받으실 필요도 없으시다(행 17:25). 그런데 무슨 목적으로 하나님은 수고스럽게 우리에게 말씀하시는 것인가?

이 질문에 성경은 하나님이 자신을 계시하시는 목적은 우리와 사귀시기 위함이라는 깜짝 놀랄 만한 답을 준다. 하나님이 우리를 이성을 지닌 존재로 지으시고, 하나님의 형상을 지니게 하시며, 생각하고 듣고 말하고 사랑할 수 있게 하신 것은 모두 그러한 목적을 위한 것이었다. 하나님은 하나님 자신과 우리 사이에 진정으로 인격적이고 상호적인 사랑과 교제, 즉 사람과 개의 관계가 아

제3장 찾아오시는 하나님

니라, 아버지와 자녀 또는 남편과 아내의 관계가 이루어지기를 원하셨다. 두 인격체 간의 애정과 우정은 다른 감춰진 목적을 달성하기 위한 수단이 아니라, 그 자체가 목적이다. 그리고 이것이 하나님 계시의 목적이다. 하나님은 이 목적을 위해 우리를 지으셨고, 이 목적을 이루시기 위하여 우리에게 말씀하신다. 즉, 하나님이 우리에게 말씀하시는 목적은 하나님이 우리 친구가 되고 우리는 하나님의 친구가 되어서, 하나님은 우리에게 좋은 것을 주시며 기뻐하시고 우리는 그런 하나님께 감사드리면서 기쁨을 발견하는 그런 관계를 맺으시기 위한 것이다.

하나님이 친구 삼으시기 위해 인간을 지으셨다는 사실은 창세기 3장을 보면 분명하게 드러난다. 거기에서 우리는 날이 서늘할 때에 하나님이 동산을 거니시면서 아담과 함께 어울리시려고 그를 찾으시는 모습을 본다(창 3:8). 인간이 죄를 지었음에도 하나님은 여전히 인간을 자신의 친구로 삼고 싶어 하신다는 사실은, 하나님이 참되게 예배하는 자들을 찾으신다고 그리스도께서 말씀하신 것에서 분명하게 드러난다(요 4:23). 예배(worship)는 가치(worth)를 인정하는 것으로서 가장 높은 수준의 교제 행위이기 때문이다 (그래서 결혼 예식에서는 "내 몸으로 당신을 예배합니다"[with my body I thee worship]라고 기도한다).

하나님은 사람들이 예배의 토대가 되는 사랑의 관계로부터 오는 기쁨 그리고 그 관계의 가장 행복한 표현인 예배 자체로부터 오는 기쁨을 알기를 원하신다. 하나님과의 그러한 관계를 보여주는 최고의 예는 아브라함이다. 그는 하나님을 예배했고, 하나님의 지시하심에 따라 자신의 독자를 기꺼이 희생제물로 바칠 정도까지 하나님 말씀을 신뢰하고 순종했다. 그래서 성경은 아브라함이 "하나님의 벗이라 칭함을 받았[다]"(약 2:23, 이것은 이사야 41장 8절["나의 종 너 이스라엘아 내가 택한 야곱아 나의 벗 아브라함의 자손아"]을 간접적으로 인용한 것이다. 대하 20:7 참조)고 말한다. 하나님이 우리에게 말씀하시는 것은 아브라함의 경우처럼 우리를 자신의 친구로 삼으시기 위한 것이다.

하나님이 우리와 성공적으로 친구가 되시려면 그분이 먼저 말을 거는 일이 필수적이다. 누군가를 친구 삼으려면 그에게 말을 걸어 그 사이에 대화가 이루어져야 하기 때문이다. '대화 없는 우정'이란 말 자체가 모순이다. 나와 한 번도 이야기한 적이 없는 사람이 내 친구가 되는 것은 있을 수 없다. 그런 일은 불가능하다.

친구들이 서로 보지 못하는 동안에는 우정의 즐거움을 온전히 누릴 수 없다. 애정은 말보다 표정에 더 잘 나타나고, 사랑의 관계에서 오는 기쁨은 사랑하는 사람들이 서로 얼굴을 바라볼 때 비로소 완성된다. 그래서 좋아하는 누군가가 멀리 있을 때, 우리는 편지를 써서 "정말 보고 싶다"고 말한다. 성경은 하나님과 친구인 우리의 관계가 그런 식으로 온전해지게 될 그 날, 즉 하나님의 음성만을 듣는 것이 아니라 하나님의 얼굴을 보게 될 그 날을 대망한다. "우리가 지금은 거울로 보는 것같이 희미하나 그 때에는 얼굴과 얼굴을 대하여 볼 것이요"(고전 13:12).

또한 성경은 예수께서 이 땅에 계실 때에 '친구'라고 불렸던 사람들(요 15:13~15)이 새 예루살렘에서는 "그의 얼굴을 볼" 것이라고 말한다(계 22:4). 그래서 존 버니언의 《천로역정》에서 '견인'(Stand-fast, 끝까지 믿음을 지킴) 씨는 죽어가면서 확신에 차서 이렇게 분명하게 말할 수 있었다. "이제 나는 날 위해 가시면류관을 쓰셨던 저 머리, 사람들에게 침 뱉음 당하셨던 저 얼굴을 뵈러 갑니다. 전에는 사람들이 전해준 말과 믿음으로 살았지만, 이제는 내 눈으로 그분을 직접 볼 수 있고 함께하면 기쁜 그분 곁으로 갑니다." 그렇게 봄으로써 우정과 계시는 둘 다 온전해질 것이다. 하지만 그 때까지 하나님과 사람들 사이의 우정은 말을 통해 시작되고 깊어진다. 하나님은 계시를 통해 우리에게 말씀하시고, 우리는 기도와 찬송을 통해 하나님께 말한다. 나는 하나님을 볼 수 없지만, 하나님과 내가 인격적인 교제를 나누는 친구가 되는 이유는 계시를 통해 하나님이 내게 말씀하시기 때문이다.

오늘날 일부 신학자들은 '인격적' 계시와 '명제적' 계시를 구별하고 이 둘은 서로 반대라고 말하면서, 계시가 명제적이라면 인격적일 수 없고, 인격적(하나님이 자신을 계시하는 것)이라면 명제적(하나님이 자신에 관해 말씀하는 것)일 수 없다고 주장한다. 하지만 그런 주장은 터무니없다. 계시는 단지 신학적인 지식만을 주는 것이 아니라 그 이상의 것임은 분명하지만, 계시에는 반드시 신학적인 지식이 수반되기 때문이다. 하나님과 인간 사이의 인격적인 우정은 사람들끼리의 우정과 마찬가지로 말을 통해 자라간다. 말은 지식을 담고 있고, 지식을 담은 말은 명제로 나타난다. 계시가 인격적인 것임을 강조하는 과정에서 명제적인 것임을 부정하는 일은 크리켓에서 배트를 사용한다는 사실을 강조하려고 공을 사용하는 일은 없다고 하는 것과 같다. 그런 식으로 부정을 하다 보면 오히려 강조하려는 것까지 훼손된다.

계시는 명제적이지 않다고 말하는 것은 실제로는 계시가 인격적이라는 부분까지 부정하는 것이다. 앤더슨(F. I. Anderson) 박사는 이렇게 말한다. "비인격적인 것이라는 이유로 명제를 하찮게 여기는 것은 인간관계의 통상적인 매개수단을 무시한 결과, 인간관계가 망가지는 것과 같다. 단순히 '사랑한다'는 말과 더할 나위 없는 기쁨으로 사랑하는 것은 엄연히 다르지만, '나는 너를 사랑한다'는 '명제'는 실제의 사랑을 완성시키는 데 도움이 되는, 아니 필수불가결한 수단이다. 그러나 오늘날의 신학에서는 우리를 사랑하지만 아무 말도 하지 않으시는 하나님을 우리에게 보여주려 한다."[1]

이로써 오늘날의 신학은 하나님이 우리에게 주시는 계시와 하나님을 아는 우리의 지식이 인격적인 특징을 지닌다는 것을 역설하고 강조하지만, 실제로 이 둘을 모두 비인격적인 것으로 취급하고 있음이 분명하다. 하나님은 말을 통해 우리에게 실제로 말씀하시지는 않지만 그래도 우리는 하나님을 알 수 있다고 주장하는 것은 사실상 하나님은 인격적인 분이심을 부정하거나 적어도 하나님을 아는 일이 진정으로 인격적인 관계에서 일어나는 것임을 부정하는 행동이다.

하지만 성경의 하나님은 사람들에게 끊임없이 말씀하시는 하나님, 즉 묵시와 꿈과 나타나심, 선지자와 그리스도와 사도들과 성경의 기록된 말씀을 통해 끊임없이 말씀하시는 하나님이다. 하나님은 창조와 심판과 구속과 관련해서 자신이 과거에 행하신 일들에 관해 말씀하신다. 하나님은 자신이 지금 실행하시는 계획에 대해, 그리고 때가 무르익었을 때 자신이 이루실 역사의 정점에 대해 말씀하신다. 하나님은 인간의 삶에 대해 말씀하신다. 즉, 하나님은 사람들이 서로 다른 방식으로 살아가는 것에 대해 어떻게 생각하시고, 자신의 가치 척도는 무엇이며, 무엇을 좋아하고 미워하시는지를 말씀하신다. 이렇게 하나님의 자기 계시는 명제적인 것이 됨으로써 진정으로 인격적인 것이 된다. 그리고 하나님은 그런 계시를 통해 사람들을 친구로 삼으신다.

계시를 거부하는 인간의 곤경

세 번째 질문은 이것이다. 하나님은 어떤 상태에 있는 사람에게 말씀하시는가? 하나님의 계시는 어떤 사람에게 주어지는가? 사람들은 하나님을 알지 못하는 상태에 있고, 하나님의 계시는 그런 사람들에게 주어진다는 것이 성경의 답변이다. 바울이 본 아테네의 어느 제단에 새겨진 글귀는 인간의 자연 상태를 잘 보여준다. 그들에게는 우리를 지으신 분이 "알지 못하는 신"이다(행 17:23). 아테네가 길러 냈던 철학자들은 아무도 이 문제를 해결하지 못했다. "이 세상이 자기 지혜로 하나님을 알지 못하므로…"(고전 1:21; 갈 4:8. 살전 4:5 참조). 계시가 없이는 아무도 하나님을 알지 못한다.

하나님에 관한 인간의 무지는 상당히 복잡한 주제다. 이 문제를 분명하게 알려면 아래에서 두 가지를 차례로 살펴보지 않으면 안 된다.

첫 번째, 우리는 피조물이기 때문에 하나님이 자신을 우리에게 알게 해주실 때까지는 하나님을 알 수 없다. 제1차 세계대전이 일어나기 전 50년 동안 신학자들은 인간의 생각과 하나님의 생각은 실질적으로 동일하다고 주장하고는, 우리의 최고 사상과 이상에 따라 하나님의 본성에 관한 개념을 도출해내려는 시도를 자주 했다. 지금은 그런 개념들이 대체로 폐기되었다. 성경의 하나님은 우리가 볼 수도 없고(요 1:18, 딤전 6:16), 가까이 다가갈 수도 없으며, 살필 수도 없는 분이기 때문이다(욥 11:7, 23:3~9). 따라서 우리가 순전히 자신의 두뇌 활동으로 하나님의 생각을 읽거나 그의 성품을 배우거나 동기를 추측하거나 움직임을 예측할 수 있다고 여긴다면, 그것은 어리석은 짓이다. "이는 내 생각이 너희의 생각과 다르며 내 길은 너희의 길과 다름이니라. 여호와의 말씀이니라. 이는 하늘이 땅보다 높음같이 내 길은 너희의 길보다 높으며 내 생각은 너희의 생각보다 높음이니라"(사 55:8~9). "그의 판단은 헤아리지 못할 것이며 그의 길은 찾지 못할 것이로다. 누가 주의 마음을 알았느냐…"(롬 11:33~34).

에밀 브루너(Emil Brunner)는 이렇게 말하면서 성경 본문의 의미를 보다 생생하게 했다. "네가 스스로의 힘으로 하나님을 찾아 발견해낼 수 있을 것 같으냐? '아직은 아니지만 결국에는 발견할 수 있다'라고 답하는 교만한 인간에게 성경은 '영원히 그럴 수 없다'고 답한다."[2] 계시에 의거하지 않은 하나님에 대한 인간의 생각은 쓸데없다는 것이 성경의 공리다. 우리는 오직 계시를 통해서만 하나님을 알 수 있고, 다른 방법으로는 알 수 없다. 하지만 하나님은 사실 모든 사람에게 자신을 계시하고 있지 않으신가? 그런데도 세상이 계속 하나님을 모른다는 것이 말이 되는가?

두 번째, 우리는 죄악 된 피조물이기 때문에 통상적인 삶의 과정에서 우리에게 오는 하나님의 계시를 억압하고 왜곡시킨다는

제3장 찾아오시는 하나님

것이다. 하나님이 창조주와 입법자와 심판주로서 자연과 섭리와 우리 마음, 양심의 작용을 통해 우리 모두에게 자신을 끊임없이 계시하심은 완벽한 사실이다. 사람이 자신과 세상을 알면, 하나님이 실제로 계신다는 것과 하나님이 무엇을 원하시는지를 본능적이고 필연적으로 알게 된다. 통상적으로 이것은 역사 속에서 주어져 성경에 기록된 특별 계시와 대비해 일반 계시로 불린다.

성경에서 일반 계시를 가장 자세하게 설명하는 부분은 로마서의 처음 두 장이다. 하나님은 일반 계시를 통해 하나님의 영원하심, 능력, 신성(롬 1:20, 시 19:1), 인자하심(롬 2:4, 행 14:16~17), 하나님의 도덕법(롬 2:12), 오직 당신만 예배하고 당신에게만 충성하라는 요구(1:21), 죄를 단죄하심(1:32)을 계시하신다고 분석한다. 어떤 사람은 인간에게는 일반 계시와 거기에 토대를 둔 자연 신학으로 충분하고 성경은 없어도 된다는 주장을 펼치지만, 바울은 일반 계시만으로는 충분하지 않음을 보여준다. 일반 계시는 하나님이 인간과 교제하시는 목적에 관해선 아무것도 말해주지 않고, 인간이 어떻게 살아가길 원하시는지 자세하게 말해주지 않기 때문에 신앙의 토대로 삼기에 부적절하다고 바울은 강조한다. 아담이 에덴동산에서 죄를 짓기 전에도 하나님의 이런저런 뜻을 알려면 일반 계시를 뛰어넘는 하나님의 직접적인 말씀이 필요했다(창 1:28~29, 2:16~17).

다음으로 바울은 일반 계시에는 구속에 관한 내용이 들어 있지 않기 때문에 죄인의 필요를 충족하는 데는 두 배로 부적절함을 강조한다. 일반 계시는 하나님이 죄를 벌하신다는 것은 알게 하지만, 용서하심을 알게 하지는 않는다. 일반 계시는 죄 용서를 받아야 함을 알게 하지만, 어떻게 해야 죄 용서를 받을 수 있는지를 알게 하지는 않는다. 일반 계시는 복음 없는 율법을 선포한다. 정죄할 수는 있지만, 구원할 수는 없다. 따라서 일반 계시를 바르게 깨달았지만, 복음을 알지도 못하고 믿지도 않은 사람은 누구든지 절망으로 내몰린다. 일반 계시를 아무리 분명하게 깨달았다고 해도, 일반 계시 자체만으로는 인간이 하나님과 교제할 수 있는 적절한 토대가 마련되지 않는다.

또한 그리스도인이 아니라면 일반 계시 자체에 대해서도 분명하게 깨닫기 힘들다. 정도의 차이는 있지만 그들은 "불의로 진리를 막"는다(억누른다[NIV], 질식시킨다[NEB], 롬 1:18). 이것은 그들이 "다 죄 아래에"(롬 3:9) 있기 때문이다. 바울에 의하면, 그리스도가 없는 모든 사람을 지배하는 힘인 '죄'는 하나님의 계시를 거스르는 힘이고, 도덕만이 아니라 정신에도 영향을 미친다. 죄는 사람을 충동질해서 하나님의 법에 불순종하게 할 뿐만 아니라 하나님의 진리를 부정하게 한다.

로마서에 나오는 일반 계시에 관한 분석에서 바울은 일반 계시가 주는 빛을 의도적으로 어둡게 하는 죄악 된 세상을 길게 고발한다. 바울은 일반 계시는 피할 수 없다고 말한다. "이는 하나님을 알 만한 것이 그들[인류] 속에 보임이라. 하나님께서 이를 그들에게 보이셨느니라. 창세로부터 그의 보이지 아니하는 것들 곧 그의 영원하신 능력과 신성이 그가 만드신 만물에 분명히 보여 알려졌나니…"(롬 1:19~20). 따라서 온갖 우상숭배와 부도덕은 핑계하지 못하게 한다(20절). 그런 것은 언제나 알고서도 범한 죄들이기 때문이다.

그런 죄들이 어디에서 생겨났는지를 바울은 이렇게 설명한다. "하나님을 알되 하나님을 영화롭게도 아니하며 감사하지도 아니하고 오히려 그 생각이 허망하여지며 미련한 마음이 어두워졌나니 … 어리석게 되어 … 그들이 하나님의 진리를 거짓 것으로 바꾸어…"(21~25절). 또한 로마서 2장 12~15절에서는 양심의 일상적인 작동을 전제로 모든 사람이 일반 계시를 통해 하나님의 법을 아는 데 어느 정도의 지식을 받았음을 보여준다. 바울은 그리스도인이 아닌 사람들의 양심은 결함이 있어서 제대로 작동하지 않고, 말해야 할 때 흔히 침묵한다는 것을 안다(엡 4:19). 하지만 사람의 양심은 아무리 타락했다고 해도 가끔은 제 목소리를 내고, 그럴 때 양심이 무엇을 근거로 삼았는지와 활동 방식은 무엇인지, 그리고 "그들의 마음에 기록되어 있는 율법의 요구사항"(15절, 한글 성경에는 "그 마음에 새긴 율법의 행위")은 무엇인지를 보여준다. 따라서 그들의 부도덕한 "새로운 도덕"과 실제로 저지르는 악행은 핑계할 수 없게 된다.

이 모든 것으로 바울이 말하려는 요지는, 피조물의 논증을 통해 하나님의 존재를 추상적으로 증명할 수 있다는 것이 아니라 하나님의 존재와 법을 부정하는 곳에서조차도 실제로는 모든 사람에게 알려졌다는 것이다. 우리가 눈을 감아버린 채 아무것도 보이지 않는다고 아무리 항변할지라도, 빛은 끊임없이 빛나고 있다. 이렇게 일반 계시는 모든 사람이 하나님을 믿지 않고 하나님의 법을 지키지 않은 채 죄를 지으며 살아감을 증명하고, 아무리 부정하더라도 사람들은 예외 없이 모두 그 사실을 잘 알고 있다.

사람들은 언제나 빛나는 그 빛 중 일부를 인식한다. 도덕적이고 신학적인 통찰의 참된 섬광들이 그리스도인이 아닌 모든 사람의 생각 속으로 들어온다(그래서 바울은 아테네에서 아라토스라는 헬라 시인의 말을 인용해 말씀을 전할 수 있었다, 행 17:28). 하지만 그것들은 단지 섬광일 뿐이고 그 이상은 아니다. 칼뱅은 이방 철학자들의 단편적인 통찰을 어둠이 짙게 깔린 들판에 잠시 번쩍였다가 사라지는 번개에 비유하며 이렇게 말했다. "그들은 보긴 했지만 사실 본 것이 아니었다. 그들이 본 것은 진리로 인도할 것들이 아니었고 … 캄캄한 들판에서 어디로 가야 할지를 몰라 당혹해하는 여행자에게 비친 번갯불과 같았다. 그 번갯불은 한순간 멀리까지 잠깐 비추긴 하지만 곧 밤의 어둠 속으로 사라져버리기 때문에, 여행자는 거기에 의지해서는 단 한 발자국도 앞으로 나아갈 수 없다. 여행자가 바른길을 찾기에 그 번갯불은 턱없이 부족하다."[3] 따라서 일반 계시는 사람들에게 종종 하나님에 관한 진리들을 보여주고 그들 마음속에 어느 정도의 선함을 심었지만, 그리스도가 없는 사람들은 여전히 하나님을 알지 못한다.

종교와 일반 계시를 대하는 자세

이러한 고찰은 기독교 이외의 다른 종교의 본질은 무엇인지를 밝힌다. 오늘날 동양 종교에 관한 관심은 높아지지만, 기독교 선교는 내리막길을 걷고 있기 때문에 사람들은 하나님이 실질적으로 기독교 밖에서 자신을 계시하고 알게 하시는 것이 아니냐고 묻는다. 이 질문은 중요하다. 선교 활동에 대한 우리의 태도 전체가 이 질문에 대한 우리의 답변에 달려 있기 때문이다. 다른 종교를 믿는 사람들도 하나님을 아는가?

이 질문에 대한 일반적인 견해는 모든 사람이 하나님에 대한 기본적인 인식(대륙 신학자들은 이것을 "선험적인 종교심"이라고 부른다)을 공유하고 있다는 데서 출발한다. 그들은 세계 종교들의 유일하고 궁극적인 차이점은 그러한 선천적인 하나님 인식을 얼마나 잘 표현하는지에 있고, 성경은 인류의 하나님 인식이 종교적으로 진화하는 과정에서 최고 절정에 도달했을 때 나타난 예수의 가르침을 기록한 것이라고 주장한다. 그리고 그들은 예수의 가르침은 본질적으로 하나님이 모든 사람의 아버지라고 설파한 것이라고 이해한다(하지만 '오해했다'고 해야 옳다). 이러한 견해에 의하면, 기독교는 종교 중에 롤스로이스, 즉 최고 종교인 것은 분명하지만, 모든 차는 기본적으로 동일하게 차인 것처럼 모든 종교는 하나님에 관한 인식을 바탕으로 하고 있다.

이것은 기독교를 포함한 모든 종교는 전적으로 일반 계시에 아주 분명하게 구체화되어 있다고 하는 것과 같다. 즉, 하나님과 인간 사이에는 기본적인 조화가 존재하며 하나님은 모든 사람의 아버지라는 사상이 그것이다. 이러한 전제에서 도출되는 결론을 보면, 인간은 일반 계시를 통해 알 수 있는 하나님에 관한 지식으로 충분하고 실제로 그 이상을 알 필요가 없다는 것이다.

하지만 성경은 여기에 동의하지 않는다. 일반적으로 모든 종교를 동일하다고 주장하면서 그 근거로 제시하는 그 지점에서 기독교는 다른 종교와 다르다고 성경은 말한다. 성경을 토대로 하지 않은 종교들은 어떤 의미에서 일반 계시를 토대로 한다고 말할 수 있지만, 그것은 여러 가지로 왜곡되고 부정된 일반 계시다(적어도 유대교와 회교는 특별 계시도 마찬가지다). 최소한 네 가지 요소가 공모하여 그런 종교들을 낳는다. 일반 계시, 마귀적인 속임수(고전 10:20, 고후 4:4), 타락한 인간의 지성에 따른 은폐와 왜곡, 하나님 심판에 의해 버림받은 사람들이 자기가 믿고 싶은 것만 믿고 잊고 싶은 것은 잊는 악몽 같은 상태(롬 1:21~23, 25, 28). 따라서 기독교 이외의 종교들은 어떤 의미에서는 하나님을 아는 지식으로 생겨난 것이긴 하지만, 실제로는 하나님에 대한 무지의 산물이다. 오늘날 그리스도인이 아닌 사람들은 다른 종교를 믿든 안 믿든 옛적 이방인과 마찬가지로 하나님을 모른다(살전 4:5).

또한 성경은 기독교의 복음을 떠나서 하나님과 교제하고 평안을 누린다고 말하는 모든 사상이나 생각을 속임수라고 단언한다. 기독교 이외의 다른 종교에서는 신과의 교제와 거기로부터 오는 평안에 대해 여러 가지로 말하지만, 그것은 일반 계시에 대한 참된 지식이 아니라 사람이 원하는 평안을 얻고자 자신을 속이는 생각에서 비롯된다. 사실 일반 계시는 인간의 죄에 대한 하나님의 진노를 드러내기 때문이다(롬 1:18, 32). 그리스도 밖에서는 하나님과 화목을 이루어 평안을 얻을 수 있게 하는 참된 지식이 존재하지 않는다.

기독교 외의 세계 종교를 연구하면서 받은 지배적인 인상은 그 종교들이 하나님과의 교제와 평안에 몹시 굶주려 있다는 것이다. 하지만 그들은 그런 굶주림을 심화할 수는 있지만 채워줄 수는 없다. 그들이 완전히 잘못되었다거나 전적으로 타락한 것이라고 할 수는 없다. 각자의 신학을 통해 많은 단편적인 진리를 엿볼 수 있고, 그런 종교 중에서 금욕적인 성향이 있는 최상급을 보면 인간 정신이 이루어낸 승리라는 점에서 대단히 감동적이다. 하지만 하나님 및 하나님과 인간의 관계에 관해 그런 종교들은 결코 참된 가르침을 주지 못한다. 그들은 일반 계시를 통해 인간이 악행을 저지르면 거기에 합당한 보응을 받는다는 모종의 우주적인 진리를 깨달았지만, 인간의 죄에 진노하시는 하나님과 화해할 수 있는 효과적인 길에 대해서는 아는 바가 없다. 그런 종교들은 율법은 어느 정도 알지만, 복음은 전혀 알지 못한다. 그들은 하나님과의 화목과 평안을 구하지만, 그리스도가 없어 그 화목과 평안을 얻을 수 없다.

오늘날의 종교 교육은 종교적 삶의 인간적 측면과 특정 신앙을 지키는 것을 구분해야 한다고 가르치며 모든 종교를 그 자체로 존중해야 한다고 강조한다. 이것은 맞는 말이다. 오늘날 우리 대부분은 다인종, 다문화, 다종교 환경 속에서 살면서 자신과 다른 종교를 가진 사람을 친구나 동료로 두고 있는데, 그들이 신성시하는 것들을 무시하는 듯 보인다면, 그들이 못마땅해할 것은 당연하다. 기독교 이외의 다른 종교와 그 추종자를 경멸해왔던 서양 전통이 여전히 잠복해 있고, 모든 종교는 동일한 산을 오르고 있으니 결국에는 정상에서 모두 만나게 되리라는 검증되지 않은 확신도 여전히 존재한다.

하지만 전자도 후자도 잘못된 것이다. 또한 기독교 이외의 다른 종교에 대해서도 자기 편의 선생들이 잘못이라고 지적하는 특징에 근거해 평가하고 비난하는 것이 관행처럼 되어 있는데, 그것은 사실상 그 종교를 좋은 쪽이 아닌 나쁜 쪽으로 보려는 시도에 불과하다. 그러한 행태에 대해서는 우리도 사과하고 지양해야 한다. 가령 회교도들이 기독교의 오랜 역사 속에서 생긴 온갖 민간 신앙이나 세속 신앙, 관습적 형식주의와 명백한 미신 같은 것을 위주로 기독교를 비판한다면, 우리는 불공평하다고 생각할 것이다. 따라서 힌두교, 불교, 회교를 비롯한 다른 종교를 그런 식으로 비판하는 것도 마찬가지로 불공평한 것임을 인정해야 한다. 기독교뿐만 아니라 세계의 모든 종교는 타락할 수도 있고 개혁되어 새로워질 수도 있기 때문에, 각각의 종교는 스스로 최고 이상으로 여기는 것과 자체적으로 생겨나는 자기비판에 비추어 판단할 때에만 올바르게 평가할 수 있다. 이것은 자기 종교가 최고라고 여기고 기고만장하여 경솔하고 무례하게 다른 종교를 비판하지 말고, 다른 종교를 존중하는 겸손한 마음으로 대화하는 것이 모든 종교를 대하는 적절한 태도라는 의미다.

하지만 그렇다고 해도 앞에서 말한 대로, 기독교가 아닌 다른 종교는 구원을 바라지만 그 길을 발견할 수는 없는, 지독하게 비극적인 상태임을 성경은 보여준다.[4] 여기에서 나는 기독교 이외의 모든 종교에 대해 일반적이고 포괄적으로 말하고 있으며, 인간적인 비판 의식이나 문화적 제국주의의 표현이 아니라 성경에 나타난 하나님의 판단을 그대로 제시할 뿐이다.

어둠 속을 고집하는 사람들

이렇게 온 세계에서 그리스도 없이 살아가는 사람들은 하나님을 잘 모르고, 이 무지는 일정 정도 고의적이므로 유죄에 해당한다. "그들이 마음에 하나님 두기를 싫어하매 하나님께서 그들을 그 상실한 마음대로 내버려 두사 합당하지 못한 일을 하게 하셨으니"(롬 1:28). 이것은 기독교 이외의 다른 모든 종교와 불신앙 그리고 그리스도인이 아닌 모든 사람이 세상에서 행하는 일에 대한 하나님의 진단이다. 우리의 신념과 행위를 결정짓는 모든 관찰 가능한 요소의 근저에는 한편으로 하나님의 빛에 응답하길 거부하는 인간 행위가 있고, 다른 한편으로는 그들을 지적이고 도덕적인 어둠에 내버려두시는 하나님의 역사가 있다.

사람들이 완강하게 거부하면서 말을 듣지 않으면, 하나님은 그들이 믿고 싶은 것을 믿고 하고 싶은 것을 하도록 내버려두시는데, 이것이 하나님의 심판이다. 기독교 이전과 이후에 그리스도를 반대하는 온갖 거짓된 종교와 부도덕은 바울이 알던 세계를 가득 채웠고, 오늘날도 여전히 채우고 있는 이유가 여기 있다. (오늘날 우리가 뉴스와 여러 경험을 통해 알고 있는 인류의 상태에 관해 로마서 1장 23~32절, 에베소서 4장 17~19절, 디모데후서 3장 1~8절보다 더 충격적이고 생생하게 설명하는 글이 어디 있는가?)

성공회에는 합리주의적이고 도덕주의적인 색채를 강하게 띠는 전통이 있다. 이 전통은 지난 세기의 자유주의를 거쳐 17세기와 18세기의 광교회파("광폭의 사람들")로 거슬러 올라가고, 그 위로는 르네상스 시대의 플라톤주의가 있다. 이 전통의 특징으로는, 모든 인간이 본성적으로 하나님과 선을 열망한다고 전제하고, 교육받은 사람들의 도덕적이고 종교적인 직관들을 궁극적으로 확실한 진리로 여기고서, 성경의 가르침 중에서 여기에 부합하는 요소만을 진지하게 받아들이는 것을 들 수 있다. 이 전통에 서 있는 사람들은 당연히 윤리에 집중하고, 죄와 은혜라는 주제는 가볍게 다루며, 실천적으로는 사람이 진실한 삶을 통해 구원받는다는 이른바 재세례파 교리("모든 사람은 자신이 고백한 계명이나 종파에 따라 구원을 받기 때문에 그 계명과 본성의 빛에 따라 부지런히 자기 삶을 형성해나가야 한다")를 지지하는 경향을 보인다.

하지만 39개조 신조에서 제18조는 이렇게 말한다. "성경은 우리에게 오직 예수 그리스도의 이름만을 제시하고, 사람들은 그 이름을 의지해 구원을 받아야 한다고 말한다." 이를 근거로 재세례파 교리는 단죄된다. 이 전통으로 펠라기우스주의(Pelagianism, 오직 도덕적인 노력을 통해 구원에 이른다는 주장)는 영국인에게 특별히 매력적인 이단이라는 조롱이 생겨났다!

이 전통의 추종자들은 그리스도가 없는 사람은 하나님을 모르는 죄 가운데 있고, 하나님에 대한 그들의 생각은 왜곡되어 있으며, 겉으로는 하나님을 예배한다고 하더라도 실제로는 자신을 우상화하는 사람들이고, 자신이 하나님과의 교제를 알지 못하는 사람임을 받아들이려고 하지 않는다.

하지만 그것은 사실이다. 우리가 이것을 직시하고, 지혜로운 사람이든 어리석은 사람이든, 부자든 가난한 자든, 청년이든 노인이든, 백인이든 흑인이든 본성적으로 모두 똑같다는 사실을 인정하는 것은 아주 중요하다. 일반 계시가 항상 우리 위에서 빛을 발하긴 하지만, 우리는 어둠 속에 있는 사람들이다. 구원의 특별 계시—주 예수 그리스도를 중심으로 하는 계시—가 없다면 우리는 하나님을 알지도 못하고 알 수도 없다.

죄인들에게 주어지는 계시

하나님의 역사로서 계시의 본질과 성격은 이제 분명해졌다. 우리를 지으시고 계속해서 붙드시는 인격적인 존재이신 하나님이 우리를 친구 삼으시려고 우리에게 말씀하시는 것이 곧 계시이다. 우리가 하나님을 찾아내는 것이 아니라, 하나님이 우리를 찾아오신다. 죄로 인해 우리의 생각은 눈멀어 있고, 성품은 왜곡되어 있다. 우리는 하나님을 거슬러 반역을 일으킨 자들이다. 하나님의 진리를 질식시키고 거짓 신들을 섬김으로써 하나님을 적극 욕보이기도 했다. 하나님께서 그리스도 안에서 하신 말씀은 우리가 심판 가운데 있음을 보여주는 나쁜 소식으로 시작하지만, 본질적으로는 좋은 소식이다. 그것은 죄 용서와 평안의 말씀이고 예수의 죽으심으로 말미암은 화해의 메시지이며 "죄의 어두운 길에서 나와 하나님께로 돌아가는 길"을 담은 메시지이기 때문이다.

분명한 것은 하나님의 계시에 관한 연구는 두 가지 기본적인 진리를 토대로 이루어져야 한다는 것이다. 첫 번째는 우리가 다루는 것은 죄인들에게 주어진 은혜의 역사, 즉 은총을 받을 만한 모든 자격을 상실한 자에게 값없이 거저 주어지는 은총의 역사라는 것이다. 하나님이 자기 아들 안에서 주신 말씀은 당신께서 우리를 위하여 분에 넘치는 값비싼 구원을 준비하셨다는 것이다. 그런 은혜의 말씀 자체가 은혜의 역사이고, 이 계시를 은혜라고 보는 사람만이 그것을 제대로 이해할 수 있다.

우리가 알아야 할 두 번째 진리는 특별 계시에 관한 지식은 오직 특별 계시 자체에 의해서만 얻을 수 있다는 것이다. 죄로 눈먼 피조물인 우리는 오직 계시의 빛—우리의 어둠을 비추는 하나님의 빛— 안에서만 영적인 문제에 대한 빛을 볼 수 있다. 오직 계시를 통해서만 하나님에 관한 진리를 알 수 있다면, 계시에 관한 진리도 오직 계시를 통해서만 알 수 있다는 것은 너무나 자명하다. 앞으로 보겠지만, 이것은 하나님의 성품에 관한 진리를 성경에서 배워야 하는 것처럼, 계시에 관한 진리도 성경에서 배워야 함을 의미한다. 우리는 성경이 자기 생각과 반대되는 것을 가르칠 때 이상하다고 여겨서는 안 되고, 계시에 관한 생각이 성경에서 말하는 것과 다르다면 우리 잘못을 주저 없이 인정해야 한다.

오늘날 많은 개신교 저술가가 저지르는 오류는 계시가 다른 진리에 관해 증언하는 말은 순순히 받아들이면서도, 자신에 대해 증언하는 말은 받아들이려 하지 않는다는 데 있다. 하나님에 관한 계시가 어느 정도 잘못된 개념에서 더 정확한 개념으로 발전해왔다거나, 하나님 말씀이 아니라 하나님의 역사를 통해 주어졌다거나, 성경에 대한 하나님의 영감은 성경이 진리라는 것을 보장하지 않는다거나, 계시에 관한 성경의 기록 자체는 계시가 아니라는 견해는 계시가 스스로 설명하는 것과 모순된다. 그럼에도 저술가들은 별생각 없이 그런 견해를 그대로 베껴서 책에 옮겨놓는다.

신정통주의 신학자들은 우리는 오직 계시를 통해서만 계시를 알고, 성경은 하나님의 계시 역사에서 필수불가결한 것이었다고 올바르게 강조했다. 그런데 그들조차도 인격적인 계시는 명제적인 것일 수 없다거나(브루너), 하나님이 오류가 있을 수밖에 없는 인간의 말을 통해 자신의 무오한 말씀을 우리에게 전하셨다고 생각하는 것은 모순이라는 등(바르트), 이성을 기초로 한 비성경적인 공리를 도입해서 계시론을 왜곡했다.[5] 우리는 그런 잘못과 오류들을 경계해야 한다. 눈먼 죄인들에게 자기 아들 안에서 말씀하신 하나님을 우리가 진정 높이고 영광 돌리는 유일한 길은 하나님이 말씀하시는 것들을 자기 생각으로 가로막지 말고 겸손하고 순종하는 마음으로 경청하고, 하나님이 말씀하시려는 모든 것—다른 모든 주제와 마찬가지로 계시에 대한 것도—을 하나님의 권위에 따라 믿는 것이다.

제4장

말씀하시는 하나님

우리는 앞 장에서 한편으로는 하나님이 자신을 창조주로 나타내시는 일반 계시, 즉 사람들이 스스로 알게 되거나 하나님이 창조하신 세계를 탐구하는 모든 사람에게 주어진 계시(롬 1:19~20)가 있고, 다른 한편으로는 하나님이 자신을 구주로 나타내시는 특별 계시, 즉 복음을 통해 우리에게 알게 하시는 계시(롬 1:16~17)가 있음을 보았다. 이번 장에서는 후자를 살펴볼 것이다.

히브리서 서론은, 계시가 말을 사용한 활동임을 가르쳐준다. "하나님이 말씀하셨다." 이것은 하나님이 실제로는 말을 사용하지 않으면서 다른 방식으로 자기 뜻을 전하셨음을 비유적으로 표현한 것이 아니다. 사람들이 하나님에 관해 말할 때와 마찬가지로 하나님은 우리와 소통하실 때 실제로 말을 사용하신다. 여기에서 히브리서 저자의 강조점은 분명하다. 하나님은 스스로 또는 지명하신 사자나 가르치는 자를 통해 여러 진술, 질문, 명령으로 의미가

있는 소리를 내심으로써 인간과 소통하셨다는 것이다. 히브리서의
나머지 본문은 그러한 사실을 분명하게 보여준다.

하나님의 말씀이 임한 자들

히브리서 기자는 하나님을 "옛적에 선지자들을 통하여 여러
부분과 여러 모양으로 우리 조상들에게 말씀하신 하나님"(히 1:1)으
로 소개한다. 선지자들은 어떤 사람이었는가? 오늘날 표준 신약성
경 어휘사전인 바우어(BDAG) 사전은 헬라어 '프로페테스'(선지자)
를 "하나님의 계시를 선포하고 해석하는 자"로 정의한다. 좀 더 연
륜 있는 그림-테이어(Grimm-Thayer) 어휘사전은 더 자세하게 정의
한다. "하나님의 성령의 감동을 따라 하나님의 도구 또는 대언자
로서, 영감에 의해 받은 것들 특히 하나님의 계획과 나라와 인간의
구원과 관련된 장래 사건을 사람들에게 정식으로 선포하는 사람."
이러한 정의들은 의심할 여지없이 옳다.

히브리어 구약성경에는 선지자를 가리키는 단어로 세 가지가
나온다. 그중에 '로에'와 '호제'는 보는 자(선견자, 영어로는 seer)라는
뜻이고, '나비'는 부르는 자(영어로는 crier[외치는 자], 이 이름을 따라 지
은 영국의 옛 성읍도 있다)라는 뜻이다. 이 세 가지 단어를 통해 성경
은 전체적으로 선지자가 어떤 사람인지를 우리에게 보여준다. 우
리는 선지자는 대체로 미래를 말하는 사람들이라고 생각하는 경
향이 있다. 선지자라는 단어에 미래를 예언하는 자라는 개념이 있
기는 하지만, 그 개념은 좀 더 기본적인 개념―즉, 하나님이 어떤

제4장 말씀하시는 하나님

것에 관해 말씀하고 보여주시면, 그것을 다른 사람에게 가지고 가서 하나님 이름을 위해 말하는 자— 위에 세워져 있다.

선지자의 소명에 담긴 본질과 성격은 하나님이 예레미야에게 하신 말씀 속에 집약되어 있다. "내가 … 너를 … 선지자로 세웠노라. … 내가 너를 누구에게 보내든지 너는 가며 내가 네게 무엇을 명령하든지 너는 말할지니라. … 내가 내 말을 네 입에 두었노라"(렘 1:5~9; 사 6:8, 겔 2장, 암 7:14~15 참조). 다른 사람의 입에 말을 두었다는 것은 그가 무엇을 말해야 할지를 정확히 말해주었다는 뜻이다(삼하 14:3, 19). 하나님이 선지자들에게 하신 일이 정확히 이것이었다. 선지자들은 반복해서 우리에게 "여호와의 말씀"이 그들에게 "임했다"고 말한다. 이것은 그들이 하나님의 이름으로 가서 다른 사람에게 말해야 할 것을 하나님이 그들에게 말씀해주셨다는 뜻이다.

아모스는 하나님의 계시를 사람들에게 전하는 자들이 선지자라고 설명한다. "주 여호와께서는 자기의 비밀을 그 종 선지자들에게 보이지 아니하시고는 결코 행하심이 없으시리라. 사자가 부르짖은즉 누가 두려워하지 아니하겠느냐 주 여호와께서 말씀하신즉 누가 예언하지 아니하겠느냐"(암 3:7~8). 즉, 선지자는 보는 자와 듣는 자로서 계시를 받은 자라는 것이다. 또한, 선지자는 말하는 자와 전하는 자로서 하나님이 자기에게 보여주신 '비밀'을 선포하지 않을 수 없는 자라고 말한다. 따라서 본질적으로 선지자들은 하나님 말씀을 공개적으로 널리 알리는 자들이었다.

어떤 사람에게 자기 뜻을 전하고자 하실 때 하나님은 선지자를 사용하셔서 자신의 말씀을 공적으로 전하게 하셨다. 하지만 하나님의 '비밀'에는 하나님이 현재 하시는 일의 의미뿐 아니라 미래에 관한 계획도 포함되어 있었기 때문에, 하나님의 말씀을 공적으로 널리 말하는 자(forthtellers, 대언자)인 선지자들은 사람들에게 흔히 장래에 일어날 일들을 미리 말해주는 자(foretellers, 예언자)로 비쳤다. 이렇게 해서 선지자는 예언하는 자라는 개념이 형성되었다.

구약성경에 나오는 예언 앞에는 "여호와께서 말씀하신다"는 정형 문구가 나온다. 이 문구는 선지자들이 전하게 될 메시지의 출처와 권위를 먼저 선포한 것이다. 즉, 이 정형 문구는 선지자들이 지금부터 하는 말은 단지 독실한 신앙을 지닌 사람이 개인적으로 생각한 것을 표현하는 것이 아니라, 하나님의 말씀이자 왕이신 하나님의 포고령으로 듣고 받아야 함을 선포한 것이었다.

일반적으로 선지자는 마치 하나님이 친히 말씀하시는 듯 말했다. 그들이 대언한 말씀 속에 나오는 '나'는 흔히 선지자 본인이 아니라 여호와 하나님을 가리킨다. 청각, 시각, 직관, 성찰의 요소가 총동원된 선지자들의 영감의 심리학은 그것을 경험하지 않은 우리에게는 불가사의한 것일 수밖에 없다.

그러나 구약과 신약은 둘 다, 선지자의 영감이 우리에게 아무리 불가사의하게 여겨질지라도 모세 이래로 이스라엘 역사에서 계속 반복되어온 사실이었고, 이 영감의 결과 발생한 사건에는 명확한 특징이 있었음을 말한다. 이 영감은 자연적이고 본성적인 통찰 이상의 것이었고, 영적인 깨달음 이상의 것이었다. 이 영감은 하나님의 메시지를 전하는 어떤 사람(messenger)이 하나님이 그에게 주신 메시지(message)와 완전히 혼연일체가 되어, 그가 전하는 말은 전적으로 하나님의 말씀으로 여겨질 수 있었고, 실제로 그렇게 여

제4장 말씀하시는 하나님

겨져야 했던 독특한 과정이었다.

선지자는 하나님이 자기에게 계시해주신 것을 깨닫고 말이나 글을 통해 공적으로 전하는 데 자신의 사고력과 재능을 온전히 사용했지만, 그렇게 해서 선지자가 최종적으로 전한 것은 하나님이 친히 손가락으로 쓰신 것을 모세가 시내산에서 받았다고 하는 십계명처럼(출 31:18, 32:15~16) 한결같이 아무런 변질도 없는 순수한 "여호와의 말씀"이었다. 이 영감으로 선지자가 전한 대언은 단지 선지자의 개인적인 생각이 아니라 하나님의 생각을 전하는 것이 되었다.

선지자가 전한 "여호와의 말씀"(왕상 13:2, 20:35)은 "모든 오만한 자"(렘 43:2)가 예레미야의 대언에 대해 그랬듯이, 사람의 생각에서 나온 말로 치부할 수 없었다. 선지자가 말한 것은 하나님이 말씀하신 것이었기 때문이다. 히브리서 1장 1절에서는 이에 대해 "옛적에 선지자들을 통하여 여러 부분과 여러 모양으로 우리 조상들에게 말씀"하셨다고 표현했고, 베드로후서 1장 21절에서는 "예언은 언제든지 사람의 뜻으로 낸 것이 아니요 오직 성령의 감동하심[강권하심, impelled, NEB]을 받은 사람들이 하나님께 받아 말한 것"이라고 전했다.

따라서 신약성경이 구약성경의 예언에 대해 하나님의 생각이 언제나 참되고 분명하게 표현된 것으로 여기고, 그 예언이 성취된 것을 기독교 신앙이 하나님에게서 나온 것임을 증명하는 최고 증거로 보았음은 전혀 이상한 일이 아니다(행 2:16~36, 3:18, 10:43, 13:22, 17:2 등). 또한 예수께서 구약의 예언 속에는 자신의 메시야 사역에 관한 아버지 하나님의 청사진이 담겨 있다고 말씀하시고,

자기는 선지자를 폐하기 위해서가 아니라 도리어 성취하고 완성하기 위해 왔다고 가르치신 것도 전혀 이상한 일이 아니다(마 5:17, 26:53~56, 눅 18:3, 22:37, 24:25, 44, 요 13:18, 15:25, 17:12). 또한 선지자들이 쓴 글을 사도들이 하나님 또는 성령이 하신 말씀으로 인용한 부분도 전혀 이상한 일이 아니다(행 1:16, 3:21, 4:24, 7:48, 13:22, 33~35, 47, 28:25). 또한 히브리서 기자가 구약에 나오는 특정 예언을 성령이 말씀하신 것이라고 두 번이나 구체적으로 언급한 부분도 전혀 이상하지 않다(시 95:7~11을 인용한 히 3:7, 렘 31:33~34을 인용한 히 10:15을 보라; 행 4:25, 28:25 참조).

히브리서 기자는 구약 시대에 하나님은 선지자의 말들을 통해 말씀하심으로써 자신을 계시하셨다고 말하는데, 여기에서 그가 지칭하는 '선지자들'의 범위를 아는 것이 중요하다. 오늘날 우리는 '선지자'라는 용어를 이스라엘 역사 속에서 구약성경 예언서들의 저자들 그리고 사무엘과 그의 계승자들을 지칭할 때만 사용하는 경향이 있다. 하지만 신약성경의 기자들은 하나님으로부터 율법을 받아 전한 모세와 다윗 그리고 시편 기자들도 '선지자'에 포함하고 있음을 기억해야 한다. 신약성경은 그들이 그리스도에 대해 예언했다고 말한다(눅 24:44, 요 5:47, 행 2:25~31, 7:37). 실제로 성경 전체에 걸쳐서 모세는 최고의 선지자로 인정받았고(신 34:10), 모세의 가르침을 담고 있는 책들은 최고의 예언 계시로 여겨졌다. 스데반이 모세가 "살아 있는 말씀을 받아"(행 7:38) 우리에게 주었다고 했을 때, 그가 염두에 둔 것은 모세 율법이었다. 이 관점에서 보면, 율법 또한 예언적인 것이었다.

여기에서 하나님이 자신의 영감을 받은 사자들을 통해 말씀하신 것과 관련해서 주목해야 할 또 하나의 진리는 하나님이 일단 말씀하신 후에는 미래에도 계속 효력과 권위를 가졌다는 것이다. 따라서 우리는 단지 하나님이 과거에 말씀하신 것으로 만족하지 말고, 하나님이 현재에도 말씀하고 계신다고 생각해야 한다. 이 세계가 존재하는 한, 하나님이 미리 정해놓으신 범위 안에서 하나님의 약속과 경고들은 하나님을 구속하고, 하나님의 명령들은 사람을 구속한다. "오직 주의 말씀은 세세토록 있도다"(벧전 1:25, 사 40:8 인용). "천지가 없어지기 전에는 율법의 일점일획도 결코 없어지지 아니하고 다 이루리라"(마 5:18).

하나님의 성품과 계획은 변하지 않기 때문에, 하나님의 말씀도 변할 수 없다. 하나님은 이 말씀하신 것을 영원토록 지키시기 때문에, 모든 세대의 모든 사람은 하나님의 말씀 아래 있다. 여호와의 말씀이 지닌 권위와 그 구속력은 결코 사라지지 않는다. 우리도 한 나라의 법이 지속적인 효력을 미친다는 것을 알기 때문에 어떤 법을 인용할 때는 현재적으로 효력이 있음을 나타내고자 현재 시제를 사용하여 "그 법은 이렇게 말한다"(the law says)고 표현한다. 마찬가지로 히브리서 기자도 시편 95편 7~11절과 예레미야 31장 33~34절 말씀이 영속적인 권위를 지니고 있음을 표현하고자 그 말씀이 하나님에게서 왔음을 말할 때 현재 시제를 사용했다. "성령이 말씀하시는['말씀하신'이 아니라] 바와 같이"(3:7, 개역개정역에는 "성령이 이르신 바와 같이"). "성령이 우리에게 증언하시되['증언하셨다'가 아니라]"(10:15).

물론 신약성경 기자들은 구약성경에 나오는 하나님의 모든 말씀이 처음에 주어졌던 때와 동일한 효력과 의미를 지녔다고 여기지는 않았다. 그들은 처음에 그 말씀이 주어졌던 예비적이고 모형적인 옛 경륜에 비추어 구약 말씀을 해석하는 것이 아니라, 대체로 기독론적으로 해석한다. 즉, 그들은 주 예수 그리스도의 삶과 죽으심과 부활과 다스리심을 통해 구약의 예언이 성취됨으로써 만들어진 새로운 상황에 비추어 그 말씀을 재적용한다.

앞에서 보았듯이, 히브리서 기자가 시편 95편 7~11절과 예레미야 31장 33~34절을 신약 그리스도인을 향한 성령의 증언으로 해석한 것이 그 좋은 예다. 따라서 신약성경은 모세 율법 중 일부는 오직 구약 시대를 위한 것이었고, 하나님은 그것으로 신약의 그리스도인을 구속하려 하지 않으셨음을 인정한다. 예컨대 할례에 관한 율법(사도행전 15장과 갈라디아서), 레위기에 나오는 절기에 관한 율법(갈 4:10, 골 2:16~23), 제사 중심의 제의(히브리서 7~10장. 13:9~16)가 그런 것이다. 그리스도께서 오심으로써 그러한 모형적인 규례는 폐기되었다. 따라서 신약의 경륜 속에 있는 그리스도인은 여전히 그런 것을 지키려고 하는 것이 아니라, 하나님이 그러한 규례를 이스라엘 백성에게 지키게 하심으로써 그들에게 늘 가르치고자 하셨던 하나님과 인간과 그리스도에 관한 진리가 무엇이었는지를 찾아내 가르침 받으려 해야 한다.

또한 구약성경에서 십계명의 도덕법을 공적인 영역에 적용하는 구체적인 율례도 오직 이스라엘이라는 교회 국가를 위한 것이었기 때문에, 오늘날 그리스도인은 그런 것을 그대로 적용하려 해서는 안 되고, 그러한 율례 속에 표현된 시대와 지역을 뛰어넘어 언제 어디서나 적용되는 이상, 즉 다른 사람을 대할 때에 그들을 존중하는 가운데 공평하고 너그럽게 대해야 한다는 이상만을 교훈으로 받아들여야 한다. 따라서 구약성경의 율법 중에서 그런 부분은 앞에서 말한 의미에서만, 즉 영속적인 원칙과 의무에 관한 증언이라는 의미에서만 영속적인 효력을 지닌다. 성경적인 율법(히브리어로 '토라', 직역하면 '가르침') 개념에서는 신학적인 가르침과 윤리적인 법령은 유기적으로 결합되어 있기 때문에, 원래의 신학적인 가르침에 부합하여 수정되거나 확장된 설명들(마 5:21~48에 나오는 예수의 설명처럼)은 율법을 '폐한' 것이라고 할 수 없다(마 5:17).

전체가 하나님의 계시

우리는 계시가 말을 통해 이루어졌다고 한 히브리서 기자의 증언을 아직 모두 다루지 못했다. 히브리서 기자는 구약성경에 나오는 개별 예언이나 율법만이 아니라 구약성경 전체가 말씀을 통해 하나님에게서 온 계시라고 여긴다. 이것은 처음부터 끝까지 자신이 하는 모든 말에 대해 구약성경에 나오는 본문을 근거로 제시하는 것으로 분명하게 드러난다. 이것이 히브리서를 신약성경에서 독특한 서신으로 만든다.

구약성경에서는 하나님이 친히 하신 말씀이 아닌 부분으로 나오는 것도 앞에서 설명한 의미에서 대언적인 것, 즉 하나님의 생각을 있는 그대로 드러냈다고 여긴다(히 1:6~12, 2:6, 12:5~6). 히브리서 1장은 5~13절에서 시편 2편 7절, 사무엘하 7장 14절, 신명기 32장 43절(쿰란에서 히브리어 사본이 발견될 때까지는 오직 칠십인역에만 나와 있던 본문 중 하나였다), 시편 45편 6~7절. 102편 25절 이하, 110편

1절을 근거로, 하나님의 아들이 하나님이시고 왕이시라고 말한다.

히브리서 2장은 6절 이하에서 시편 8편 4절 이하(이것은 창세기 1장 28절을 반영한 것이다)에 비추어, 왕이신 그리스도가 사람이 되신 것에 대해 말한다. 히브리서 3장과 4장은 시편 95편 7~11절을 해석하고 적용해서, 복음을 믿고 받아들여야 할 필요성을 보여준다. 히브리서 5장과 7장은 시편 110편 4절을 근거로, 예수께서 멜기세덱의 계통을 따른 제사장이심을 설명한다. 히브리서 6장 12~19절에서 자신의 약속에 신실하신 하나님에 관해 말할 때는 하나님이 아브라함에게 하신 창세기 22장 16절 약속을 근거로 제시한다.

히브리서 8장과 10장은 예레미야가 새 언약에 대해 예언한 것(렘 31:31~34)을 설명하면서 그 예언이 성취되었다고 말한다. 히브리서 9장은 출애굽기 25장 40절(히브리서 8장 5절에서 인용된다)에서 하나님이 성막의 구조와 섬김에 관해 지시하신 것이 어떤 의미를 지니고 있었는지를 근거로 삼아, 그리스도의 희생제사에 담긴 의미를 보여준다. 히브리서 10장은 30절과 27절에서 신명기 32장 35절 이하와 하박국 2장 3~4절에 의거해서, 배교의 위험성과 함께 믿음을 변함없이 굳게 붙잡아야 할 필요성을 강조한다.

히브리서 11장은 믿음이란 하나님의 약속을 굳게 붙들고 무슨 일이 있어도 끝까지 놓지 않는 것임을 말하기 위해, 하나님이 자기 종들에게 어떻게 말씀하셨고 그들이 어떻게 응답했는지를 보여주는 구약성경의 이야기들을 광범위하게 제시한다. 히브리서 12장은 5~6절에서 잠언 3장 11~12절을 인용하여 그 취지를 일반화함으로써, 그리스도인의 삶 속에서 하나님의 징계가 무슨 의미를 지니는지를 다룬다. 히브리서 13장은 5절에서 하나님이 여호

제4장 말씀하시는 하나님

수아에게 주신 약속(수 1:5)을 인용해서, 그리스도인은 그 약속으로 만족해야 한다고 말한 후에, 시편 118편 6절을 뒤이어 인용해 그 시편 본문에 나오는 것이 우리의 합당한 응답임을 보여준다.

구약성경에 나오는 많은 문장과 생각들은 히브리서 기자(그리고 신약성경 저자 전체)에게는 궁극적으로 하나님의 입에서 나온 그분의 가르침이고, 하나님의 뜻과 일과 길에 대한 참된 증언이었음이 분명하다. 이렇게 히브리서는 "모든 성경은 하나님의 감동으로 된 것으로 교훈과 책망과 바르게 함과 의로 교육하기에 유익"(딤후 3:16)하다고 믿는 태도가 어떤 것인지를 대단히 인상적으로 예시한다. 히브리서 기자의 입장은 선지자가 전한 말씀만이 아니라, 구약성경 전체, 즉 구약성경의 처음부터 끝까지가 "기록된 하나님의 말씀," 즉 말씀을 통한 계시라는 것이다.

그리스도 안에서 주어진 계시

다음으로 히브리서 기자는 하나님이 이제 "아들을 통하여" 말씀하셨다고 말한다. 오늘날 어떤 사람들은 그리스도의 인격을 통해 주어진 계시는 하나님이 말씀으로 주신 계시 전체를 뛰어넘는다고 주장한다. 하지만 히브리서 기자는 그렇게 생각하지 않는다. 도리어 그는 말씀을 통한 계시를 주님의 계시 사역의 본질로 여긴다. 이는 2장 3절에서 우리에게 주어진 "큰 구원"이 처음에는 주님에 의해 선포되었고, 그런 후에 주님에게 들은 자들이 우리에게 확증한 것이라고 한 데서 분명하게 드러난다. 여기에서 저자는 예수와 그의 사도들이 아버지 하나님의 이름으로 사람들에게 말로 전한 가르침, 즉 '말씀'을 부각하고 강조한다.

우리는 히브리서 기자가 예수의 발자취를 그대로 따르고 있음을 주목해야 한다. 예수께서도 사람들이 하나님의 구원 계시를 깨달으려면, 하나님의 진리에 관해 가르치신 것을 그들이 받아들여 응답해야 한다고 한결같이 말씀하셨다.*

또한 히브리서가 말하는 것과 바울이 말하는 것은 서로 일치한다. 바울은 자신이 전하는 복음은 오랫동안 감춰져 있던 하나님의 '비밀'이 이제 계시를 통해 그리스도의 "사도들과 선지자들에게" 알려지게 된 것으로서(엡 3:3~5, 롬 16:25, 갈 1:12, 고전 2:10~13) "사람의 말"이 아니라 "하나님의 말씀"이라고 말하기 때문이다(살전 2:13). 바울의 주장은 자기는 사도로 부르심 받고 성령을 받은 덕분에(고전 2:12~13), 옛적 선지자들이 하나님의 입으로 말했던 것처럼 이제 자기도 그리스도의 입으로 말하고 있다는 것이었다. 따라서 복음 전도를 위한 그의 가르침은 진정 하나님의 순전한 진리였고(갈 1:6), 그의 명령은 진정으로 "주의 명령"이었다(고전 14:37).**

이 일련의 증거로, 그리스도 안에서 주어진 계시가 전보다 아무리 진전된 것이라 해도, 하나님의 계시는 (하나님께로부터 온) 말이라는 수단을 통해 알려진다는 원칙은 깨지지 않음을 알 수 있

---

* 예수의 '말씀'이 하나님에게서 왔다는 것에 관해서는 다음 구절을 참조하라. 요 3:14, 34, 7:16~17, 8:26, 28, 38, 40, 43, 47, 12:49~50, 14:10, 24, 15:15, 17:8, 14, 18:37. 말씀을 받아들이거나 거부하는 것이 무엇을 의미하는지에 대해서는 다음 구절을 보라. 마 7:21~27, 눅 6:46~49, 8:4~21, 11:28, 요 3:11, 8:31, 37, 43, 47, 12:48, 14:21~23, 15:7, 17:6~8, 18:37.

** 사도들이 전한 말씀이 하나님에게서 온 진리라는 것에 대해서는 다음 구절을 참조하라. 요 14:26, 15:26~27, 16:12~15, 17:20, 계 1:1~3, 19, 22:6~9, 18~19.

제4장 말씀하시는 하나님

다. 육신이 되신 그리스도는 하나님이며 동시에 사람이셨기 때문에, 우리는 그리스도 안에서 하나님이 말씀하시는 것을 들을 뿐만 아니라 하나님이 복주시고 사람이 순종하는 것도 본다. 오직 말을 통한 계시보다 이것이 더 풍부한 것은 사실이다. 하지만 말을 통한 계시가 여전히 모든 계시의 중심에 있고, 복음은 우리가 이 하나님의 말씀에 응답할 것을 요구한다.

따라서 히브리서 기자는 서신 끝부분에서 이스라엘이 시내산에서 들었던 "말하는 소리"(voice speaking words, 12:19)를 언급한 후에 이렇게 권면한다. "너희는 삼가 '말씀하신' 이를 거역하지 말라. 땅에서 '경고하신' 이를 거역한 그들이 피하지 못하였거든 하물며 하늘로부터 경고하신 이를 배반하는 우리일까 보냐. 그때에는 그 소리가 땅을 진동하였거니와 이제는 '약속하여' 이르시되 내가 또 한 번 땅만 아니라 하늘도 진동하리라 하셨느니라"(12:25~26, 학 2:6 인용). 이 본문에서 강조된 세 단어를 보면, 히브리서 기자(그리고 신약성경 전체)에게 기독교 계시의 본질과 핵심은 그리스도와 그의 사도들을 통해 하나님에게서 말로 전달된 것임을 한 점의 의혹도 없이 분명하게 보여준다.

잘못된 계시관을 조심하라

이제 우리는 오늘날 진행되는 계시에 관한 논쟁에서 첫 번째 분수령에 도달했다. 히브리서 기자는, 하나님이 말을 통해 당신의 생각과 뜻을 사람들에게 전하신 것이 계시라고 보았다. 즉, 하나님은 자신이 특별히 택한 사자들에게 인간의 언어를 통해 말로써 말씀하셨고, 그들이 그것을 다른 사람에게 말이나 글로 전해 하나님의 뜻을 알게 하셨다는 것이다. 이렇게 계시가 말을 통해 주어졌다는 것을 인정하느냐의 여부에 따라 계시론의 큰 물줄기가 둘로 쪼개진다.

오늘날 많은 사람은 계시가 역사와 경험 속에서 주어진다는 주장을 받아들여, 계시가 말을 통해 주어졌음을 배척할 뿐만 아니라 해로운 것으로 여기고 공격한다. 사정이 이러하기에, 사도들이 계시에 관해 생각할 때 어떤 것이 포함되어 있었고 어떤 것이 포함되어 있지 않았는지를 분명히 하는 것이 중요하다.

오늘날의 잘못된 계시관을 고려해서 사도들의 계시관에 포함되지 않았던 것을 먼저 살펴보자.

1. 계시는 본질적으로 말을 통해 이루어져 왔다고 보는 개념에는 하나님은 그저 하늘에 앉아 말씀만 하시고 다른 일은 전혀 하지 않으신다는 인식이 들어 있지 않다. 따라서 20세기 중반 무렵, 신학이 성경(물론 히브리서 포함!)의 하나님을 살아 계셔서 활동하시는 존재, 역사의 주인이요 창조자, 구속과 관련된 권능의 역사를 통해 자신을 드러내시는 분으로 인정한 것과, 성경은 본질적으로 하나님이 행하신 일을 상세하게 말해주는 서사요 하나님 나라를 오게 하고 이 세계를 구원하시는 위대한 드라마를 설명하는 서사임을 올바르게 강조한 것과 상충하지 않는다.[1] 계시는 말을 통해 주어졌다고 보는 입장은 히브리서가 충분히 분명하게 보여주었듯이 계시의 내용이 살아 계신 하나님과 그의 구속 사역임을 인정하는 것과 전혀 상충하지 않는다.

제4장 말씀하시는 하나님

2. 이 입장은 계시를 받는 것을 단지 앉아서 성경의 가르침을 배우는 것에 국한하지 않는다. 히브리서가 제시하는 계시관을 놓고 인격적인 것을 배제한 지적 신앙을 강조한다고 공격하는데, 참 어처구니없다. 신앙이 단지 정통 교리를 잘 아는 것에 그치지 않고 살아 계신 하나님을 실존적으로 신뢰하는 것임을 히브리서 11장보다 더 확고히 주장할 수 있는 사람을 오늘날의 신학자 중에서 찾아보기 어려울 정도인데 말이다. 앞에서 이미 보았고 히브리서 11장이 보여주듯이(7, 8, 11, 13절 등) 사람들이 그런 신앙으로 하나님을 믿고 의지하는 일은 오직 하나님의 명령과 약속이 하나님에게서 말로 주어졌음을 믿었을 때에만 가능하다.

3. 또한 계시는 본질적으로 하늘로부터 말을 통해 오는 것이라고 보는 이 입장은 신약성경이 예수를 하늘에 계신 아버지를 드러내시는(요 1:18, 14:9) 하나님의 말씀(요 1:1~14)으로 보는 견해와 전혀 상충하지 않는다. 어떤 사람처럼 이 둘이 서로 상충한다고 주장한다면, 그것은 "날아다니는 스코틀랜드인"(Flying Scotsman)이 기관차 한 량의 이름이기 때문에 동시에 기차 전체 이름일 수 없다고 주장하는 것과 같다.[2]

"말씀"으로 번역된 헬라어 '로고스'는 생각이 추론과 말을 통해 표현된 것을 가리킨다. 하나님의 아들을 하나님의 '말씀'이라고 부르는 이유는 하나님의 생각과 성품과 목적이 그 아들 안에 온전히 표현되어 있기 때문이다. 하나님의 계시를 하나님의 '말씀'이라고 부르는 것은 하나님이 이치에 맞는 말들을 통해 자신을 드러내시기 때문이다. 말로 된 말씀은 인격으로 오신 말씀을 증언함으로써, 다른 방법으로는 알 수 없는 그 말씀이 어떤 분이신지를 우리가 알 수 있게 한다. 따라서 이 두 말씀 사이에는 상충하는 것이 전혀 없다. 히브리서는 하나님의 아들이 아버지 하나님의 완전한 형상이라고 말하며 시작하지만(1:3), "하나님의 말씀"이라는 어구는 네 번 중 세 번이 그리스도가 아니라 그리스도에 관한 하나님의 메시지를 가리키는 데 사용된다(4:12, 6:5, 13:7)는 점을 주목하라. (히브리서에서, 하나님이 말로 사람들과 소통하셨음을 가리키는 데 "말씀"이라는 용어를 사용한 예로는 2:2, 4:2, 7:28, 12:19을 보라.)

반면, 계시는 본질적으로 말을 통해 주어진다는 입장은, 하나님께서 어떤 역사적 사건이 당신의 계획 속에서 지니는 의미와 위치를 그분이 친히 드러내시지 않는다면 어떤 역사적 사건도 그 자체로는 아무에게도 하나님을 알게 할 수 없다고 한다. 섭리로 일어난 일들은 하나님이 역사하고 계심을 우리에게 어느 정도 알게 해주지만(행 14:17), 하나님이 친히 우리에게 말씀해주시지 않는 한 그 일들이 하나님의 구원 계획과 어떤 관계에 있는지는 아무도 알 수 없다.

이 차원과 관련해서는 어떤 사건도 그 안에 자체 해석을 담고 있지 않다. 하나님이 말씀하지 않으신다면, 예컨대 출애굽은 단지 역사 속에서 일어난 수많은 종족 이주 사건들 중 하나일 뿐이고(암 9:7), 갈보리에서 예수께서 못 박히신 사건은 단지 로마인들이 행한 수많은 사형 집행 중 하나일 뿐이다. 만일 하나님이 친히 우리에게 말씀해주지 않으셨다면, 이 두 사건이 인류 역사 속에서 인간의 구원과 관련해서 유일무이한 의미와 중요성을 지닌 사건이었음을 누가 추측할 수 있겠는가?

물론 어떤 의미에서 모든 역사는 하나님의 활동이다. 하지만 하나님이 친히 말씀하지 않으신다면 어떤 일도 하나님을 우리에게 계시하지 못한다. 하나님의 계시는 몸동작을 보고 단어를 알아 맞히는 게임처럼 말씀 없이 주어지는 사건도 아니고, 사건 없이 그저 말씀을 통해서만 주어지는 것도 아니다. 하나님의 계시는 하나님이 말씀으로 해석해주시는 사건을 통해, 또는 좀 더 성경적인 표현을 사용하자면, 하나님이 자기 역사를 통해 확증하고 성취하시는 말씀을 통해 주어진다. 만일 말을 통해 하나님의 계시가 주어지지 않았다면, 심지어 나사렛 예수의 삶과 죽으심과 부활조차도 계시일 수 없다.

오늘날의 계시 논쟁

이 부분은 오늘날의 계시 논쟁에서 아주 중요하다. 윌리엄 템플(William Temple)과 레너드 하지슨(Leonard Hodgson)[3]을 필두로 영국의 많은 신학자가 이런저런 형태로 주장해온 계시관은 실제로 이것을 부인하는 것을 토대로 하기 때문이다. 이 계시관은 하나님은 역사 속에서 자신을 계시하였고, 어떤 사람들에게 빛을 비추셔서 하나님의 성품과 계획에 따라 역사상 중요한 사건의 의미를 깨닫게 하셨다고 주장한다. 이렇게 해서 역사적 사건들은 하나님께 빛을 받아 깨달은 사람을 통해 계시의 지위를 얻었다.

사람들이 이렇게 빛을 받아 깨달으면, 그들의 직관과 성찰 능력은 각성되고, 도덕적이고 영적인 감수성도 예민해지긴 하겠지만, 그렇다고 하나님에게서 오는 진리가 그들의 심령 속으로 주입

되는 것을 의미하진 않는다. 템플은 이렇게 말한다. "계시된 진리 같은 것은 존재하지 않는다. 계시에 관한 바른 사고의 결과를 표현한 명제인, 계시에 관한 진리는 존재한다. 하지만 그 진리들 자체가 직접 계시되지는 않는다."[4]

많은 사람이 이러한 계시관을 매력적으로 보는 이유는, 이 입장이 한편으로는 역사 속에 계시가 실제로 존재한다는 것을 인정하면서도 성경의 모든 내용을 계시된 진리로 여기지 않아도 된다고 하기 때문이다. 이 계시관은 아무리 하나님에게서 빛을 받았다고 할지라도 인간은 인간이기 때문에 사실 및 신학과 관련해 오류를 범할 수 있다고 본다. 그리고 이 원칙은 성경 저자들에게도 예외 없이 적용된다.

이렇게 해서 이 계시관은 한 세기 넘게 무오성 개념을 의도적으로 배척하는 토대 위에서 작업해온 개신교 성경 비평학의 여러 방법론과 손을 잡았다. 따라서 템플의 입장을 받아들인 신학자들은 역사 비평학을 기독교 신학의 기본 방법론으로 등극시키는 데 아무 거리낌이 없었다. 이제 신학자의 소임은 첫째로 성경 서사들로부터 성경의 역사("실제로 무슨 일이 일어났는지")를 재구성하는 것이고, 둘째는 그러한 재구성에 비추어 성경 기자들이 제시한 해석이 과연 적절한지를 평가하는 일이라고 보는 이들이 주류를 형성할 것처럼 보인다.[5] 하지만 이 입장은 많은 점에서 취약하다.

첫째, 이 견해는 하나님을 알고 하나님과 교제하며 하나님의 친구가 되는 것에 관해 성경이 말하는 것을 사실상 전부 무너뜨린다. 이 입장에 따르면, 하나님이 성경 기자들과 우리에게 자신을 알게 하시는 방법은 우리 중 누구에게 친히 말씀하시는 것이 아니라, 단지 우리가 하나님의 역사를 볼 때 우리 생각과 지성을 인도하셔서 하나님에 관한 바른 생각을 하게 하시는 데 있다고 주장한다. 하지만 그런 방법으로는 원칙적으로 하나님을 인격적으로 아는 지식이 생겨날 수 없다. 나는 어릴 때에 영국의 글로스터셔주에 살았기 때문에, 월터 해먼드(Walter Hammond)에 관해 모든 것을 알고 있었다. 그의 동작을 보며 크리켓을 잘 알게 되어, 그가 배트를 치는 것을 보면 왜 그렇게 하는지 알 정도였다.[6] 하지만 나는 그와 친구 사이가 아니었다. 나는 그를 개인적으로는 전혀 알지 못했기 때문이다. 그와는 단 한 번도 대화를 한 적이 없었다. 우리가 지금 살펴보는 그런 계시론에 의하면, 성경 시대나 그 이후에나 하나님을 인격적으로 안 사람은 아무도 없었다. 따라서 성경이 언약 관계 내에서 우리는 하나님과 친교와 교제를 나눌 수 있고, 하나님은 약속을 따라 나의 하나님이 되어 주신다고 말하는 일은 실현될 수 없는 꿈이라는 결론을 내리게 된다.

둘째, 이 견해는 믿음이 본질적으로 하나님이 말씀하신 것을 끝까지 신뢰함으로써 하나님을 높이는 것이라고 말하는 성경의 생각을 무너뜨린다. 신약성경이 특히 탁월한 믿음을 지닌 사람으로 제시하는 아브라함이 "하나님을 믿으매 그것이 그에게 의로 여겨진 바 되었"다고 했을 때(창 15:6을 인용한 롬 4:3, 갈 3:6), 그는 하나님이 주신 구체적인 약속을 믿었다(또한 히 6:13, 11:8~13, 17도 보라). 히브리서 11장 33절에서는 구약의 신앙 영웅들은 "믿음으로 … 약속을 받[았다]"고 말한다. 그러나 앞에서 말한 그 입장이라면, 그들이나 우리에게는 하나님의 약속이 존재하지 않는 것이 된다.

셋째, 이 견해는 하나님은 사실 어느 시대에서도 선지자나 사도에게 말로 말씀하신 적이 없기 때문에, 그들이 하나님의 음성을 들은 경험을 기록했다는 모든 것을 거부해야 마땅하다고 결론 내릴 수밖에 없다. 그래서 C. H. 도드(Dodd)는 예레미야가 하나님에게서 음성을 듣고 소명을 받았다고 기록한 것을 "실제로는 환각 속에서 환청으로 들었던 것들"로 치부한다.[7] 그들이 환각 상태에서 들은 것을 하나님에게서 온 것이라고 믿었다고 할지라도, 우리는 그들이 "여호와께서 말씀하시기를"이라고 한 말을 곧이곧대로 받아들여서는 안 되고, "나는 하나님이 말씀하신 것이 아주 확실하다고 느낀다" 정도의 의미로 받아들여야 한다는 것이다. 따라서 그들의 권위는 하나님이 그들을 통해 직접 말씀하신 것에 있지 않고, 다른 방식으로 활동하지만 결코 말씀하지는 않는 절대자에 대한 자기 경험과 신념을 우리와 나누려는 종교적 현자로서의 위치에 있다는 것이다. 그러나 이 모든 말은 대단히 비성경적이다.

넷째, 이 견해는 구원사 속에서 일어난 모든 중요한 사건에서 (그 밖의 다른 많은 사건은 차치하더라도), 하나님은 그 사건들이 일어나는 동안이나 일어난 후에 그 의미를 깨닫도록 하신 것이 아니라, 장차 당신께서 무슨 일을 하실 것인지를 아주 오랜 시간에 걸쳐 미리 말로 알려주셨다는 사실을 간과한다. 성경은 예컨대 출애굽, 가나안 정복, 이스라엘 나라의 건국, 포로생활, 귀환, 그리스도의 오심, 십자가와 부활, 성령을 보내심, 이방인을 부르심 같은 사건들과 관련해서 하나님이 그렇게 하셨다고 말하고 있고, 우리는 그런 사례를 계속 추가할 수 있다. 그렇지만 우리가 지금 살펴보는 견해는 이러한 사실에 대해 답을 할 수 없다. 장차 일어날 사건과 관련해 이러한 예언들이 실제로 있었음을 전면적으로 부인해야만 이런 견해가 살아남을 수 있다. 그래서 이 견해는 여호와께서 "나는 하나님이라. 나 외에 다른 이가 없느니라. 나는 하나님이라. 나 같은 이가 없느니라. 내가 시초부터 종말을 알리며 아직 이루지 아니한 일을 옛적부터 보이고…"(사 46:9~10)라고 하신 말씀을 받아들이지 않는다. 템플의 입장이 옳다면, 이 말씀은 계시된 진리가 아닐 뿐만 아니라, 계시에 관한 진리조차 아니다.

다섯째, 계시된 진리가 존재하지 않는다면, 주 예수 그리스도께서 하신 신학적인 말씀 역시 계시된 진리가 아닌 것이 된다. 그렇다면 우리는 주님의 준엄하고 단호한 다음의 말씀을 어떻게 보아야 하는가? "내 교훈은 내 것이 아니요 나를 보내신 이의 것이니라"(요 7:16). "내가 스스로 아무것도 하지 아니하고 오직 아버지께서 가르치신 대로 이런 것을 말하는 줄도 알리라"(요 8:28). "내가 내 자의로 말한 것이 아니요 나를 보내신 아버지께서 내가 말할 것과 이를 것을 친히 명령하여 주셨으니 … 내가 이르는 것은 내 아버지께서 내게 말씀하신 그대로니라"(요 12:49~50). "… 듣는 대로 심판하노니…"(요 5:30). "나는 내 아버지에게서 본 것을 말하고 … 하나님께 들은 진리를 너희에게 말한 사람인 나…"(요 8:38~40). "천지는 없어지겠으나 내 말은 없어지지 아니하리라"(막 13:31).

그렇다면 이런 말씀은 우리 주님이 환각 속에서 환청을 들으신 것인가? 아버지 하나님은 결국 자기 아들에게 아무 말씀도 하지 않으신 것인가? 예수께서 하신 말씀이 말을 통해 주어진 하나님의 계시라는 가능성조차 배제하는 태도는 스스로 단죄하는 것이 될 수밖에 없다.

그 밖에도 더 많은 반론을 제시할 수 있지만, 이 입장이 유지

될 수 없다는 것은 이미 분명해졌기 때문에 이쯤 해두기로 하자.

말씀을 통한 하나님의 계시 역사

우리가 제시한 입장을 다시 한번 요약해서, 방금 살펴본 비성경적이면서 실제로는 반성경적인 입장과 나란히 놓고 본다면 더 도움이 될 것이다.[8] 우리 입장은 다음과 같이 요약된다.

계시란 무엇인가? 계시는 어떤 관점에서는 하나님의 '역사'이고 어떤 관점에서는 하나님의 '선물'이다. 이 두 관점에서 바라본 계시는 하나님을 아는 인간의 지식과 직접 결부되어 있다. 즉, 전자의 관점은 인간의 경험과 결부되고, 후자의 관점은 인간의 소유와 결부된다. 하나님의 역사로서 바라본 계시는 하나님이 인격적으로 자신을 드러내셔서 우리가 그분을 하나님이자 구원자로 경험하게 하고, 알게 하시는 것이다. 하나님의 선물로 바라본 계시는 하나님이 그러한 목적을 위한 수단으로 우리에게 주시는 하나님에 관한 지식을 말한다. 하나님의 역사로서의 계시는 하나님의 계시가 선물로 수여될 때 일어난다. 그런 점에서 첫 번째 의미의 계시는 두 번째 의미의 계시를 포괄한다. 따라서 좁은 의미의 계시인 후자는 언제나 넓은 의미의 계시인 전자를 배경으로 연구되지 않으면 안 된다.

하나님은 우리가 당신을 아는 데 필요한 것들을 어떻게 계시해주시는가? 이 계시는 하나님에게서 말씀을 통해 온다. 이 계시 없이는 구원에 필수적인 온전한 계시는 결코 주어질 수 없다. 역사상 일어난 공적이고 중요한 사건들(출애굽, 가나안 정복, 포로생활, 십자가 사건, 빈 무덤 등)은 그것을 설명해주시는 하나님의 말씀이나 그 사건과 관련해서 미리 주어진 하나님의 약속의 말씀 없이 그 자체로는 하나님을 계시할 수 없기 때문이다. 따라서 계시의 기본 형태는 필연적으로 명제적인 것일 수밖에 없다. 하나님은 하나님 자신과 하나님이 이 세계에서 행하시는 일들에 관해 우리에게 말씀해주심으로 자신을 계시하신다.

구약 시대에 하나님이 "여러 모양으로"(히 1:1) 말씀하셨다고 한 것은 하나님이 이런저런 때에 주목할 만하게 다양한 수단을 통해 자신의 말씀을 사람들에게 전하셨음을 일깨워준다. 하나님의 나타나심, 천사를 통한 고지, 하늘로부터 주어진 음성(출 19:9, 마 3:17, 벧후 1:17), 묵시, 꿈, 표적, 신성한 제비뽑기(우림과 둠밈, 삼상 28:6), 초자연적으로 적힌 글귀(출 31:18, 단 5:5), 내면에 들려오는 음성, 외면적으로 예지나 투시처럼 장래 일이나 멀리에서 일어난 일을 알게 하시는 것(삼상 9:15~10:9), 하나님의 성령이 사람의 지성에 속한 성찰 작용을 주관하셔서 모든 일에서 바른 판단을 하도록 이끄시는 좀 더 유기적인 형태의 영감 등등. 하지만 모든 경우에 이러한 수단을 통해 주어지거나 전해지거나 확증된 계시는 내용에서는 명제적인 것이고 형태에서는 말을 통한 것이었다.

하나님이 우리에게 자신을 계시하시는 이유는 무엇인가? 이미 앞에서 보았듯이, 우리를 이성적인 존재로 지으신 하나님이 사랑 안에서 우리를 친구로 삼으시고자, 진술과 명령과 약속 같은 말들을 수단으로 사용하여 우리에게 말씀하심으로 자기 생각을 우리와 함께 나누시고 자신을 인격적으로 드러내심으로써, 친구가 되기 위해서는 꼭 필요하고 없어서는 안 되는 인격적인 교제를 하려 하시기 때문이다.

하나님이 계시하시는 내용은 무엇인가? 그것은 일차적으로 죄인인 우리가 현재 처한 곤경에 따라 결정된다. 우리는 죄짓고 타락해서 하나님을 알지 못하게 되었고 경건하지 않은 삶을 살지만, 사랑의 하나님은 우리를 친구 삼으시려는 원래 계획을 버리지 않으시고, 우리를 죄로부터 구원하셔서 하나님께 돌아오게 하시려고 작정하셨다. 그렇게 하시고자 하나님은 자기 아들의 성육신과 죽음, 부활과 다스림을 통해 우리로 하여금 하나님이 구속주이고 우리를 재창조하신 분이심을 알게 하려고 계획하셨다.

이 계획을 완수하는 데는 "여자의 후손"(창 3:15)과 관련된 약속으로 시작해, 구약의 역사 전체에 걸쳐 오랜 기간의 예비적인 사건들을 통한 준비 과정이 필요했다. 또한 그 각각의 사건이 일어나기 전에 그 사건들의 의미와 교훈이 무엇인지를 사람들에게 미리 말로 가르쳐주는 것도 필요했다. 나중에 그 사건들이 실제로 일어났을 때, 각각의 단계에서 구원사가 어떤 식으로 전개되어 가는지를 사람들이 알고서 장차 그 구원이 온전히 성취될 것이라는 약속을 믿고, 소망 가운데서 그 약속이 이루어지길 대망하면서 하나님 은혜를 받을 자들로서 자신이 어떠한 사람이 되어야 마땅한지를 배울 필요도 있었기 때문이다. 이렇게 구원 역사는 계시 역사 속에서 일어났다.

하지만 계시의 시대는 그리스도와 사도들을 마지막으로 끝났다. 그렇다면 오늘날에는 하나님이 어떤 식으로 자신을 계시하시는가? 오늘날 하나님은 오래전에 다른 사람에게 말씀하셨던 그 동일한 것을 우리가 지금 처한 상황에 직접 적용해 말씀하심으로써 자신을 계시하신다. 이미 앞에서 보았듯, 성경 역사의 특정한 때에 주어진 하나님의 말씀은 이후의 모든 세대에 구속력을 지닌다. 하나님은 변하지 않으시는 분이다. 따라서 하나님이 한 번 하신 말씀은 계속해서 참되고, 모든 사람의 생각을 영속적으로 규율한다. 전에 하나님이 특정한 개인이나 집단에 내리신 판단들은 하나님의 성품과 그분이 우리를 판단하실 때에 사용하시는 기준을 계시한 것이며 영원한 효력을 지닌다.

마찬가지로 하나님의 도덕적인 가르침은 우리의 모든 삶과 관련해 하나님이 원하시는 것이 무엇인지를 분명하게 밝히신 것으로 영원한 효력을 지닌다. 이렇게 역사상 하나님이 하신 말씀들은 인간 사회의 법령과 비슷한 역할을 한다. 법령은 여러 시기에 걸쳐 제정되었다고 해도 일단 법전에 수록되면 지속해서 효력을 지니고 원칙적으로 모든 사람에게 적용되기 때문에, 모든 세대는 그 법이 말하는 것을 지키지 않으면 안 된다. 마찬가지로 우리는 모두 하나님이 역사의 서로 다른 시기에 주신 말씀이 요구하는 것을 행해야 할 의무, 또는 다른 식으로 표현하자면 하나님 말씀의 다스림을 받아야 할 의무 아래 살아간다.

따라서 다른 비유를 사용해서 말하자면, 하나님이 하신 말씀은 대학의 그룹 지도 수업에서 지도 교수가 한 말과 같다. 그 수업에서 한 명의 수강생은 자신이 준비한 대로 주제 발표를 하고, 나머지 수강생은 발표에 대한 지도 교수의 논평을 들으며 배운다고 하자. 성경을 읽거나 설교를 듣는 우리 앞에 하나님 말씀의 역사가 펼쳐질 때, 그것은 마치 우리가 아브라함, 모세, 다윗, 엘리야, 베드로, 이스라엘 백성, 로마의 그리스도인들, 갈라디아 교회의 신자들, 요한계시록의 일곱 교회, 역사 속에서 하나님의 특정한 말씀을 들었던 그 밖의 다른 모든 사람과 함께 그룹 지도 수업에 참여하는 것과 같다. 우리는 그들이 행한 것에 하나님이 논평하시고 그들에게 장래에 어떻게 해야 할지 조언과 지침을 주시는 말씀을 옆에서 들으면서, 하나님이 우리 삶에 관해선 무엇이라고 말씀하시는지를 배운다. 자기 학생을 잘 아는 영리한 교수가 이끄는 그룹 수업에 참여하는 수강생은 흔히 그 교수가 주제 발표 내용에 관해 논평할 때 단지 발표자만이 아니라 수업에 참여한 모든 수강생에게 필요한 것을 가르치고 있음을 안다.

마찬가지로 성경에 기록된 하나님의 말씀을 공부하는 그리스도인은 흔히 하나님이 수천 년 전에 어떤 사람에게 말씀하신 것이 현재 그들 상황에 말씀하시는 것처럼 너무나 완벽하게 잘 들어맞아서 마치 구체적으로 그들을 염두에 두고 기록된 것처럼 느낀다. (물론 실제로도 그렇다! 모든 그리스도인은 바울처럼 그리스도께서 "나를 사랑하사 나를 위하여 자기 자신을 버리"셨다[갈 2:20]고 진심으로 말할 수 있는 것처럼, 하나님이 "나를 사랑하셔서 나를 위하여 이 책을 쓰셨다"고 진심으로 말할 수 있다. 하나님이 자신의 말씀을 기록하게 하심은 교회 전체를 위한 것일 뿐만 아니라[고전 10:11. 롬 15:4], 각각의 그리스도인을 위한 것이기도 하다. 가장 친한 친구에게서 온 개인적인 편지를 읽듯 성경을 읽어야 한다는 금언은 단지 신앙과 관련된 비유가 아닌, 신학적으로도 의심할 여지없는 엄연한 사실이다.)

물론 이 비유는 한쪽 면만 보여준다. 어떻게 하나의 비유로 모든 것을 말할 수 있겠는가? 이 비유는 하나님이 오직 우리의 생각을 바로잡고자 말씀하신다는 인상을 주기 때문이다. 그래서 나는 또 다른 비유, 즉 당신에게 어떤 운동을 가르치는 트레이너의 비유를 추가하려고 한다.

트레이너는 당신이 모든 것을 제대로 해낼 수 있도록 반복해서 연습시킨다. 이전보다 더 잘할 수 있게 만들려고 한다. 그런 의미에서 트레이너는 완벽주의자이고, 당신은 그 사실을 실감한다. 그는 당신의 사생활 속에서 당신이 편안하게 느끼는 나쁜 습관을 지적하고, 그 과정에서 당신은 종종 상처를 받는다. 그는 당신의 일거수일투족을 관찰해 단 하나도 그냥 넘어가지 않고, 이전과는 다른 방식으로—당신이 보기에는 어색하고 이상하게 생각되는— 행할 것을 요구하며, 이전 방식을 계속 고집하거나 그 방식으로 돌아가려고 할 때 아마도 당신을 호되게 질책할 것이다. 그 트레이너는 당신에게 화를 내기도 하고, 다른 사람 앞에서 당신을 질책해 무안을 주기도 하며, 다른 사람이 당신을 보면서 비판하게도 할 것이다. 그럴 때에 당신은 자존심 상하고 반감을 갖고, 미움에 북받쳐 그가 당신 눈앞에서 사라져 주었으면 할 것이다.

하지만 제정신으로 돌아오면 트레이너가 자기 일을 제대로 하고 있음을 인정할 수밖에 없다. 그는 당신을 더 나은 쪽으로 변화시키는 일을 맡았다. 그가 당신을 호되게 꾸짖어 현재의 서툰 것을 고치려 애쓰는 것은 당신을 부정하는 게 아니라 사실은 매우 긍정하는 것이다. 만일 당신이 변화될 수 없다고 보았다면, 그런 식으로 시간과 힘을 낭비하려고 하지 않았을 것이다.

역사상 아르투로 토스카니니(Arturo Toscanini, 1867~1957)만큼 연주자를 무례하고 야만적으로 대한 지휘자는 없었다는 말이 있다. 하지만 그는 전에는 결코 꿈꿀 수 없었던 수준으로 정확하고 조화로운 연주를 해낼 수 있도록 자신이 맡은 오케스트라를 훈련했기 때문에, 그와 함께한 연주자 대부분은 후에 가장 함께하고 싶은 지휘자로 그를 꼽았다. 모든 것을 자신의 뜻대로 주관하시는 섭리와 당신의 말씀을 통해 우리에게 어떤 일을 행하시는지를 보여주는 또 하나의 비유이다.

하나님이 우리를 의로 책망하고 바로잡으며 가르침으로써 훈련하시는 것은 우리가 "그의 거룩하심에 참여하게" 하시기 위한 것이다. "무릇 징계가 당시에는 즐거워 보이지 않고 슬퍼 보이나 후에 그로 말미암아 연단 받은 자들은 의와 평강의 열매를 맺느니라"(히 12:10~11). 하나님이 오래전에 하신 말씀을 우리 삶에 적용하셔서 새롭게 말씀하시는 목적이 이것이다.

계시의 점진성에 관한 오해

히브리서의 처음 부분에 나오는 말씀이 가르치는 마지막 진리는 계시가 누적적인 활동이라는 것이다. 그리스도 안에서 주어진 하나님의 계시는 개별적이고 고립적인 것이 아니라, 오랜 시간에 걸쳐 이루어진 일련의 계시가 누적되고 그 정점으로 주어졌다. 히브리서 기자는 이것을 이렇게 표현했다. "옛적에 선지자들을 통하여 여러 부분과 여러 모양으로 우리 조상들에게 말씀하신 하나님이 이 모든 날 마지막에는 아들을 통하여 우리에게 말씀하셨으니"(1:1~2).

히브리서 기자가 "여러 부분과 여러 모양으로 … 아들을 통하여"라고 말한 것 속에는 단지 하나님의 아들이신 그리스도 안에서 주어진 계시가 그때까지 주어진 모든 계시의 정점이라는 의미만 있는 것이 아니다. 거기에는 그때까지 주어진 모든 계시는 온전히 하나로 통합되지 않은, 부분적이고 불완전한 단편적인 것이었던 반면, 그리스도 안에서 주어진 계시는 모든 계시를 통합하고 하나로 묶은 최종적이라는 의미도 들어 있다.

우리는 그러한 대비를 어떻게 해석해야 하는가? 히브리서의 나머지 부분은 우리에게 그것을 보여준다. 전자는 조악하고 원시적이며 부분적으로 거짓이지만, 후자는 세련되고 진화되었으며 온전히 참된 것이라고 하는 말이 아니다. 전자의 계시는 약속이고 모형이며 그림자요 불완전하지만, 후자의 계시는 성취이고 원형이며 실체이고 완전하다는 것이다. 그리고 이 두 계시는 하나님의 언약 백성이 살아온 두 가지 연속적인 경륜과 대응한다. 히브리서에서는 그리스도인이 구약의 신자들보다 하나님에 관한 더 나은 인식을 갖게 되었다는 관점이 아니라, 그리스도로 말미암아 구약의 신자들에 비해 더 나은 언약(히 7:22), 더 나은 제사장(7:26), 더 나은 제사(9:23), 더 나은 약속(8:6), 더 나은 소망(7:19)을 지니게 되었고, 하나님 앞에 더 온전하게 나아갈 수 있게 되었으며(9:8~9, 10:19), 더 생생하게 영광을 미리 맛볼 수 있게 되었다(6:4~5)는 관점에서 설명한다.

또한 히브리서는 구약의 계시가 오직 유대인에게만 주어졌던 반면, 그리스도의 복음은 유대인과 이방인에게 똑같이 주어진다는 관점에서도 설명한다(시 147:19~20). "여러 부분과 여러 모양으로"라는 구절은, 오래전에 존 오웬(John Owen)이 말했듯이, "예배와 순종에 관한 하나님의 뜻은 이전에는 모세나 그 밖의 다른 사람을 통해 하나님의 교회에 한꺼번에 계시되지 않았고," 하나님의 뜻에 대한 계시는 "하나님의 계획이 메시야에서 정점에 도달하도록 하려고, 교회가 그 빛을 감당할 수 있을 정도만큼 여러 시기에 걸쳐 하나씩 추가된" 점진적인 과정이었음을 의미할 따름이다.[9] 이렇게 해서 모든 길이 로마로 통한다는 말이 있듯이, 겉보기에는 서로 다른 듯한 구약 계시의 온갖 다양한 흐름은 신약 시대에 선지자이자 제사장이며 왕이고, 중보자이자 희생제물이고 중보기도자로서 십자가에 못 박히셨다가 부활하셔서 장차 다시 오실 예수 그리스도로 귀결되었다.

그렇다면 이렇게 신약은 구약의 토대 위에서 진전된 것이기 때문에, 계시를 점진적이라고 말해야 하지 않겠는가? 모든 것은 '점진적'이라는 단어가 무엇을 의미하느냐에 달려 있다. 구약에서 하나님이 아무리 다양한 말씀을 하셨더라도 장차 하나님이 자기 아들을 이 땅에 보내시기 위해 "차곡차곡 이루어나가신 계획"에 이런저런 방식으로 기여했다는 의미라면, 그 단어를 사용하는 수준은 지극히 합당하다. 하지만 자유주의 신학에서는 대체로 계시의 역사를 말할 때 하나님에 관한 이스라엘의 생각이 아주 조잡한 것(한 부족의 전쟁 신)에서 좀 더 세련된 수준(도덕적인 창조주)을 거쳐 예수께서 가르치신 하나님 개념(사랑의 아버지)으로 진화되어 온 역사임을 표현하려고 이 단어를 사용해왔다. 그리고 이러한 계시관 속에는 하나님에 관한 모든 참된 지식은 신약성경에서 배울 수 있고, 그 지식 외에 구약성경이 하나님에 관해 말하는 다른 모든 것

제4장 말씀하시는 하나님

은 정도의 차이는 있지만 일정 정도 거짓이기 때문에, 그리스도인은 구약성경에 대해서는 전혀 신경 쓸 필요가 없다는 결론이 내포되어 있다.

하지만 그것은 사실이 아니다. 물론 하나님이 계시 과정 전체를 통해 하나님을 아는 사람들의 지식을 계속 풍성하게 해오신 것은 분명하다. 그러나 나중에 계시된 것이 과거 계시된 것과 상충하고, 전자는 후자를 무효화한다고 보는 것은 잘못이다. 자유주의 신학의 이러한 계시관은 신자들 사이에서 구약성경을 소홀히 하고 무시하는 풍조가 만연하는 결과를 초래했다.

신약의 계시는 모든 점에서 구약의 계시를 토대로 한다. 건물이 완성되었다고 해서 토대를 제거한다면 건물 전체가 무너져 내릴 것은 두말할 필요가 없다. 구약성경을 가볍게 여기는 것이 결코 신약성경을 중시하는 것이 될 수 없는 이유다. 따라서 "점진적인 계시"를 종교의 진화론적 발전이라는 신화를 가리키는 명칭으로 사용하고, 구약성경을 무시하는 것을 정당화하는 근거로 사용하는 일은 잘못이다. '점진적'이라는 단어는 너무도 자주 그런 의미로 사용되어 왔기 때문에, 성경적인 계시관을 말할 때에는 혼동을 피하기 위해서라도 이 단어를 쓰지 않는 것이 상책이다. 각각의 단계에서 나중에 주어진 계시는 이전에 주어진 계시와 상충하기는커녕 도리어 그 위에 세워졌음을 가장 잘 표현하는 방법은 계시 과정을 ('점진적'이 아니라) '누적적'이라고 말하는 것이다.

역사 속에서 천 년이 넘는 기간 이루어진 계시 과정이 이처럼 누적적인 것이었고, 하나님의 말씀 가운데서 나중에 주어진 것은 앞서 주어진 바탕 위에 세워져 있다면, 나중 것은 오직 하나님의 일련의 말씀에 비추어볼 때만 해석될 수 있다. 특히 가장 마지막으로 주어진 것, 즉 하나님이 자기 아들을 통해 하신 말씀은 더욱더 그 자체로 해석해선 안 되고, 하나님이 이전에 하신 모든 말씀에 비추어 해석할 때만 제대로 이해할 수 있다. 이것은 계시 과정의 본질과 성격 자체로 보면 성경에 기록된 하나님의 모든 말씀은 통일성을 지니도록 만들었음을 의미한다. 하나님이 우리 친구라는 것을 죄인들이 알려면 하나님이 구속에 관해 우리에게 말씀하셔야 했다. 마찬가지로, 하나님이 일련의 말씀으로 원래 의도와 목적을 이루시려면, 그 모든 말씀을 영속적으로 접근 가능한 형태로 제시하셔야 했고, 이렇게 해서 성경이 존재하게 되었다.

하나님이 실제로 우리에게 성경을 주셨고, 성경은 지속적인 계시 과정과 발맞추어 계속 책들이 추가됨으로써 지금과 같은 형태로 완성되어 이제는 인간의 구원과 관련된 하나님의 말씀과 역사에 대해 온전히 설명해주는 하나의 서사로 남아 있다는 사실이 이러한 논증이 참됨을 확증한다. 칼뱅은 이것을 이렇게 표현한다. "하나님의 가르침이 끊임없이 앞으로 진행되는 상황에서 하나님의 진리가 이 세계에서 모든 세대를 위해 살아남게 하시려고, 하나님은 조상들에게 해오셨던 말씀이 공적으로 기록되게 하셨다."[10] 따라서 역사 속에서 계시 과정을 거쳐 만들어진 성경은 우연히 부수적으로 생겨난 것이 아니고, 그 계시 과정에서 필수불가결한 부분이었다.

하나님이 나중에 하신 말씀들, 그중에서도 특히 하나님의 마지막 말씀이신 예수 그리스도는 하나님의 이전 계시에 관한 기록 없이는 온전히 이해할 수 없기 때문이다. 만일 이 계시 과정 전체에 대한 영속적인 기록이 없었다면, 하나님의 계시 전체는 온전히 보존될 수 없었을 것이고, 각 세대에서 죄인들에게 하나님을 알게 하는 교회의 고유한 사역도 제대로 이루어질 수 없었을 것이다.

따라서 우리는 성경을 구성한 책들을 하나님께서 만들고 보존하신 역사는 하나님의 권능과 지혜를 드러낸 것으로 여기고 송축하는 것이 마땅하다. 사람이 그리스도와 그의 구원에 관한 지식을 얻는 일에서 성경을 온전히 신뢰할 수 있음을 부정한다면 사실상 하나님을 진정으로 무력하고 어리석다고 비난하는 것과 같다.

제5장

기록하시는 하나님

이 장에서는 앞의 두 장에서 우리가 전제한 성경관—역사 속에서 만들어진 성공회의 공식문서에는 이 성경관의 모든 핵심 내용이 들어 있다—을 좀 더 자세하게 살펴보고자 한다.[1] 먼저 일종의 정지작업을 위해 오늘날의 성경 비평학 연구에 관해서도 몇 가지 살펴볼 것이다.

비평학적 방법론

이전 시대의 성경 연구와 구별되는 이른바 비평학 운동의 특징은 1차적으로 성경을 오랜 역사를 지닌 책으로 보고, 역사를 그 자체 속에 있는 인과법칙을 따라 발전해나가는 과정으로 보는 역사관—지난 세기에 독일 대학들에 만연되어 있던 세속화되고 '과학적인' 사변 중 하나였다―에 비추어 성경을 연구한다는 것이다. 그 결과 지금 개신교 신학교에서 진행되는 성경 연구는 한편으로는 성경 각 책의 자료, 저작 연대, 저자, 저작 동기, 저작 목적에 관한 세밀한 탐구와 함께, 다른 한편으로는 창조와 섭리와 은혜 안에서 이루어진 하나님 역사에 관해 성경이 제시하는 일련의 사건을 '현대적인' 관점에서 이해가 될 만한 하나의 발전 과정으로 재구성하려는 시도가 주류를 이룬다.

방금 설명한 이 방법론은 대체로 모든 것을 자연주의적이고 진화론적이며 이적을 부정하는 시각에서 바라보는 균일론적 관점에 서 있다. 그리고 이것은, 성경과 교회의 역사가 모든 점에서 역사가들이 제시한 사전 요인의 제약을 받긴 하지만, 실제로는 그런 요인으로는 설명할 수 없는 것들, 즉 인간과 나라 안으로 들어와서 '새로운 창조'를 만들어내는 하나님 능력의 반복적인 침입(계시, 이적, 중생)으로 이루어졌다는 관점과 대립된다.

실제로 역사 비평학을 따른 성경 연구의 선구자들은 철저하게 성경의 무오성을 포함한 하나님의 초자연적 역사를 단호하게 부정하는 공리 위에서 작업을 진행했기 때문에, 그 공리와는 다른 토대 위에서 진행되는 성경 연구는 결코 '학문적'이지 않다는 분위기를 형성했다. 그리고 이후의 개신교 신학계는 이 '세속적인 미신'에서 한 번도 완벽하게 자유로워진 적이 없었다. (로마 가톨릭 신학계도 역사 비평학 접근법을 받아들이긴 했지만, 초자연적인 것을 명시적으로 인정하고 성경의 무오성에 관한 교리를 고수했기 때문에 그 점에서는 개신교 신학계보다는 전체적으로 형편이 더 나았다.)[2]

오늘날 대부분의 영국 개신교 신학자들은 이전에 그러했듯 지금도 여전히 독일과 미국의 개신교 신학자보다는 보수적이어서 이적을 조심스럽게 받아들이고, 비록 모호한 태도를 보이기는 하지만 전체적인 틀에서 성경적인 신앙을 유지하고 있다. 하지만 성경의 무오성 교리에 대해서는 여전히 모두가 질색한다. 한편 많은 그리스도인은 성경 비평학이 성경의 권위를 부당하게 깎아내리고 정통적이지 않은 가르침을 정당화하려고 열을 올리는 것을 보았고, 그러한 의구심은 지금도 계속되고 있다.

하지만 여기에서 분명하게 말해둘 것이 있다. 왜곡되고 전혀 학문적이지 않은 전제를 사용하는 역사 비평학은 배척하는 것이 마땅하지만, 그럼에도 성경을 연구하는 데 역사적인 방법론을 사용하는 것은 신학적으로 꼭 필요하다. 하나님의 계시는 실제로 역사적 과정에 나타나 있고, 계시를 담고 있는 하나님 말씀도 실제로 오랜 역사를 지닌 책의 형태로 되어 있으며, 성경 영감론은 하나님이 성경 기자들을 통해 무엇을 말씀하고자 하셨는지를 발견해냄으로써 그분의 메시지를 알아내려 하기 때문이다.

성경에 나오는 것을 역사적으로 이해하면서, 그것이 처음으로 주어졌을 때 어떤 의미였는지를 알지 못한다면, 우리는 오해할 수밖에 없다. 이것이 종교개혁자들이 성경을 알레고리적으로 해석해서는 안 되고 '문자적으로' 해석해야 함을 강조한 이유였다. 미국식으로는 "문법적이고 역사적인"(grammatico-historical) 석의로 알려져 있었는데, 모두가 동의하듯이 장 칼뱅 역시 이러한 석의의 대가 중 하나였다.

진실을 말하자면, 나사렛 예수께서 참 하나님이면서 동시에 참사람이셨듯이, 성경도 그러하다. 이 점에서 육신이 되신 말씀의 신비는 기록된 말씀의 신비와 비슷하다. 그분이 말씀이 하나님의 말씀으로 우리에게 어떤 메시지를 던지는지 온전히 파악하려면 인간으로 살아가신 역사적인 배경에서 그분을 보고 1세기 유대인의 말로써 연구해야 하듯이, 성경의 모든 말씀을 해석할 때에도 그런 식으로 해야 한다. 따라서 성경의 각 부분에 대한 언어적, 문화적, 역사적, 신학적인 배경을 연구하고, 각각의 성경 기자의 관점과 목적을 연구하는 일은 성경을 올바르게 이해하는 데 꼭 필요한 일로 환영받아 마땅하다.

이렇게 역사 비평학은 과거에는 악용되긴 했지만 사실은 필수적이다. 역사 비평학 없이는 좋은 주석서나 정확한 해석, 바른 신학은 존재할 수 없다. 이 대목에서 우리는 '비평'이란 원래 비판하고 비난하는 것이 아니라 옥석을 가려 제대로 올바르게 평가하는 것임을 기억해야 한다. 성경의 신적인 측면을 훼손할 것을 우려해 성경의 인간적인 측면을 제대로 올바르게 연구하지 않으려는 것은 우리 주님의 신성을 훼손할 것을 우려해서 주님의 인성을 정직하게 인정하지 않으려는 것처럼 잘못되었다. 성경을 연구할 때나 그리스도를 연구할 때나 우리는 온전히 성경적인 전제를 토대로 해야 한다.

몇몇 부적절한 입장

현재 이루어지는 비평학의 관행을 따라 성경이 말하는 것이 하나님께서 말씀하시는 것이라는 아우구스티누스의 공리를 배척하는 사람들은 하나님의 진리가 어떻게 우리에게 도달하는가와 그 진리의 내용이 무엇이냐 하는 문제를 놓고 첨예하게 나뉜다. 예컨대 성공회에서 지난 세기에 《에세이와 리뷰》(*Essays and Reviews*)에 기고한 저자들처럼 플라톤주의 전통에 서 있는 광교회파에 속한 사람들은 지금도 여전히 결국에는 선이나 사랑이 승리한다고 믿는 보편적 낙관주의를 토대로 해서, 계시는 인간의 양심이 일깨워져서 도덕적이고 영적인 명령들을 받아들이는 것으로 생각한다.

이 견해에 따르면, 계시는 분명히 성경과의 접촉으로 일어나긴 하지만, 계시를 통해 주어지는 내용은 단지 성경의 편린 하나일 뿐이다. 특히 계시 사건은 반드시 사도적 신학을 하나님의 진리로 시인하고 고백하는 것으로 이어지지도 않고, 바울 서신에서 발견되는 것처럼 은혜론과 기독교 윤리 명령 사이의 분명한 연결로 이어지지도 않는다. 이러한 입장은 유럽 대륙에서 전에 유행했던 자유주의 신학과 유사하다. 다만 그 자유주의 신학은 플라톤 사상이 아니라 역사적 실증주의를 기반으로 한 신비주의가 기반이 되었다는 것만 다를 뿐이다. 이 두 입장은 실제로 사도들이 쓴 글을 무시한 채, 복음서에 나오는 선한 삶의 선생이요 선구자이며 모범이신 예수에 집중한다.

이와는 대조적으로 브루너와 니버 같은 변증법적 신학자들은 성경이 우리에게 제시하는 그리스도 안에서의 하나님 말씀은 죄와 구원에 관한 사도적 가르침이라는 범주에 속한 실체라고 주장했다. 하지만 그들은 하나님 말씀에 대한 사도적 증언의 세부 내용은 종종 새롭게 고쳐 쓰고 개선할 필요가 있기 때문에, 그 증언이 모든 점에서 사도의 가르침을 완벽하게 재현했다고 보아서는 안 된다고 말한다. 이 진영에 속한 사람들은 모두 성경이 아니라 예수 그리스도가 하나님의 말씀이라고 말한다(이미 앞에서 보았듯이, 이러한 대비는 잘못된 것이다). 하지만 그들의 그런 주장을 토대로 예수 그리스도에 대해 우리에게 설명하고, 구약성경과 신약성경이 어떤 식으로 서로 결합되어 있는지 그리고 사도적 신앙에서 말하는 그리스도가 역사적 예수와 어떤 관계에 있는지를 말해달라고 요청하면, 지금까지는 한목소리를 내고 있던 그들은 갑자기 뿔뿔이 흩어져서 제각기 딴소리하며 충돌과 혼돈의 아수라장으로 빠져 들어간다.

세 번째로 불트만과 틸리히의 저작을 통해 20세기 초반에 대중화된 실존주의적인 유형에서 하나님의 말씀은 엄밀하게 말해 성경도 아니고 예수 그리스도도 아니며, 하나님이 개개인을 대면해서 그들 안에 확신을 주어서 그들을 해방시켜 주고 다른 방식으로는 치유될 수 없는 불안을 달래주는 것이라고 주장한다. 불트만은 이 확신을 "미래에 대한 개방성"이라고 부르고 믿음과 동일시했다. 이 견해를 주장한 사람들은 이 믿음이 예수에 대한 신약성경의 증언(그들이 말하는 바, 대체로 비역사적이고 신화적인)을 깊이 생각하지 않고는 오지 않는다고 말하면서도, 예수의 신성과 영원 전부터 존재하심, 동정녀 탄생, 이적들, 몸의 부활 그리고 예수가 십자가에 못 박히셨다는 사실을 제외하고 신약성경이 예수에 대해 말해주는 사실상 모든 것을 부정한다.

그러한 '믿음'은 성공회의 '광교회파'가 보여주는 이런저런 보편적인 낙관주의와 별로 다르지 않다. 그리고 이것은 《신에게 솔직히》의 저자가 불트만과 틸리히에게 편안함을 느끼고, 심지어 불트만이 셰필드 산업선교회(Sheffield Industrial Mission)에 보낸 서신을 요약한 고압적이지만 알맹이는 없는 초록에 찬사를 보내며, 불트만이 복음을 '비신화화'하여 제시한 것을 "심오한 단순함"의 모범으로 제시한 이유를 설명해준다.[3]

실제로 자세히 분석해보면 광교회파와 자유주의 신학, 실존주의 신학은 겉보기에는 서로 다른 것 같지만, 사실은 모두 신학적으로 동일한 가족이라는 사실이 드러난다. 그것들은 모두 소위 '르네상스 신학'이고, 개신교 내에서 에라스무스적인 유형을 띤다. 르네상스 신학은 합리주의적이고 반교조적인 특징을 가지며, 윤리와 인본주의에 관심을 둔다. 그리고 기독교의 도덕적인 가치의 절대성을 인정하고 기독교적 신앙의 모습을 갖추고만 있다면 하나님에 관한 거의 모든 유형의 종교적 관점과 신념(일부는 몇몇 무신론적인 유형도 여기에 추가했다)을 기꺼이 자기 가족으로 받아들인다. 르네상스 신학은 개혁 전통 및 가톨릭 전통과는 너무나 크고 견고한 간격을 보인다. 후자의 전통들은 적어도 사도신경을 믿어야만 기독교 신앙이라고 여긴다는 점에서는 서로 일치한다. 그래서 복음주의자들과 가톨릭 신자들은 흔히 르네상스 신학에 속한 가르침을 결코 기독교적이라고 여기지 않는다. 한 세기 전의 《에세이와 리뷰》 그리고 최근에 《신에게 솔직히》를 접하면서 강조했듯이 성공회 내의 개혁파와 가톨릭파가 성공회 공식문서에 비추어 보았을 때, 온갖 종류의 르네상스 신학은 분명히 성공회의 둥지 안에 있는 뻐꾸기일 수밖에 없다.

하지만 이 뻐꾸기들이 꽤 큰 크기로 자라나서, 최근에 르네상스 신학은 이미 성공회 내에서 상당한 세력으로 자리 잡았다. 오늘날 가장 대중적인 형태의 르네상스 신학이 보여주는 핵심 사상은 예수는 자기 삶을 통해 우리에게 특별한 방식으로 하나님이 어떤 분이신지를 보여준 분이긴 하지만, 삼위일체 하나님의 제2위로서 육신이 되신 하나님은 아니고, 엄밀하게 말해 하나님은 결코 세 위격으로 존재하지도 않는다는 것이다. 삼위일체를 부정하는 이 개조된 일위신론(unitarianism)에는 "하나님의 말씀"이라는 개념이 들어설 여지가 거의 없다. 예수 그리스도에 관한 신약성경의 증언은 불트만이 그랬던 것처럼 비역사적인 신화로 여겨지고, 계시된 진리라는 개념 자체가 거부되며, 기독교 신앙은 인류가 본받아야 할 삶의 모형이자 하나님께로 돌아가는 길을 보여준 예수의 삶에 나타난 궁극적인 가치를 긍정하는 방향으로 정의되기 때문이다.

그런 빈약하고 진부한 신학이 얼마나 오래갈 수 있는지 의심스럽지만, 이 신학은 데니스 나인햄(Dennis Nineham)의 《성경의 사용과 남용》(The Use and Abuse of the Bible, 1976년), 모리스 와일즈(Maurice Wiles)의 《다시 세우는 기독교 교리》(The Remaking of Christian Doctrine, 1974년), 돈 커핏(Don Cupitt)의 《예수와 하나님의 복음》(Jesus and the Gospel of God, 1976년), 《성육신 신화》(The Myth of God Incarnate, 1977년), 그리고 최근에는 미국 성공회 주교인 존 스퐁(John Spong)이 쓴 《근본주의에서 성경 구하기》(Rescuing The Bible from Fundamentalism, 1991년)와 《여자에게서 나시고》(Born of a Woman, 1992년) 등과 같은 책을 통해 좋은 시절을 보내는 것이 분명하다.

이 온갖 다양한 르네상스 신학, 그리고 변증법적 신학(한 발은 종교개혁 진영에, 다른 한 발은 르네상스 진영에 담그고 있으면서 어느 발에 더 큰 비중을 두느냐는 사람마다 달라지는 이종교배를 통해 탄생한)에 대해 우리는 세 가지를 말할 수 있다.

첫 번째, 이런 견해를 받아들인 사람들은 모두 주관주의자라는 것이다. 즉, 그들은 모두 성경과 신앙, 성경 계시와 내적 조명, 성경 안에 있는 성령과 마음속에 있는 성령이 서로 연결되어 있음을 어떤 식으로든 부정하고, 후자를 근거로 삼아 전자를 폐기하는 것을 정당화한다. 달리 말하면, 성경이 무엇이냐에 관한 자신의 사사로운 견해를 따라, 성경이 실제로 말하는 것을 일정하게 부정하고 성경이 가르치는 것의 일부를 실천에서 폐기하는 사람이 그런 입장을 채택한다. 이러한 주관주의자들은 모두 원칙과 방법론에서 종교개혁 및 '보편' 신학과 결별하고서, 자신들은 "내면의 말씀" 또는 "내면의 빛"을 따른다는 이유로 "기록된 하나님의 말씀"을 소홀히 하는 일을 정당화했던 16세기의 재세례파와 17세기의 퀘이커 교도와 손을 잡는다.

두 번째, 이러한 견해는 진리의 객관적인 기준이나 진리를 확정하기 위한 방법론을 인정하지 않기 때문에 극히 불안정하다. 물론 개별 신학자들이 제시한 다소 사변적인 기준이나 방법론이 있기는 하지만, 그들이 내린 결론은 외부에서는 말할 것도 없고 자기 진영 내부에서조차 결코 온전히 받아들여지지 않는다. 그들 신학의 추는 끊임없이 흔들리고 체계는 생겨났다가 무너지며, 신학은 마치 자동차나 여성들의 모자처럼 유행에 따라 갑자기 생겨났다가 신속하게 사라진다.

20세기의 첫 사반세기는 트뢸치(Troeltsch)와 하르낙(Harnack)이 지배한 자유주의 신학의 시대였고, 두 번째 사반세기는 브루너와 바르트가 지배한 변증법 신학의 시대였으며, 세 번째 사반세기는 불트만과 틸리히가 지배한 실존주의 신학의 시대였고, 네 번째 사반세기는 주로 라틴 아메리카와 흑인과 페미니스트들이 주도한 해방 신학의 시대였다. 이제 21세기에도 틀림없이 여러 신학자가 다른 사상에 따른 '신학들'을 들고 갑자기 등장했다가 사라지는 일이 반복될 것이다. 진실을 말하자면, 르네상스 신학의 세계는 모래바람이 불어 끊임없이 휘날리는 사막과 같아서 안정이 불가능한 곳이다. 르네상스 신학자들은 흔히 확신에 차서 제각각 떠들썩한 목소리로 바벨탑을 쌓지만, 그들의 말에 가만히 귀를 기울여보면 어떤 확실한 것에 가닿는 희망은 이야기하지 않는다. 그들을 지배하는 원칙이 바로 상대주의이기 때문이다. 모든 질문은 끊임없이 도가니 속으로 다시 들어가 용해된다. 어떤 결론에 도달하더라도 그것은 단지 잠정적이고 일시적일 뿐이고, 그 결론은 또다시 용해되어서, 이것도 저것도 아닌 유동적인 상태가 무한히 반복된다.

세 번째, 이러한 견해는 성경 안에 있는 성령의 권위가 신학자들 안에 있는 성령의 권위 위에 있다고 보지 않기 때문에, 성경이 실제로 말하는 것을 설명하고 적용하는 것이 신학자들의 소임이라고 여기지 않는다는 점에서, 사실은 기독교적인 견해라고 할 수 없다. 이것에 대해서는 이번 장의 나머지 부분에서 살펴보겠다.

하나님이 숨을 불어넣으신 성경

이제는 우리가 어떤 것을 참된 성경관으로 받아들이는지를 개략적으로 설명할 차례가 되었다. 우리가 말하는 참된 성경관은 사실 역사적으로 성공회가 취한 성경관이기도 하다. 전통적으로 성공회는 결혼 예식에서 성경을 "하나님의 말씀"이라고 부르고, 39개조 신조의 제20조에서는 "기록된 하나님의 말씀"이라고 부르면서 성경관을 요약 제시했다. 이러한 선언은, 첫째로 성경이 말하는 것은 하나님이 말씀하시는 것으로 선언하고("하나님의" 유일한 말씀), 둘째로 성경은 하나님이 인류에게 주신 메시지의 전부라고 선언하며(하나님의 "유일한" 말씀), 셋째로 성경을 읽거나 듣는 각 사람에게 하나님은 직접 메시지를 주신다고, 달리 말하면 성경의 본질은 말씀 선포라고 선언한다(하나님의 유일한 "말씀").

선지자들이 대언을 통해 전한 "여호와의 말씀"과 사도들이 설교를 통해 제시한 "하나님의 말씀"은 듣는 사람에게는 언제나 직접 적용되는 말씀이었다. 즉, 성도는 그들이 전하는 말씀을 들으며 하나님이 그 말씀을 통해 친히 자신에게 말을 걸고 계심을 깨달았고, 하나님의 가르침과 지시에 응답해야 함을 알았으며, 하나님의 성령은 성도 안에서 일하시면서 그 말씀이 요구하는 응답을 일으켜주셨다(살전 2:13).

마찬가지로, 성경 전체의 내용은 정적인 것이 아니라 역동적인 것으로, 단지 하나님이 오래전에 말씀하신 것이 아니라 지금도 여전히 말씀하고 계시는 것으로, 단지 일반적으로 말씀하시는 것이 아니라 성경을 읽거나 듣는 각 개인에게 말씀하시는 것으로 여겨져야 한다. 달리 말하면, 내가 성경의 어느 부분을 읽거나 들을 때마다 하나님이 내게 말씀을 전하고 계시는 것, 성부 하나님이 성령 하나님의 능력을 통해 성자 하나님에 관한 말씀을 내게 전하고 계시는 것으로 받아들여야 한다. 성부 하나님은 성경을 주신 분이고, 성자 하나님은 성경의 주제이며, 성령 하나님은 성부 하나님이 성자 하나님을 증언하도록 세우신 분으로서 성경의 저자이고 그 참됨을 증명하는 분이며 해석자이다. 이제 우리는 성경의 영감이 무엇을 의미하는지에 대한 좀 더 자세한 연구를 통해 이 성경관을 분명하게 하려 한다.

앞 장에서 우리는 선지자와 관련해서 영감이 무엇인지를 보았다. 그것은 하나님의 성령께서 다양한 심리적 형태를 이용하여 하나님의 메시지를 선지자가 알게 한 후에, 그 메시지를 시적이고 문학적인 형태로 표현하는 모든 정신적인 활동을 지배하심으로써, 모든 대언을 선지자 본인의 생각이 그대로 표현된 진정한 사람의 말이면서도 하나님 생각이 그대로 드러낸 진정한 하나님의 말씀이 되도록 하신 하나님의 역사였다.

또한 우리는 신약성경이 이러한 영감 개념을 구약성경 전체로 확대하고 있음을 보았다. 즉, 신약성경은 하나님이 자신의 대언자인 선지자를 통해 일인칭으로 하신 말씀만이 아니라, 시편 기자들이 이인칭을 사용해 하나님께 드린 말들(히 1:8~12, 2:6), 지혜자가 자신의 문도들에게 한 권면(히 12:5) 그리고 하나님이 하신 말씀과 역사를 삼인칭으로 얘기한 서사들도 진정한 사람의 말이면서 동시에 진정한 하나님의 말씀이라고 여겼다.

우리 주님은 창세기 2장 24절에서 화자가 덧붙인 설명을 놓고 "사람을 지으신 이가 … [말씀]하신 것"(마 19:4~5)이라고 인용하셨다. 바울은 고린도의 그리스도인들에게 이스라엘의 광야 유랑에 관한 이야기는 "말세를 만난 우리를 깨우치기 위하여 기록되었[다]"고 하고(고전 10:11; 롬 15:4 참조), 구약성경 전체를 "하나님의 말씀"(롬 3:2; 행 7:38 참조)이라고 부른다. 또한 바울은 "성경이 미리 알고 먼저 아브라함에게 복음을 전[했다]"(갈 3:8)라고 했고, "성경이 바로에게 이르시되 내가 이 일을 위하여 너를 세웠[다]"(롬 9:17)라고 하면서, 정상적으로는 "하나님이 성경에 기록된 대로"라고 말해야 할 대목에서 두 번이나 "성경이"라고 말한다. 이는 바울 자신에게는 성경 기록이 하나님께서 친히 하시는 말씀 그 자체였음을 보여준다. 마찬가지로 로마서 4장과 갈라디아서 3장 6절 이하에서 바울은 아브라함에 관해 성경이 말한 것, 즉 "아브라함이 하나님을 믿으매 그것이 그에게 의로 여겨진 바 되었[다]"는 것을 구원의 길에 대해 하나님이 말씀하신 것으로 여긴다.

구약성경의 영감에 관한 신약성경의 개념은 디모데후서 3장 16절에 나오는 말씀 속에 집약되어 있다. "모든 성경은 하나님의 감동으로('테오프뉴스토스', 직역하면 "하나님이 숨을 불어넣은") 된 것으로…." 이 말씀의 취지는 하나님이 자신의 창조 역사를 통해 "그의 입의 기운[즉, 숨]으로" 하늘의 해와 달과 별들을 지으셨던 것처럼, 성경도 그것과 비슷한 창조 역사를 통해 만들어졌다는 것이다. "율법과 선지자들과 성문서들이 있으라"(신약 시대에 유대인은 정경을 이렇게 세 부분으로 구분했다). 신약성경은 구약성경과 관련해서 하나님이 선지자들의 대언을 통해 실제로 말씀하셨을 뿐만 아니라, 율법과 전기 선지자들(즉, 오경과 역사서)에서 이스라엘의 역사를 실제로 들려주신 분, 성문서에서 시편들과 지혜의 말씀을 실제로 들려주신 시편 기자와 지혜 교사이셨다고 말한다.

또한 주님 자신은 하나님에게서 말씀을 받아서 그대로 전할 뿐이고, 사도들도 당신께서 약속하신 성령의 능력을 덧입어 주님을 증언할 때에 정확히 그렇게 하리라고 명시적으로 증언하셨다 (요 14:26, 15:26~27, 16:7~15, 20:21; 마 10:19~20, 눅 10:16, 고전 2:12~13 참조). 이렇게 사도들이 말이나 글을 통해 그리스도에 관해 증언한 것들은 구약성경과 마찬가지로 동일하게 성령의 영감으로 이루어져서 인간적인 성격과 신적인 성격을 동시에 지닌다. 따라서 우리는 신약의 그리스도인을 따라 구약성경을 하나님이 우리를 교훈하시기 위해 주신 것으로 여겨야 하고, 신약성경을 예수 그리스도께서 우리에게 남겨주신 유산의 일부로 여기고, 신약성경의 어떤 본문을 읽더라도 거기에서 주님이 "내가 너희를 돕기 위해 바울(또는 요한이나 마태나 다른 신약 기자)에게 이것을 기록하게 하였다"고 하시는 말씀을 들을 수 있어야 한다. 성경적인 성경 영감론을 믿는다는 것은 바로 이런 것을 의미한다.

각각의 성경 기자의 생각이 하나님의 생각과 정확히 일치하게 한 영감 과정에는 필연적으로 영감의 대상인 사람들에 대한 이례적이고 유일무이한 성령의 감독과 통제가 포함되어 있다. 일부 신학자들은 그런 통제가 이루어진 상황에서 성경 기자가 자유롭게 생각할 수 있었는지를 의심하고, 어떤 딜레마를 제시한다. 즉, 성경 기자에 대한 하나님의 통제가 완벽했다면 그들은 로봇이나 자동으로 움직이는 기계처럼 글을 썼을 것이고(물론 그들은 그렇지 않았다), 그들이 자유롭게 생각하면서 쓴 것이라면 하나님은 그들을 온전히 통제할 수 없으셨을 것이므로 성경에는 오류가 있을 수밖에 없다는 것이다. 이러한 딜레마를 주장하는 사람들은 통상적으로 성경에는 성경 기자들이 자유롭게 자기 생각을 표현했음을 보여주는 증거와 함께, 오류들(참된 것을 쓰고자 했지만 사실은 틀린 글)

도 있음을 보여주는 증거도 확실히 존재한다고 주장한다.

하지만 그들의 그런 주장에 대해 우리는 그렇지 않다고 말한다. 성경에 오류가 있음을 많은 사람이 주장해왔지만, 그런 주장은 예수께서 도덕적으로 완전하지 않으셨다는 주장과 마찬가지로 원칙적으로 증명할 수가 없다. 사실 이 두 가지 질문은 좀 더 본질적인 질문들과 연결되어 있다. 예수께서 육신이 되신 하나님이시라면 도덕적으로 완전한 분이실 수밖에 없고, 성경이 진리의 말씀이라면 성경에 나오는 모든 것은 참되고 신뢰할 만할 수밖에 없다. 게다가 그들이 방금 제시한 딜레마는 사람의 생각과 행위가 심리학적으로 온전히 자유로운 것과 하나님께 온전히 통제되는 것이 서로 양립할 수 없음을 전제한다. 하지만 그런 전제는 참되지 않다. 선지자들의 영감에 대해 성경이 말하는 것이 전부 사실이라면, 성경 전체가 그와 비슷한 방식으로 영감 될 수 있음을 부정하는 것은 이치에 맞지 않는다.

그런 식의 자의적인 제한을 두는 대신에, 우리는 도리어 죄악된 인간의 제멋대로이고 고집스러운 지성과 생각을 다스리시고 주관하시면서도 그들의 통상적인 정신 활동을 막지 않으셨기 때문에, 그들이 자유롭게 자기 생각을 따라 글을 썼는데도, 그 글들이 온전히 하나님의 무오한 진리가 되게 하셨던 하나님의 지혜와 권능을 찬송하고 경배하는 것이 마땅하다.

워필드(B. B. Warfield)가 지적했듯이, 우리는 하나님이 바울 서신을 기록으로 남기려 하셨을 때 "이 땅으로 내려오셔서 온 땅을 샅샅이 뒤진 다음 자신의 목적에 가장 적합해 보이는 사람을 어렵게 찾아내신 후에, 그 사람의 반역하는 성품으로 오류가 생기지 않도록, 당신께서 표현하시려던 내용을 그의 본성적인 성향을 억압하여 강제로 쓰게 하셨다"라고 생각해서는 안 된다. "그런 일이 전혀 일어나지 않았음은 두말할 필요도 없다. 하나님이 바울 서신 같은 일련의 서신들을 자기 백성에게 주고자 하셨을 때는, 그것을 쓸 바울 같은 사람을 준비하셔서 그에게 소임을 맡기시면 될 일이었다. 바울은 자발적으로 그런 서신들을 썼을 것이기 때문이다."[4]

극히 당연한 일이었지만, 이 얼마나 놀라운 섭리의 역사였던가! 창조주이신 하나님이 그런 식으로 자신을 낮추셔서 인간에게 말씀하셨다는 것은 이 얼마나 놀라운 긍휼과 자비의 역사인가! 계시의 오랜 역사 전체를 볼 때 하나님은 언제나 당신이 택하신 사자의 능력에 맞추어 메시지를 주시고 그 메시지가 그들의 전달 능력을 뛰어넘지 않게 하심으로써, 사람들이 자기 지성과 식견과 문화와 언어와 문학적 능력의 한계 내에서 언제나 하나님의 메시지를 정확하고 적절하게 표현해낼 수 있게 하신 이 일은 얼마나 놀라운 오래 참음과 탁월한 솜씨를 보여주는 것이었던가! 그런 식으로 하나님께서 자신을 낮추시고 스스로 제한하심은 베들레헴의 마구간과 갈보리 십자가에서 전형적으로 드러났다.

영감은 심리학적으로 다양한 형태를 띤다. 다른 것과 마찬가지로 영감과 관련해서도 하나님은 다양성의 하나님이심을 보여주셨다. 기본 형태는 이중적인 영감이었다. 이것은 계시를 받거나 전하는 사람이 이 과정 전체에 걸쳐 의식이 생생하게 살아 있어서, 듣는 자이자 전하는 자신과 그에게(그리고 그를 통해) 말씀하시는 하나님이 뚜렷하게 구별되어 있었음을 말한다. 구약 시대 선지자들의 대언들, 모세에게 주어진 율법, 다니엘이 본 종말론적인 묵시

제5장 기록하시는 하나님

들, 요한에게 주어진 마지막 때에 관한 묵시들을 낳은 영감이 그런 종류였다.

하지만 영감을 받는 사람들이 의식하지 못하는 가운데 주어진 다른 형태의 영감도 존재했는데, 그런 경우 그들은 엄밀한 의미에서 영감이라고 할 만한 것을 받은 사실을 몰랐다. 그런 것 중 하나로는 시적 영감이 있다. 이는 하나님의 영감이 우리가 통상적으로 시인의 영감이라고 부르는, 집중하고 강화하고 빚어내는 정신적 활동과 뒤섞여 있는 상태를 말한다. 이러한 영감은 여러 시편, 시적으로 쓰인 욥에 관한 드라마(역사적으로 무엇을 기반으로 했든 욥기는 고도로 신학적인 시가라 할 수 있다), 아가서(하나님과 백성 사이의 사랑을 이국적이고 성애적이며 황홀한 연인의 사랑에 비유해서 이들의 이중창이라는 형태로 표현한 시가), 성경 역사서에 산재한 많은 훌륭한 기도를 낳았다.

또 다른 것으로는 여러 다양한 형태의 유기적 혹은 교훈적 영감이 있다. 여기서 하나님의 영감은, 사실에 관한 지식과 바른 생각을 추출해내어 전달하려고 묻고 분석하며 성찰하고 해석하며 적용하는 인간 교사의 일련의 정신적인 과정과 함께 일한다. 이런 유형의 영감은 구약과 신약의 역사서, 사도 서신 그리고 잠언과 전도서를 낳았다. 물론 같은 사람이 서로 다른 시기에 서로 다른 형태로 하나님의 영감을 받을 수 있었고, 우리 주님에게 주어진 영감은 이 세 가지가 모두 가장 높은 수준에서 결합된 것이었다. 특정한 성경 본문을 바르게 해석하려면 언제나 그 본문이 어떤 형태의 영감을 보여주는지를 첫 번째로 알아야 한다.

성경 권위의 출발점

이제 우리는 성경의 권위라는 골치 아픈 문제를 다룰 수 있게 되었다. 권위, 즉 통치권은 궁극적으로는 창조주 하나님께 있고, 기독교 신앙이란 궁극적으로는 하나님의 계시에 순종으로 응답하여 그분의 권위에 복종하는 것이다. 따라서 그분의 권위를 인정하는 사람은 하나님의 계시를 기록한 성경이 어떤 의미로든 신앙과 삶에서 권위를 지님을 인정한다. 하지만 "어떤 의미에서" 그러한지 물어보면 일치는 끝이 나고 갈등이 시작된다. 그럼에도 위에서 제시한 성경 영감론의 의미를 분명하게 이해하면 우리는 실타래처럼 복잡하게 얽힌 논쟁들을 헤치고 앞으로 나아갈 수 있다.

성경의 권위와 관련해서 생기는 첫 번째 문제는 그 권위의 본질 또는 성격에 관한 것이다. 자유주의적인 개신교인은 성경은 계시 과정에 대한 인간의 증언이기 때문에 오류가 있을 수밖에 없다고 보고, 그 과정에 정말 하나님이 인간에게 하신 말씀이 개입되어 있는지를 의심하며, 성경에 나오는 것 중에서 하나님이 진정으로 하신 말씀이 얼마나 되는지도 의심한다. 따라서 그들은 성경의 권위라는 문제를 다음과 같은 세 관점에서 바라본다.

첫 번째는 하나님의 계시 행위를 알게 해주는 유일한 원천으로서 성경이 필수불가결한지에 관한 것이고, 두 번째는 깊은 종교적 체험에 관한 증언으로서 성경의 우수함에 관한 것이며, 세 번째는 온갖 부류의 사람들을 도덕적이고 영적으로 고양해왔음이 오랜 세월에 걸쳐 효력 있게 증명되었는지의 여부가 그것이다.

그들은 그런 토대 위에서 당연히 다음 질문들을 제기한다. 성경에 기록된 모든 것은 실제로 기록된 그대로 일어났는가? 성경 기자의 생각은 모든 점에서 참된 통찰을 표현한 것인가? 성경의 모든 부분은 오늘날에도 진정한 교훈과 지침을 낳을 수 있는가? 성경이 종교적이고 신학적인 깊은 체험을 담고 있기는 하지만, 사실상 성경 역시 인간이 쓴 책임을 처음부터 전제하기 때문에, 그들은 이 세 질문에 그렇지 않을 가능성이 아주 높다고 대답한다.

이러한 접근법을 사용하는 신학자들은 원하든지 원하지 않든지 넝마주이같아 보인다. 그들은 오늘날의 정신문화를 기준 삼아서 성경에 담긴 오래되고 잡다한 것 중에서 가치 있다고 생각되는 것들을 선별해내려 하기 때문이다. 또한 그들은 성경에서 말하는 것들을 그대로 받아들여 초자연적인 부분을 긍정하는 말을 할 때마다, 다른 신학자로부터 성경에 있는 하고많은 것 중에서 하필 쓸데없는 것을 골랐다는 핀잔을 듣곤 하기 때문에, 늘 방어적이고 주저하며 변명하는 자들이 된다. 자유주의적인 신학자들은 성경의 권위에 관해 말할 때 보수적인 복음주의자는 이성이 개입할 여지를 거의 주지 않는다고 공통적으로 불평한다. 하지만 그런 불평은 복음주의자가 그들과 동일한 부정적인 전제를 갖고 이 문제에 접근하지 않고, 그들처럼 불신앙의 공리나 태도들을 존중하지 않는다는 이유로 상처받고 화가 나서 하는 말일 뿐이다.

그러나 그들의 접근법은 전체가 잘못되었다. 그들은 성경의 권위를 순전히 인간적이고 상대적인 관점에서 바라보지만, 성경의 권위는 영감론이 분명하게 보여주듯 사실 하나님이 친히 말씀하셨다는 사실로부터 생겨나는 신적인 권위이기 때문이다. 성경은 인간의 말일 뿐만 아니라 하나님의 말씀이기도 하고, 계시를 기록한 것일 뿐만 아니라 독자적으로 기록된 계시로서, 인간 증언의 형태를 한 하나님의 증언이다. 따라서 성경의 권위는 역사적 원천이자 깊은 종교적 체험의 증언이며 도덕적이고 영적인 향상의 수단으로 가치가 있다는 것도 사실이지만, 무엇보다 본질적으로는 성경이 하나님의 입으로부터 우리에게 왔다는 사실에 있다. 따라서 이 문제와 관련해서 이성의 진정한 소임은 성경을 비판하고 바로잡는 것이 아니라, 하나님의 도우심을 힘입어 성경을 제대로 이해하고 적용함으로써, 하나님이 우리를 효과적으로 비판하고 바로잡으실 수 있게 해드리는 것이다.

하지만 그들은 이렇게 반론을 제기한다. 그렇게 하면 그리스도인은 주 예수 그리스도의 권위 아래 직접 있지 않게 되고, 예수 그리스도께서도 성경의 주인이 되지 않는 것 아닌가? 그리고 그렇게 된다면, 어떻게 그리스도인이 성경의 권위 아래 있다고 말할 수 있겠는가? 이에 대한 대답은 아주 간단하다. 그런 식으로 성경과 그리스도를 대립시키는 것은 잘못이다. 모든 절대 군주가 자신이 신민을 통치하는 데 필요하다고 생각해 만든 법률과 포고령의 주라는 것과 동일한 의미에서 예수 그리스도는 성경의 주이시다. 군주의 법률에는 그의 권위가 담겨 있고, 군주에게 충성하는 자는 그가 제정한 법률을 지킨다. 칼뱅이 "하나님의 규"라고 부른 성경은 그리스도의 통치 도구이다. 성경은 그리스도께서 친히 거기에 인을 치시고 손수 우리에게 건네신 것이다. 그리스도께서는 구약성경이 아버지 하나님의 권위를 지니고 있다고 말씀하시며 우리에게 추천하셨고,[5] 사도들에게는 당신의 성령을 힘입어 당신의 권위와 이름으로 말씀을 전할 권세와 능력을 주셨다.[6] 그러므로 예수 그리스도의 권위에 복종하는 길은 바로 하나님의 영감으로 된 성경의 권위에 복종하는 것이다.

성경 해석의 세 가지 원칙

이제 두 번째 문제가 있다. 성경의 가르침은 하나님의 가르침이기 때문에 우리 신앙과 삶의 준칙이어야 한다고 하자. 우리는 성경을 어떻게 해석해서 그러한 가르침을 이끌어내야 하는가?

이 질문에 제대로 대답하려면 따로 한 권의 책을 써야 하기 때문에, 여기서 이것을 모두 논할 수는 없다. 하지만 성경 해석을 지도해줄 모든 원칙이 영감론에서 도출된다는 것을 보여줄 수는 있다.

우드(J. D. Wood)는 해석에 관해 "후대의 삶이나 사고와 연결되고 적용되도록 옛 책을 읽는 방식"이라고 했다.[7] 앞에서 논증했듯이, 성경이 인간의 저작임과 동시에 하나님의 저작이라면, 성경을 해석하는 데는 서로 구별되는 활동 세 가지, 즉 석의, 종합, 적용이 필요하다. 이 각각의 활동을 간단하게 살펴볼 것이다.

성경은 인간의 책으로서, 인간 기자에게 영감을 주어 가르치는 형태로 우리에게 자신의 생각을 전달하려고 했기 때문에 하나님의 생각을 살피려면 먼저는 성경 기자의 생각을 살펴보지 않으면 안 된다. 따라서 성경 해석에서 기본적으로 할 일은 성경 기자가 쓴 어구와 글을 통해 무엇을 전달하고자 했는지를 가능한 한 정확하게 확정하는 일, 즉 석의적 분석이다. 과연 저자가 본문을 어떤 의미로 썼을지를 알아내려는 시도다. 한편으로 석의는 각각의 본문을 그 외적 배경(역사적, 문화적, 지리적, 언어적, 문학적)에 비추어 살펴보는 것을 포함하면서, 다른 한편으로는 각각의 본문 속에 내재한 특징에 따라 본문의 목적, 취지, 관점, 전제, 관심의 범위와 한계를 확정한다.

석의를 구성하는 첫 번째 부분은 상당한 수준의 전문 지식을 요구하지만, 이것은 석의가 오직 신학자만의 작업이라는 의미는 아니다. 석의에서 중요한 것은 두 번째 부분이기 때문이다. 두 번째 부분에 비하면 첫 번째 부분은 기껏해야 정지작업에 불과하다. 석의에서 이 두 번째 부분을 수행할 때는 전문 신학자라고 해도 성경 본문을 부지런히 읽고 연구한 평신도보다 더 우위에 있지 않다. 성경의 어떤 책을 이해하는 데 가장 요구되는 것은 그 책의 내용을 공감하는 것과 저자의 관점 속으로 자발적으로 들어갈 수 있는 생각과 마음이다. 이는 인간이 쓴 다른 모든 글과 관련해서도 마찬가지다. 이사야나 바울이나 요한과 똑같은 입장이 되어 그들 눈으로 보고 그들 마음으로 느낄 수 있는 능력은 학문적인 훈련을 받았다고 해서 주어지는 것이 아니라, 거듭남을 통해 성령으로부터 받는 은사이다.

성경 기자들인 선지자, 사도, 역사가, 시편 기자, 지혜자에게 공감하여 그들의 생각과 마음을 안다면, 그것으로 충분한 성경 해석이 가능한 것처럼 보이겠지만, 사실 해석 작업에서 석의적 분석은 단지 시작에 불과하다. 성경은 사람의 책이자 하나님의 책이고, 성경을 구성하고 있는 66권은 온갖 다양한 사람들이 쓴 글을 통해 하나님이 자신의 생각과 메시지를 인간에게 전하심으로써 생겨난 것이다. 따라서 성경을 해석하려면 석의에서 종합으로 나아가서, 성경의 개별적인 책과 기자에 관한 우리의 연구 결과를 통합해 하나의 통일된 전체로 만드는 작업이 필수적이다.

우리는 하나님에 관한 성경 기자의 생각은 곧 하나님의 생각이기도 하다는 전제 아래 석의 작업에 착수한다. 하지만 그 다음 단계인 종합을 진행하면서, 이내 우리는 각각의 본문 속에는 성경 기자가 원래 의도했거나 그렇게 보이는 의미보다 더 많고 깊은 하나님의 의도가 담겨 있음을 알게 된다. 각각의 성경 본문이 지닌 온전한 의미는 성경 전체를 배경으로 했을 때만 드러나는데, 개별 성경 기자는 당연히 그렇게 할 수 없었을 것이기 때문이다.

성경 읽기는 마치 교향악단을 감상하는 일처럼 보인다. 그 교향악단의 토스카니니(지휘자)는 성령이고, 각각의 연주자는 이 위대한 지휘자가 지휘하는 대로 서로 온전히 조화를 이루어 악보에 있는 자기 파트를 자원해서 자발적이고 창의적으로 연주한다. 하지만 각각의 연주자는 자신이 연주하는 음악 전체를 들을 수는 없다. 그리스도를 예언했던 선지자만이 아니라(벧전 1:10~12), 신구약 성경의 모든 기자는 자신이 알고 있었던 것보다 더 많은 것을 우리에게 끊임없이 들려준다. 성경의 어느 특정한 부분의 의미는 성경 전체에 비추어 보았을 때에만 비로소 분명해지기 때문이다.

이 종합 작업은 '성경의 일관성'이라는 원리에 따라 수행되어야 한다. 달리 말하면 성령은 우리에게 모순이 내재해 있지 않은 성경을 주셨다는 원리다. 종교개혁자들은 이 공리를 "신앙의 유비"(the analogy of faith)라고 불렀다. 그들은 이 공리가 세 가지 원칙으로 이루어져 있다고 이해했다.

첫 번째는 중심에서 주변으로 나아가야 한다는 원칙이다. 이것은 일차적인 것에 비추어 이차적인 것을 설명하고, 분명한 것에 비추어 모호한 것을 설명한다는 원칙이다. 성경에는 하나님 나라와 백성과 언약, 주 예수 그리스도의 인격과 지위와 사역과 영광, 구속의 성취와 적용, 율법과 복음과 같은 중심 주제가 있어서, 이것을 중심으로 설명을 시작해야 함을 의미했다.

두 번째 원칙은 성경의 내적 연결을 따라야 한다는 것이다. 예컨대 구약의 예언은 신약의 성취에 비추어 이해하고, 구약의 모형은 신약의 원형에 비추어 이해하거나 레위기를 히브리서에 비추어 이해하는 것, 구약 인물의 행적을 그들에 대한 신약의 설명에 비추어 이해하는 것이 그런 것이다.

세 번째 원칙은 성경의 모든 부분은 서로 완벽하게 일치되고, 이것은 주의 깊은 연구로 밝혀낼 수 있다는 확신 속에서 성경 본문을 서로 어긋난 것으로 보지 않고, 모순되어 보이는 것도 사실은 진정 모순이 아니라고 여기고, 모든 본문이 서로를 해석하는 방식으로 조화롭게 성경을 이해해야 한다는 것이다. 성공회 39개조 신조는 이 원칙을 두 번 적용한다. 제7조에서는 우리 주님(요 5:39, 46)과 바울(롬 4장), 히브리서 기자(여러 본문)를 근거로 해서, 16세기의 재세례파, 이전의 마르키온주의자, 후대의 자유주의자 및 세대주의자들에 반대하여 이렇게 천명한다. "구약성경은 신약성경과 상충하지 않는다. 구약성경과 신약성경 모두 영생이 그리스도로 말미암아 인간에게 수여되기 때문이다." 또한 제20조는 "(가시적인) 교회는 성경의 증인이자 보존자여야 하지만, 성경의 한 대목을 다른 대목과 어긋나게 해석해서는 안 된다"라고 말한다. 그러한 해석은 잘못된 것임이 틀림없기 때문이다.

따라서 한 가지 예를 들자면, 앙심을 품고 복수하는 일은 신약성경이 단죄하고 하나님 뜻과 반대되는 것인데도, 구약성경에 나오는 저주 시편들(35, 58, 109, 137:7~9 등)을 앙심과 복수심을 격렬하게 표출하는 것으로 본다면 올바른 해석이 아닐 것이다. 성공회의 공식문서인 설교집에서도 그런 오류를 범해서는 안 된다고 우리에게 경고한다. 그렇다면 그런 시편들에 대한 올바른 해석은 무엇인가? 이 시편들은 하나님의 뜻과 의가 승리를 거두어 하나님 영광이 드러나게 되기를 바라는 열심과 열정을 표현하고 있다는 것이다.

이런 감정은 몇몇 시편(17:1~5, 26:1~5, 131)이 우리의 인간적인 것들을 훨씬 뛰어넘어 지극히 겸손하고 순수한 심령을 표현하는 것과 마찬가지로 우리의 인간적인 감정을 훨씬 뛰어넘는다. 우리가 이 후자의 시편들을 썼더라면, 자기 의로 충만해져서 성인군자인 체하는 도도함과 거만함이 넘쳐나는 글이 되었을 것이다. 또한 우리가 사사기 5장이나 이사야서 47장, 요한계시록 19장 1~3절을 썼더라면, 다른 사람이 당하는 불행과 고통에 대해 고소해하는 글이 되었을 것이다. 마찬가지로 만일 우리가 앞에서 언급한 저주 시편들을 썼더라면, 인간의 지독한 앙심과 복수심이 넘쳐나는 글이 되었을 것이다.

성공회 설교집은 이렇게 말한다. "[다윗은] 그들에 대한 개인적인 증오와 역겨움에서 그런 저주를 쏟아낸 것이 아니라, 하나님을 대적하는 모든 마귀적인 존재를 지배하던 부패한 오류와 악이 멸망하길 영적으로 원한 것이었다. … 그는 자신의 영혼에 해로운 악의적인 미움이 아니라 그런 악의가 없는 온전한 미움으로(시 139:21~22) … 악인들을 미워했다. 우리 감정은 너무나 부패해 있어 그러한 온전한 미움을 표출하는 것이 불가능하기 때문에, 우리는 이 시편에 나오는 말들을 자신의 사적인 일에 사용해서는 안 된다. 우리가 그런 말들을 사용한다면 성경에 나오는 원래의 의미를 지닐 수 없기 때문이다"(사람들에게 거리낌을 줄 수 있는 성경의 몇몇 대목에 대한 설명,《설교집》, 382-383쪽).

따라서 시편 기자는 다른 대목에서와 마찬가지로 여기서도 최고 수준의 참된 경건을 표현하고 있어서, 얼핏 보면 이 시편 기자의 말과 신약성경의 이상 사이에는 부조화가 존재하는 것 같지만, 실제로는 아니라는 것이다. 사실 신약성경도 이 저주 시편들과 동일한 목소리를 내고 있다. 요한계시록 6장 10절을 보라. 그러므로 공예배를 위한 찬송가에 이러한 시편 본문 사용을 거부하는 태도가 과연 지혜로운 것인지 의심스럽다. 현재로서는 거의 도달할 수 없다고 할지라도, 하나님을 높이려는 참된 열심이 어떤 모습인지를 사람들에게 보여주는 것도 좋은 일이기 때문이다.[8]

성경 해석 작업의 세 번째 부분은 성경의 가르침을 개인적으로, 공동체적으로 자신에게 적용하는 것이다. 이 단계에서는 무엇보다도 성경에 영감을 불어넣은 성령의 도우심에 따른 깨달음이 필요하다. 하나님의 영감으로 된 성경은 "교훈과 책망과 바르게 함과 의로 교육하기에 유익"(딤후 3:16)하다고 바울은 말한다. 하지만 성경이 우리의 지성과 양심을 깨워 성경에 비추어 자신을 헤아리고 판단하여, 성경이 오랜 세월 명령해온 회개할 것과 믿어야 할 것과 순종할 것과 우리 행실 중에서 고쳐야 할 것이 무엇인지를

제5장 기록하시는 하나님

분별하게 해주실 때까지 우리는 그런 유익을 누릴 수 없다.

　이 작업을 하는 데 결정적으로 중요한 자격은 학문적인 훈련 여부가 아니라, 기도하고 낮아져 있으며 하나님의 가르침을 기꺼이 받아들이려는 마음이다. 즉, 우리가 지금 알고 있는 하나님의 뜻에 온 마음을 다해 순종할 때만 하나님의 더 깊은 뜻을 알게 되고 시야는 더욱 넓어진다. 성경이 삶에 비춰 준 빛을 따라 살아간다면 더 많은 빛을 받겠지만, 가진 빛을 소홀히 한다면 당신 안에 이미 있는 빛조차도 어두워지고, 그 결과 더 적은 빛을 갖게 될 것이다. 모든 그리스도인은 이 세상을 살아가는 동안에 날마다 이 둘 중의 하나를 선택해야 하는 엄중한 현실을 직면한다.

　성경 해석을 구성하는 이 세 부분은 현실적으로는 동시에 진행되기에, 어느 한 부분에서 깊어진 통찰은 다른 부분의 통찰을 더 깊게 한다. 또한 이 세 부분 중에서 어느 한 부분이 무너져 있을 수도 있다. 오늘날 개신교에서는 전체적으로 이 세 부분이 모두 무너져 있는 것으로 보인다. 그래서 오늘날 사람들은 성경의 각 책에 나타나 있는 성경 기자들의 생각이 정확히 하나님이 우리에게 전하시려는 생각임을 진지하게 받아들이려 하지 않고, 신앙의 유비를 통해 석의의 결과들을 통일적으로 이해하려고 하지 않으며, 성경이 실제로 말하고 있는 것들을 삶에 적용하려고 노력하지 않는다. 바로 이런 것이 우리가 "여호와의 말씀을 듣지 못하게 된 기근"을 겪는 근본 원인이다. 따라서 이런 것을 회개하고 바로잡을 때까지는 이 기근이 완화될 희망은 전혀 없다.

　이 원칙들을 제대로 적용해서 얻은 성경 해석의 결과를 보여 주는 예로는 크리소스토모스(5세기), 장 칼뱅(16세기), 매튜 헨리(17

세기), 존 라일(John Charles Ryle, 19세기), 마틴 로이드 존스(20세기) 등이 쓴 저작들이 있다. 만일 이 다섯 사람이 서로 만날 수 있었다면, 그들은 서로를 피로 맺어진 믿음의 형제로 여기고서 반갑게 포옹했을 것이다(아마도 천국에서 이미 그렇게 했을 것이다). 오늘날 하나님의 말씀에 굶주린 사람이 이 해석자들이 쓴 글을 읽는다면 반드시 자양분을 발견할 것이다.

성경 무오성의 내적 논리

토머스 홉스는 "말은 지혜로운 사람들이 사용하는 화폐이지만, 어리석은 자들의 화폐이기도 하다"고 말했다. 이는 사람이 자기 생각과 의도를 표현하는 도구인 말은 마술도 아니고 난공불락인 것도 아니기 때문에, 말에 대해 그렇게 생각하지 않는다면 우리 지성을 학대하는 일이라고 경고한 것이었다. 당신은 아는 것을 여러 말로 표현할 수 있고, 당신의 말은 다른 사람에 의해 재해석되거나 잘못 해석되거나 폄하되는 등 여러 가지로 해석될 수 있다.

지금까지 성경은 하나님이 말을 통해 우리에게 주신 계시라고 설명해왔는데, 20세기의 영어권 신학자들이 우리의 성경관과 관련해서 통상적으로 사용해온 두 단어—무류성(infallibility)과 무오성(inerrancy)—를 살펴볼 때 바로 그 점을 명심해야 한다.

가장 먼저 말해둘 것은 성경의 특질을 말할 때 우리는 이 두 단어를 고수해야 한다고 느끼지 않는다는 것이다. 전통적으로 사용되어 온 이 두 단어를 고수한다고 해서, 이 안에 담긴 의미를 충실하게 대변하고 있다고 할 수도 없다. 그들은 이 두 단어에 담긴 실질적인 내용이 아니라 단지 껍데기만을 붙잡고 있을지도 모르기 때문이다. 그런 단어 없이도 얼마든지 잘 말할 수 있다. 우리에게 성경은 지극히 참되고 전적으로 신뢰할 만한 것이어서, 선한 자들과 악한 자들과 마귀들이 한 수많은 거짓말이 기록되어 있긴 하지만, 성경에서 단언하거나 주장하거나 약속한 것에는 결코 거짓이 있을 수 없다고 함으로써, 이 두 단어가 의미하는 것을 정확히 표현할 수 있기 때문이다. 이 두 단어는 최근 논의에서 왜곡된 의미로 악의적으로 변질, 사용되어 왔기 때문에, 아무도 우리에게서 권리를 빼앗아가게 두어선 안 된다.

반대로, 오늘날은 내가 지금까지 말한 성경관을 제대로 알지도 못하면서 "축자적 무류성" 또는 "축자적 무오성"으로 치부해버리는 그런 시대다(이런 식의 표현은 어처구니가 없다! 왜 '축자적'이라는 수식어가 붙은 것인가? 이 외에 다른 종류의 무류성이나 무오성이 있다는 것인가?). 하지만 이 단어들이 오용되거나 악용되고 있다는 이유로 사용을 거부하는 것보다는 그 의미를 설명하고 변호함으로써 비판을 차단하는 것이 더 유익하다고 본다. 바르게 이해하기만 한다면 이 단어들을 신학 용어로 이롭게 사용할 수 있고, 이것을 설명하는 과정에서 지금까지 말해온 것을 분명히 하고, 그 몇몇 함의를 발전시킬 수 있기 때문이다. 따라서 가능한 한 짧게 이 단어들에 대해 살펴보고자 한다.

첫 번째, 이 단어의 의미를 보자. '무류성'(無謬性, infallibility)은 속이지도 않고 속지도 않는다는 의미의 라틴어 '인팔리빌리타스'(*infallibilitas*)에서 왔고, '무오성'(無誤性, inerrancy)은 사실적으로나 도덕적으로나 영적으로나 모든 오류에서 자유롭다는 것을 나타내는 라틴어 '인에르란티아'(inerrantia)에서 왔다. 성경에 담겨 있는 하나님의 말씀을 설명하는 말로 "무류하다"(infallible)를 사용한 것은 적어도 영국의 종교개혁 시기까지 거슬러 올라간다.[9] "무오하다"(inerrant)는 19세기 후반기에 '고등 비평'이 출현하면서 생긴 논쟁에서 널리 사용된 형용사다.

이 두 단어는 각각의 단어가 주로 사용된 맥락 때문에 서로 다른 뉘앙스를 지닌다. 따라서 이 둘은 실질적으로 동의어이긴 하지만, 대부분의 사람들에게 "무류하다"는 단어는 신앙이 오직 성경만을 근거로 해야 한다는 뉘앙스로 들리고, "무오하다"는 오직 성경을 근거로 했을 때만 정통 신앙이 될 수 있다는 뉘앙스로 들린다. 하지만 실제로는 이 두 단어는 서로 바꿔 사용할 수 있다.

두 번째, 이 단어의 의의를 보자. 이 단어들은 부정의 형태로 되어 있긴 하지만, 취지에서는 긍정이다. 이것은 칼케돈 공의회가 그리스도의 한 인격 안에 두 본성이 결합되어 있음을 네 개의 부정어 부사로 표현했지만("섞이는 것 없이", "변한 것 없이", "나뉘는 것 없이", "분리됨 없이"), 그 취지는 긍정인 것과 같다. 오직 이 부사들이 설정한 한계 내에서만 성육신 교리가 참되다는 것이다. "무류하다"와 "무오하다"가 말하는 것은 성경이 우리에게 말하거나 약속하거나 요구하는 모든 것은 하나님에게서 왔다고 받아들이는 사람만이 하나님을 온전히 기쁘시게 할 수 있다는 것이다. 따라서 이 두 단어는 신학적인 의의만이 아니라 신앙적인 의미도 지닌다.

이 단어들은 우리가 성경을 읽거나 들을 때 성경이 말하는 것들을 하나님의 입에서 나오는 말씀으로 믿고 경청하는 절차를 지키는 것이 우리의 의무라고 말해준다. 부정어를 사용해서 아주 훌륭하게 표현한 이 의무에 의거해서, 성경을 석의하고 해석해서 우리의 성경 신학을 구축할 때 해서는 안 되는 일들이 있다. (1) 성경 기자들이 가르치는 것들을 하나라도 부정하거나 무시하거나 멋대로 상대화해서는 안 된다. (2) 성경 기자들의 가르침이 예배 및 섬김과 관련해서 지니는 실천적인 함의를 하나라도 무시해서는 안 된다. (3) 성경 기자들이 서로에 대해 일관되지 않다고 전제하고서 성경에 나오는 사실이나 신학을 조화하려는 노력을 포기해서는 안 된다. "무류성"과 "무오성"이라는 두 단어는 그러한 절차에서 생긴 특정한 결과보다는 그 절차 자체를 지키려 한다.

세 번째, 이 단어들의 정당성에 관한 것이다. 성경이 무류하고, 무오하다고 단언하는 근거는 성경이 영감에 따라 기록된 것이기 때문이다. 우리는 이번 장의 앞부분에서 성경은 하나님이 자기 숨을 불어넣은 것 또는 하나님으로부터 온 것이라는 관점에서 성경의 영감을 정의한 바 있다. 하나님이 진리를 말씀하시고 오직 진리만을 말씀하신다는 것(즉, 하나님이 말씀하시는 것은 무류하고, 무오하다는 것)에 의문을 제기하는 그리스도인은 없을 것이다. 따라서 성경이 말하는 것이 하나님이 말씀하시는 것이라는 의미에서 모든 성경이 하나님에게서 온 것이라면, 성경은 하나님이 하신 말씀들이기 때문에 무류하고, 무오할 수밖에 없다.

이 두 단어는 성경에 나오는 모든 것이 참됨을 우리의 독자적인 탐구를 통해 증명할 수 있다는 자신감이 아니라(당연히 우리는 그렇게 할 수 없는데, 마치 그것이 가능한 것처럼 말해서는 안 된다), 모든 성경은 "사람들의 사역을 통해 바로 하나님의 입으로부터"(칼뱅은 이

렇게 말했다) 우리에게 주어진 것이기 때문에 신뢰할 수 있고 신뢰해야 한다는 확신을 표현하고 있다.[10]

네 번째, 이 단어들이 어떤 식으로 오해되고 있는지에 관한 것이다. 우리의 성경관을 비판하는 사람들은, 성경이 하나님에게서 왔기 때문에 참되다는 것을 부각하면서도 동시에 성경이 인간의 산물임을 최소화하려는 시도로 이 두 단어를 사용한다고 주장한다. 즉, 이 단어들을 사용해 한편으로는 성경이 인간에 의해 쓰인 문학 작품임을 부정하고 성경이 지닌 인간적이고 문화적인 특징을 무시하며, 다른 한편으로는 (자연에 대한 전문적이고 과학적인 연구가 시작된 것은 채 500년도 되지 않았는데도) 성경이 "소박한 관찰"을 통해 얻은 지식이 아니라 "전문적이고 과학적인" 지식에 따라 분석한 자연 질서에 관해 말하고 있으며, 고대 근동이 아닌 오늘날 서양에서 행해지는 소통 기법과 관행을 사용해 기록된 것처럼 전제한다는 것이다.

오늘날 우리 문화와 성경 시대 문화 사이의 차이들을 잘 알지 못하는 일부 그리스도인이 성경 내용은 하나님에게서 온 것이어서 오늘날에도 유효하다(이것은 사실이다)고 확신해서, 자연스럽게 성경의 문학 양식조차도 오늘날의 것인 양 여기게 되었고, 그것이 하나님을 올바르게 섬기는 일이라고 믿은 많은 사람이 그렇게 해 왔음은 의심의 여지가 없다. 하지만 "무류성"과 "무오성"이라는 단어는 많은 그리스도인이 생각하는 그런 소박한 인식과는 거리가 멀다. 이 단어들은 성경이 말하는 것으로 증명된 모든 것은 올바르게 해석되기만 한다면(이는 성경의 각 책을 성경 전체에 비추어 기록할 당시의 특유한 역사적·문화적·문학적 성격을 고려하여 언어적 정확성을 가지고, 귀납적으로 해석하는 것을 말한다) 하나님으로부터 온 것으로 여기고 경외하는 마음으로 받아들여야 한다고 말하는 것일 뿐이고, 성경 해석과 관련해서 다른 것을 말하고 있지는 않다.

다섯 번째, 이 단어들 자체에 내재한 논리에 관한 것이다. 내가 성경은 "무류하고", "무오하다"고 고백할 때는 성경이 말하는 모든 것을 하나도 예외 없이 하나님에게서 온 것으로 받아들이고, 그것을 조화롭고 통일되게 해석해서, 설혹 내가 싫어하고 현재의 신념과 행실을 고치라고 요구하는 것들이더라도, 그것을 따라 적극 살아가려고 애쓰겠다는 마음이 담겨 있다. 사람들은 이 두 단어를 흔히 교조적인 스콜라 신학 사상에서 사용하는 용어라고 생각하지만, 사실은 그리스도인의 실존적 결단을 표현하는 단어다.

여섯 번째, 이 단어들의 사용을 반대하는 주장에 관한 것이다. 어떤 사람은 이 단어가 나쁜 영향을 미친다고 생각해서 사용을 반대한다. "무오성"을 강조하면 사람들은 성경에서 말하는 중요한 문제를 소홀히 하고 성경의 조화 또는 사실성과 관련된 작은 문제에 몰두하게 되어, 앞에서 잠깐 언급했던 비역사적인 방식의 석의를 조장해서 올바른 신학 연구를 와해시킨다는 것이다. 그리고 "무류성"을 강조하면 성경을 우상화해서, 성경에는 모든 사람에게 필요한 모든 것이 다 들어 있는 것으로 여기는 미신을 조장하여 올바른 신학 연구를 와해시킨다는 것이다.

나는 이 두 단어를 사용하는 것이 꼭 그런 결과를 초래하는 것은 아니고, 책임 있는 성경 연구를 하지 못하게 만드는 잘못된 태도로 연결되는 것을 차단하기만 하면 된다고 생각한다. 그런데도 이 단어들이 오염되고 변질되었기 때문에 피하는 것이 상책이라고 사람들이 생각한다면, 반드시 사용해야 한다고 고집할 생각은 없다. 앞에서 이미 밝혔듯이 우리는 이 단어에 집착하지 않기 때문이다.

하지만 어떤 사람들은 성경에는 사실과 도덕과 신학이라는 측면에서 오류가 존재함이 증명되었다는 이유로 이 단어를 사용하지 않으려 한다. 그런 주장에 대해 나는 전혀 그렇지 않다는 대답만 하고자 한다. 무오성을 방법론적인 전제로 삼고서도 책임 있는 성경 연구가 얼마든지 가능하고, 그런 연구는 무오성을 전제하지 않은 다른 연구와 비교하더라도 성경에 나오는 것을 이해하는 데 전혀 손색이 없다. (물론 모든 학자는 각자의 전제가 무엇이든 하나의 공동체를 이루고 연구 결과를 서로 공유하지만, 이것은 여기에서 다룰 문제는 아니다.) 성경에 모순이 없다고 믿는 학자들이 문제 본문에 관한 논쟁에서 여전히 자신의 입지를 견고히 지키고 있는데도, 성경에 오류가 있음이 이미 증명되었다고 말하는 것은 자아도취에 빠져 사실을 호도하는 것일 뿐이다. 그리고 설령 성경에 모순이 없다고 믿는 학자가 없더라도, 성경에 대한 회의적인 여러 가설이 문제 되는 성경 본문에 대한 유일한 설명이 아닌데도, "증명되었다"고 하는 것은 지나친 말이다.[11]

성경의 충족성

우리가 이 장에서 지금까지 말한 것은 성공회 신자 중에서 다수의 자유주의적이고 광교회파에 속한 사람에게는 설득력이 별로 없겠지만, 영국 가톨릭과 로마 가톨릭 그리고 정교회에 속한 대부분 신자라면 실질적으로 동의하는 것들이다.

이제 우리는 성경의 권위와 관련해 세 번째 쟁점, 즉 성경의 충족성이라는 문제에 도달했다. 이 문제는 우리의 성경관과 관련해 사람들을 나누는 두 번째 분기점이다.[12] 개혁 전통과 반대되는 이른바 온갖 형태의 가톨릭 전통은 '해석된' 성경이 하나님의 권위 아래 살아가려는 사람을 위한 지침으로는 충분하지 않다고 주장한다. 그리고 성경을 올바르게 이해하려면 본문만을 연구해서는 안 되고 반드시 '교회 전통'의 지도를 받는 것이 필수라고 말한다. 하지만 이 입장을 지지하는 사람 사이에서도 교회 전통이 무엇을 의미하는지에 관해서는 서로 견해가 다르다. 로마 가톨릭의 트렌트 공의회에서는 오랜 세월 교회에 기록되지 않고 구전으로 전해진 사도 전승들이 성경과 아울러 교리의 두 번째 원천이라고 결정했다. 오늘날 로마 가톨릭의 다수 신학자는 이 공의회의 그러한 결정에 당혹해한다. 그들은 어떤 가르침이 성령의 감동을 따라 로마 가톨릭의 신실한 신자들의 심령 속에서 한마음으로 하나님 말씀으로 받아들여지고, 그런 후에 교황의 일련의 교령에 따라 조목조목 무오하게 기록된 것과 같은 역동적이고 '열려 있는' 전통 개념을 선호하기 때문이다.

이와는 대조적으로 영국 가톨릭과 정교회 지도자들은 교회 전통이란 일반적으로 보편 교회가 처음 여러 세기 동안 발전시킨 신앙과 관점이고, 구체적으로는 그 기간 이루어진 보편 교회의 성례전과 신조, 성경과 사역자 및 그런 것에 관한 확신이라는, 유기적이지만 좀 더 두루뭉술한 개념을 사용한다. 이 집단 사이의 세부적인 차이는 전통에 관한 서로 다른 견해에서 비롯되지만, 여기에서 우리가 그런 차이까지 신경 쓸 필요는 없다. 온갖 부류의 가톨릭 신자들은 개혁 전통의 그리스도인을 반대해서 한목소리로 다음과 같이 주장한다. "교회 전통은 성경 이상의 것이고, 성경은 우리 신앙을 결정하는 권위를 지닌 과거의 유산 중 일부일 뿐이기 때문에 그 밖의 다른 교회 전통으로부터 분리해서는 안 되며, 도리어 나머지 교회 전통과 조화되게 해석해야 한다. 교회 전통이 말하는 것은 곧 성경이 말하려는 것이기 때문이다. 따라서 우리가 교회 전통과 어긋나게 성경을 해석하면, 필연적으로 성경을 오해할 수밖에 없다."[13]

오늘날 가톨릭 신자 중 다수는 성경은 우리 신앙의 권위 있는 준칙이라고 기꺼이 말한다. 하지만 그 말의 의미는 교회 전통이 우리에게 제시하는 성경 해석을 진리의 표준으로 삼아야 한다는 것이고, 거기에서 말하는 성경 해석은 성경을 성경에 비추어서 얻는 해석이 아니다. 성경의 권위라고 말할 때 가톨릭 신자들이 의미하는 것과 개혁 전통의 그리스도인이 의미하는 것은 판이하게 다르다는 사실을 알지 못한다면 가톨릭 신자들과 토의하는 과정에서 끝없는 혼란이 생겨나는데, 오늘날 교회 연합을 지향하는 신학이 그런 실상을 적나라하게 보여주고 있다.

여기에서 쟁점은 하나님에게서 온 기록된 계시인 성경이 그 자체로 우리의 신앙과 삶의 준칙으로서 완전하고 명료하며 결정적인지의 여부다. 이 질문에 성공회는 4세기 전에 이미 확고하고 분명한 입장을 밝혔다. 39개조 신조 중에서 제6조는 오직 성경만이 신앙의 준칙이라고 말함으로써 성경의 충족성을 분명히 한다.

"성경은 구원에 필수적인 모든 것을 담고 있다. 따라서 성경에 나와 있지 않거나 성경을 통해 증명될 수 없는 것을 신앙의 신조로 믿으라고 아무에게도 요구해서는 안 된다." 그리고 뒤이어 제8조는 교회 전통 중에서 사도신경, 니케아 신조, 아타나시우스 신조와 같은 유구하고 존중할 만한 전통은 참된 것으로 받아들여야 하지만, 이는 단지 전통이기 때문이 아니라 "지극히 확실한 성경의 보증으로 증명될 수 있기" 때문이라고 말한다.

교회가 연합해서 만들어낸 신조들이 성경 해석 지침을 제공한다는 것을 부정하진 않는다. 하지만 먼저 그것이 제시하는 내용을 성경에 비추어 검증하지 않고 단지 교회가 함께 만든 신조라는 이유만으로 받아들이는 것이 합당한지는 의문이다. 신조들도 모든 교황과 공의회와 개교회의 결정들과 마찬가지로(제19, 21조를 보라) 언제든지 오류를 저지를 수 있는 죄악 된 인간이 만들어낸 것들이기 때문이다. 따라서 그 신조들은 설교집에서 하나님의 "무오한 말씀"이라고 부른 것에 비추어 검증해야 하고, 신조라는 이유만으로 그것을 "무오한 말씀"으로 여기고 성경 해석의 기준으로 삼아서는 안 된다. 성공회의 공식문서들이 전제하는 것은 앞에서 이미 설명한 대로 문법적이고 역사적인 석의와 신앙의 유비에 따라 그 자체로 해석된 성경은 우리의 신앙과 삶의 분명하고 확정적이며 의무적인 준칙이기 때문에, 우리의 모든 신념과 행위는 공동체적인 것이든 개인적인 것이든 성경의 지도를 받아야 하고, 그리스도인 사이의 모든 논쟁은 성경에 따라 해결되어야 한다는 것이다.

이것이 역사적으로 성공회의 입장이다. 옳은 입장인가? 의심할 여지없이 그렇다. 이 입장은 두 가지 원칙에 입각해 있다.

첫 번째로 모든 시대의 그리스도인은 신약 시대의 교회와 연대하여 사도들의 교리적이고 실천적인 가르침에 무조건 복종해야 한다는 것이다. 사도들은 하나님이 그리스도의 증인으로 택하시고 세우신 사람들이었다(행 1:8, 10:39~43). 구약성경과 유기적으로 연결된 가운데 구약의 약속들이 성취되었음을 선포한 그들의 가르침은 그리스도의 영에 의해 계시되고 영감을 받아 그리스도의 이름과 권위로 선포된 하나님에게서 온 진리였다. 따라서 그들의 가르침은 사도 시대만이 아니라 모든 시대에서 권위를 지닌 진리의 기준이자 오류를 판별하는 기준이다.

바울과 베드로와 요한은 모두 그들이 전한 가르침을 진심으로 받아들이고 그 가르침의 권위에 복종하는 것이야말로 복음 사역을 위한 합당한 조건인 것은 말할 필요도 없고, 참된 신앙과 경건의 기본적인 조건임을 강조했다(고전 14:37, 고후 11:3~4, 13:2~10, 갈 1:6~9, 살전 1:5, 2:13, 살후 2:13~15, 3:6~15, 딤후 2:1~2, 3:13~14, 딛 1:9, 벧후 1:12~2:3, 요일 2:21~24, 요이 1:9~10). 오늘날 다시 살아서 돌아온다고 해도 그들은 여전히 동일하게 말할 것이고, 아마도 한층 더 강조해서 그렇게 할 것이다. 사도들의 가르침이 지닌 권위를 내팽개친다면, 그 정도만큼 우리는 기독교 신앙에서 벗어나게 된다. 이상이 첫 번째 원칙이다.

두 번째 원칙은 리튼(E. A. Litton)이 말했듯 "신약성경에 보존된 것 외에는 분명히 그 어떤 사도적 가르침도 현존하지 않는다"[14]는 진술은 논란의 여지없는 확고한 사실이라는 것이다. 여기서 도출되는 결론은 구약성경과 연결시켜 구약의 완성으로 읽는 사도적인 신약성경은 언제나 우리의 최종 권위이고 모든 것을 확정 짓는 최고 법원이어야 한다는 것이다. 그리스도의 교회는 사도들의 다스림을 받았고 앞으로도 받아야 하기 때문에, 하나님의 섭리로 신약성경에 포함된 그들의 글에 다스림을 받는 것이 마땅하다. 따라서 그리스도께서 다스리시고, 구속주가 최고의 권세를 지니셔야 한다고 말하는 것은 성경이 다스리고, 언제나 성경이 최종적인 것이 되어야 한다고 말하는 것이다.

교회보다 성경의 권위가 앞서는 이유

로마 가톨릭교인(일부 성공회 신자도 마찬가지다)은 우리 입장을 반박하기 위해 신약성경이 정경, 즉 정통 신앙의 척도로 확정한 것은 사도 시대 이후의 교회였기 때문에 성령이 내주하면서 역사 속에서 계속해서 살아 활동하는 공동체인 교회의 권위가 신약성경의 권위보다 우선하고 우월할 수밖에 없다는 논리를 펴곤 한다. 하지만 그것은 옳지 않다. 교회에 의해 신약성경이 정경으로 확정된 것은 아이작 뉴턴에 의해 만유인력의 법칙이 확정된 것과 다름없다. 자신의 창조 역사를 통해 만유인력을 우리에게 주신 분도 하나님이시고, 신약성경을 구성하는 모든 책들에 영감을 부여하셔서 우리에게 정경으로 주신 분도 하나님이시다. 뉴턴이 만유인력을 만들어낸 것이 아니고, 전해지는 일화에 의하면 단지 사과가 떨어지는 것을 보고서 그 법칙을 깨달은 것뿐이다.

마찬가지로 교회가 신약성경을 만들어낸 것이 아니다. 교회는 단지 여러 세기에 걸쳐 여기저기에서 많은 시행착오를 거쳐 엉

성해 보이는 과정을 통해, 사도들이 썼거나 사도들의 진영에서 나왔다는 많은 책의 진위 여부와 내용을 반복적으로 검토해서, 사도들이 전한 계시된 진리를 담은 진정한 사도적 저작인지를 검증함으로써, 하나님이 주신 정경의 범위와 한계를 점진적으로 깨닫게 되었을 뿐이다. 만일 누군가가 주후 2~4세기의 그리스도인에게 교회가 앞에서 말한 과정을 통해 몇몇 훌륭한 기독교 문헌을 선별해서 정경으로 공인하고 모든 신자를 위한 신앙의 기준으로 삼도록 정하는 식으로 스스로 정경을 만들어낸 것이 아니냐고 했다면, 틀림없이 그들은 머리를 절레절레 흔들면서, 어떻게 그런 터무니없는 생각을 할 수 있느냐며 놀라움을 금치 못했을 것이다. 정경을 확정하려고 했을 때 교회는 먼저 사도의 저작이 그 자체로 영감되었기 때문에 내재적으로 권위가 있다고 전제했다. 따라서 정경 확정 시 교회가 한 일은 많은 책 중에서 어떤 책이 진정 사도들의 저작인가를 밝혀내는 것이 전부였고, 이를 위해 각 책의 성격과 내용을 적극적으로 및 소극적으로 살펴보아야 하기도 했지만, 일차적으로는 역사적 사실을 확정하는 문제였다.[15]

100년이 세 번 지나가는 동안 이러한 모색은 계속되었고, 마침내 많은 기독 교회는 이 문제에서 일치된 답변을 발견했다. 그러한 합의는 개별 신학자들과 여러 교회 회의의 결정을 통해 문서로 기록되었다(어느 시기에 교회 회의에서 이 합의를 공식화하는 결정을 가결한 적이 없었다는 것은 주목할 만하다). 다른 것과 마찬가지로 이 일과 관련해서도 성령은 교회를 인도하셔서 바르게 분별할 수 있게 하셨다고 생각하는 것이 타당하다. 어떤 책들이 내재적인 권위를 지닌 사도적인 저작인지를 성령께서 알게 하신 것인데도, 교회가 정경을 확정했다는 이유로 교회에 성경보다 더 큰 권위를 부여해서, 성경 해석은 교회의 전통에 부합해야 한다고 주장하는 것은 터무니없다. 그것은 마치 오늘 아침에 우리 집 편지함에 어떤 상점의 청구서가 와 있는 것을 보고, 내가 그것을 발견했다는 이유로 내 권위가 그 청구서보다 크다고 주장하면서 청구서에 적힌 금액이 아니라 내가 내고 싶은 금액만 지불하겠다고 하는 것과 같다.

하지만 질문은 여전히 남아 있다. 교회가 어떤 책이 영감을 받았는지를 분별할 때 무오류성을 확인할 수 없다면, 현재의 신약성경이 정확히 필요한 책만을 담고 있음을 어떻게 확신할 수 있겠는가? 현재 거의 2천 년이 흐른 뒤여서 신약성경에 담긴 책들의 저자와 진정성에 관한 초기 교회의 판단을 검토하기에는 너무나 열악한 위치에 있는데, 신약성경에 들어 있는 책만이 정경임을 어떻게 확신할 수 있겠는가? 이 질문에 대한 대답은 다음과 같은 일련의 사실을 종합적으로 고려할 때 찾아낼 수 있다.

1. 기독교는 정경의 개념과 실체, 이 둘을 처음부터 가지고 있었다. 기독교는 유대교의 한 분파로 시작되었고, 유대교는 우리가 구약성경이라고 부르는 것을 하나님의 토라(율법, 가르침)로 여기고 경외함을 기반으로 삼고 있었다. 예수께서는 이 성경 속에서 아버지 하나님의 음성을 들으며 성경의 권위 아래에서 살고 가르치며 죽으심으로써, 성경을 폐하는 것이 아니라 도리어 성취했음을 제자들에게 보여주셨고, 이는 유대교의 그런 태도가 옳다는 것을 확증해주신 일이었다. 따라서 바울 같은 선구적인 선교사들이 이방 교회들에 구약성경을 주어(그렇지 않았다면 교회들은 구약성경을 몰랐을 것이다), 사도의 가르침과 더불어 신앙과 삶의 준칙으로 삼게 한 것

은 당연했다. "모든 성경은 하나님의 감동으로 된 것으로 … 유익하니 이는 하나님의 사람[그리스도인! 그리고 여기서는 사역자]으로 온전하게 하며 모든 선한 일을 행할 능력을 갖추게 하려 함이라"(딤후 3:16~17). 성경에 기록된 모든 것은 "우리의 교훈을 위하여 기록된 것이니 우리[그리스도인들!]로 하여금 … 성경의 위로로 소망을 가지게 함이니라"(롬 15:4; 고전 10:11 참조). 구약성경을 기독교의 성경으로 받아들이는 것은 기독교의 기본이다.

2. 새로운 책들이 구약성경과 나란히 정경으로 주어질 것이라는 사실은 기독교를 탄생시킨 하나님의 역사 속에 이미 암묵적으로 전제되어 있었다. 하나님이 이 세계에 주신 모든 계시 중에서 정점에 속하는 새로운 계시는 예수를 통해 사도들에게 전해졌다. 따라서 당신의 이전 계시를 후세를 위해 기록하게 하신 하나님이 그 계시들을 완성하고 성취한 최종 계시에 대해서도 그렇게 하지 않으셨다면, 그것은 도저히 이해할 수 없는 일이다. 예수께서는 사도들을 위해 기도하셨을 뿐만 아니라, "그들의 말로 말미암아 나를 믿는 사람들"(요 17:20)인 교회 전체를 위해서도 기도하셨는데, 이것은 사도들이 전한 말씀이 이후에 교회에서 영속적으로 사용될 것을 전제하신 것이었고, 장차 사도들의 가르침인 신약성경이 생길 것임을 미리 말씀한 것이었다.

3. 신약성경(주후 2세기부터 이렇게 불렸다)은 각기 다른 시기에 쓰인 많은 책 중에서 하나님께서 그리스도 안에서 단번에 주신 계시를 전하고 있다고 교회가 그 권위를 인정한 책들을 모아놓은 것이고, 신약성경의 모든 저자는 명시적인 언급이나 관계를 통해 누구인지를 알 수 있다(예컨대 히브리서 기자는 익명이긴 하지만 사람들에

게 잘 알려졌던 디모데의 동료였다, 히 13:23). 신약성경의 책들은 다른 사람이 사도의 이름을 빌려 쓴 위작이라고 주장하는 여러 학설이 제기되어 오랜 세월 부지런히 연구되어 왔다. 하지만 그런 학설 중에서 설득력 있다고 여겨지는 것은 하나도 없다고 말할 수 있다. 오히려 신약성경의 모든 책에는 그 명칭에 나와 있는 사람이 썼음을 보여주는 내적인 증거는 말할 것도 없고 외적인 증거도 상당하다.

4. 신약성경과는 별개로 사도들이 지었다는 몇몇 위작이 있지만, 그런 책들은 진부한 공상과 주술의 세계를 보여주는 것으로 지적으로나 도덕적으로나 영적으로나 신학적으로나 그 가치와 품질이 한참 떨어진다. 이것에 비추어보았을 때, 사도들이 쓰지 않은 책이 신약성경으로 슬그머니 들어왔다거나, 진정 사도들이 쓴 글 중에서 초기 교회가 입수할 수 있었던 책이 실수로 누락되었다고 생각할 이유는 전혀 없다.

5. 교회는 신약성경이 구약성경을 제외한 다른 어떠한 문헌도 하지 못하는 방식으로 스스로 하나님의 말씀임을 증명한다고 공동체적으로 증언한다. 대제사장과 바리새인들은 예수를 잡아오라고 보낸 수하들이 예수에 대해 "그 사람이 말하는 것처럼 말한 사람은 이때까지 없었[다]"(요 7:46)라고 말했다. 마찬가지로, 모든 세대의 하나님 백성은 신약성경에 대해 "신약성경처럼 사람들에게 하나님을 전하고, 하나님 앞에서 자신을 알게 하며, 엉망진창이었던 삶을 새롭게 해 그리스도와 교제하게 함으로써 사람들 마음과 생각과 양심에 이토록 큰 영향을 미친 글은 이때까지 없었다"고 말해왔다. 이렇게 신약성경은 성령을 통해 자신이 하나님의 말씀

임을 스스로 증명해왔고, 지금도 여전히 그렇게 하고 있다.

성경의 책들이 지닌 유일무이한 신적 특질, 즉 그 책이 능력과 권위를 갖고 우리에게 말하게 하는 원천인 신적 특질과 관련해 성령이 우리에게 알게 해주는 역사를 "성령의 내적 증언"이라고 부른다. 이 "내적 증언"은 어떤 특정한 경험이나 느낌도 아니고 사적인 계시도 아니다. 그것은 성령이 우리의 죄악 된 심령에 빛을 비추어서 우리가 신적인 실체들—우리의 구주이고 주요, 친구이신 예수 그리스도와 하나님의 말씀인 성경—을 있는 그대로 깨닫게 하고 받아들이게 해주는 것을 가리키는 또 다른 이름이다.[16]

루터는 야고보서가 행위 없이 오직 믿음으로만 의롭다 함을 얻는다고 한 바울과 상충한다고 생각하고 야고보서를 '지푸라기' 서신으로 여기고서 정경의 자격이 없다고 믿었지만(루터파는 루터의 뒤를 이어 지도자가 된 멜란히톤을 통해 그렇지 않다는 것을 알았지만), 신약 성경의 신적 특질에 대한 교회의 공동체적인 증언은 개개인의 그런 잘못된 소신으로 무효화되지 않는다. 만일 바울과 야고보가 한 말이 정말 서로 상충했더라면, 루터의 태도는 옳았을 것이다. 하지만 성경에 담긴 모든 것은 하나님의 성령으로 영감된 것이기 때문에 서로 상충하지 않는다. 바울과 야고보가 한 말은 단지 서로 표현만 다를 뿐, 실질적인 내용과 취지는 서로 일치한다.[17]

바울과 야고보의 말이 서로 다르고 상충한다고 본 루터의 말은 학자의 견해를 피력한 것이긴 했지만, 루터도 사실상 오직 자신만 그렇게 생각한다고 여겼을 것이기에 틀림없이 망설였을 것이다. 도대체 루터가 누구이기에, 오랜 세월 교회 전체가 신약 정경의 한 부분으로 인정하고 받아들여 온 야고보서를 부정할 수 있겠는가? 마찬가지로 내가 누구이고 당신이 누구이기에, 우리가 그렇게 할 수 있겠는가? 당신이나 내가 성경의 어느 책을 정경으로 인정할 수 없거나, 그 책에서 말하는 것이 정경의 다른 책에서 가르치는 것과 상충한다고 생각한다면, 결함이 있는 것은 성경이 아니라 나와 당신이라고 생각하는 것이 분명 더 겸손하고 지혜로운 태도다. 그리고 성경을 우리보다 더 잘 알고 더 경건한 사람들이 우리를 헷갈리게 하고 당혹스럽게 만드는 그런 문제에 대해 설득력 있는 해법을 제시하고 있음을 감안한다면, 더욱더 그렇게 생각하는 것이 옳다.

따라서 이 문제에 대한 대답은 그리스도인이라면 교회의 정경을 받아들일 충분한 근거가 있는지를 묻지 말고, 교회의 정경을 받아들이지 말아야 할 충분한 근거가 무엇인지를 물어야 한다는 것이다. 그리고 실제로 그리스도인에게는 교회의 정경을 받아들이지 않아야 할 충분한 근거가 없다.

개혁 전통의 그리스도인과 가톨릭의 그리스도인 사이에는 성직자의 제사장 지위, 사도적 계승, 주교직의 권위, 교황의 무오성, 화체설과 실제적인 임재, 희생제사로서의 미사, 연옥설, 면죄부, 성모 마리아 숭배, 성례전의 성격과 수 같은 문제들을 놓고 끝없는 논쟁이 계속 벌어지고 있다. 하지만 우리는 이 두 진영이 "오직 성경"(라틴어로 '솔라 스크립투라'[sola Scriptura])이라는 의미에서 성경을 최종 권위로 인정하는 데 동의할 때까지는 그러한 논쟁을 원칙적으로 해결될 수 없음을 분명히 해둘 필요가 있다.[18]

제6장

하나님의 말씀을 듣는다는 것

성경은 "하나님이 말씀하셨다"고 말하고, 경건이라는 것은 "하나님의 말씀을 듣는 것"을 의미한다. 그리고 여기에서 "듣는다"는 것은 누군가가 봉독하거나 암송하거나 설명하는 하나님의 메시지를 단지 귀로 듣는 것이 아니라 그 이상을 의미한다. 성경적인 의미에서의 "들음"은 경청하는 것, 동의하는 것, 자기가 알게 된 것을 자신에게 적용하는 것을 포함한다. "듣는다"는 것은 순종하려는 확고한 목적으로 경청하고서, 그런 후에 하나님 말씀이 명령하는 것을 행한다는 의미다. 이 장 전체에 걸쳐서 나는 동사 "듣는다"를 그런 의미로 사용할 것이다.

하나님의 말씀을 듣는다는 것은 무엇을 의미하는가? 히브리서에서는 그것을 아주 구체적으로 말한다. 즉, 하나님의 아들이 우리 죄로 인해 피를 흘리심으로써 우리를 위해 확보해놓으신 "큰 구원"에 대해 하나님이 자신의 인격적인 '말씀'이신 자기 아들의 입을 통해, 또는 선지자들과 사도들이 전한 말들을 통해 하늘로부터 우리에게 말씀하신 하나님의 명제적인 말씀(즉, 하나님의 메시지)을 받고 응답하는 것이라고 말한다(히 1:1~2, 2:3, 12:25 등).

하나님의 인격적인 말씀이신 예수 그리스도는 말이나 글로 된 하나님의 명제적인 말씀의 중심 주제다. 예수께서 구약성경에 대해 "이 성경이 곧 내게 대하여 증언하는 것이니라"(요 5:39)고 말씀하신 것은 구약성경과 신약성경에 똑같이 해당된다. 따라서 "기록된 하나님의 말씀"을 듣는다는 것은 결국 하나님이 변화산에서 "이는 내 사랑하는 아들이니 너희는 그의 말을 들으라"(막 9:7)고 하신 명령에 순종하는 것을 의미한다.

이것은 단지 예수의 도덕적인 가르침을 받아들이는 것이 아니라, 예수를 살아 계신 구주로 영접하여, 그 흘리신 피를 의지해 우리 죄를 용서받고, 이후로는 주님의 종―"어린양이 어디로 인도하든지 따라가는 자"(계 14:4)―으로 살아가는 것을 의미한다. 성공회의 설교집에서 설교자는 살아 계신 그리스도께서 "성경을 통해 우리에게 현재적으로 말씀하시고"(설교집, 370~371쪽), 경건은 회개와 믿음과 제자도에서 그리스도의 명령에 즉시 응답하는 것임을 우리에게 상기시켜 준다. "나는 '내게 와서 쉬어라'고 말씀하시는 예수의 음성을 들었고 … 예수께로 갔다…." 이러한 경건을 알지 못하는 사람은 누구든지 진정으로 기독교적인 의미에서 하나님의 말씀을 들었다고 말할 수 없다.

여기에서 하나님 말씀을 듣는 삶으로서 경건과 관련해서 세 가지 측면을 언급할 필요가 있다.

하나님의 약속을 믿는 삶

첫 번째, 경건의 삶은 하나님의 약속을 믿는 삶이라는 것이다. 성경을 믿는다는 것은 실존주의자가 말하듯 캄캄한 어둠 속에서 도약하는 것이 아니라, 그들의 비유를 사용해 말하자면, 하나님의 흔들림 없는 약속이라는 단단한 땅을 밟고서 빛 가운데서 한 걸음 한 걸음 나아가는 것이다. 바울은 아브라함을 믿음의 위대한 모범으로 제시한다. 하나님이 일흔다섯 살에 자녀도 없던 아브라함에게 무수히 많은 자손을 약속하셨을 때, 그는 그 약속을 믿었고, 하나님이 그때로부터 25년이 지난 후에 마침내 독자 이삭을 주실 때까지 어떤 일들이 닥쳐도 그 약속을 계속해서 믿었기 때문이었다. "그가 백 세나 되어 자기 몸이 죽은 것 같고 사라의 태가 죽은 것 같음을 알고도 믿음이 약하여지지 아니하고 믿음이 없어 하나님의 약속을 의심하지 않고 믿음으로 견고하여져서 하나님께 영광을 돌리며 약속하신 그것을 또한 능히 이루실 줄을 확신하였으니 그러므로 그것이 그에게 의로 여겨졌느니라"(롬 4:19~22, 여기에 아브라함이 어떻게 의롭다 함을 얻었는지를 말해주는 창세기 15장 6절이 간접 인용되어 있다).

이것을 통해 바울이 말하고자 한 것은, 우리에게 의롭다 함을 얻게 하는 믿음은 아브라함이 가졌던 것과 같은 믿음으로서, 하나님이 우리 죄를 제거하시려는 분명한 목적으로 자기 아들을 우리에게 주어 죽게 하셨다가 다시 살리셨음은 도저히 믿기 어려운 말씀이지만, 하나님을 믿기 때문에 그 말씀도 믿는 그러한 믿음이라는 것이다(23~24절). 하지만 이것이 바울이 말한 유일한 의미는 아니다. 여기에는 그리스도인으로서 순례 길을 가는 동안 언제나 하나님의 약속을 신뢰하는 믿음을 지녀야 한다는 뜻도 담겨 있다. 그 믿음은 하나님이 확실하게 약속하신 것을 신뢰하고 의지하는 것이기 때문에 확신으로서의 성격을 지닌다. 이것은 히브리서 11장에서 극명하게 드러난다. 거기에서 믿음("믿음은 바라는 것들의 실상이요 보이지 않는 것들의 증거니", 1절)은 하나님의 약속을 일반적인 것이든(상에 대한 약속, 6절) 구체적인 것이든(사라에게 아들을 주시겠다고 하신 약속. 이때 사라는 "약속하신 이를 미쁘신 줄 알았"다, 11절) 신뢰하고 하나님의 명령에 순종하는 태도라고 한결같이 설명하기 때문이다.

믿음의 삶의 핵심은 사실 하나님이 과거에 자기 백성에게 주신 것으로 기록된 모든 약속이 현재의 모든 그리스도인에게 지금도 원칙적으로 그 영향을 미치고 있음을 인정하는 데 있다(물론 서로 다른 환경으로 세부적인 것까지 언제나 그렇지는 못할지라도). 믿음은 이러한 하나님의 많은 약속 위에 세워져 있다고까지 감히 말할 수 있을 정도다. 이것은 히브리서 13장 5~6절에 잘 나타나 있다. 거기서 히브리서 기자는 "내가 너를 떠나지 아니하며 버리지 아니하리니"(수 1:5)라고 여호수아에게 약속하신 것을 토대로 사람들로부터 어떤 반대나 박해를 직면하더라도 담대함을 가지라고 가르친다. 그리스도인이 지닌 평안과 기쁨과 소망과 끝까지 인내하는 힘의 참된 원천은 그들이 아이작 와츠처럼 말할 수 있다는 데 있다.

> 영원한 놋쇠에 새겨진 것처럼
> 능력의 약속은 빛을 발하고 있습니다
> 저 영원한 글귀들은

흑암의 권세도 결코 지울 수 없습니다.

그 은혜의 말씀에는 힘이 있으니
저 궁창을 지으신 것도 그 말씀입니다
그 음성은 별들 사이를 굴러다니며
모든 약속을 발합니다.

오, 주여, 주는 나의 은신처요 피난처시며
나의 요새시며 나의 방패십니다
나는 모든 소망의 닻을
주의 틀림없는 말씀 위에 견고하게 내립니다.

성경에 주어진 하나님의 "그 보배롭고 지극히 큰 약속"(벧후 1:4) 하나하나가 그리스도 안에서 나에게 "예"가 됨을 아는 것은 말할 수 없이 큰 위로와 힘이 된다(고후 1:20). 반면, 힘들고 외로우며 괴로울 때에 그 약속에 무지한 것은 이루 말할 수 없는 불행이다. 성경이 영감으로 된 것을 부정하는 사람들은 자신을 후자의 상태로 몰아넣는다. 성경이 하나님의 말씀인 것을 확신하지 못하는 사람은 성경에서 하나님이 약속하셨다는 것들이 정말 그러한지를 확신할 수 없기 때문이다. (사실 계시가 명제적인 것임을 부정하는 사람은 하나님의 약속 같은 것은 존재하지 않는다고 단언하는 셈이다. 말을 사용해 계시하지 않으시는 하나님은 그 어떤 약속도 하실 수 없기 때문이다.)

비판적인 성경관은 언제나 믿음의 삶을 피폐하게 해왔고, 오늘날 그런 관점을 지닌 사람 중 다수는 믿음을 희석시켜 모호한 낙관주의를 기반으로 한 도덕으로 약화하거나, 아니면 믿음을 한 껏 부풀려서 어둠 속에서 힘겨운 실존주의적인 도약을 해내게 만 드는 것으로 변질시켜 왔는데(로빈슨은 실제로《신에게 솔직히》에서 이 둘 모두를 결합한다), 이제 우리는 그 이유를 알 수 있게 되었다. 그런 성경관을 지닌 사람은 필연적으로 그렇게 될 수밖에 없었고 다른 결과는 거의 불가능했다.

하지만 그런 모습은 기독교적인 것도 아니고 성공회적인 것 도 아니다. 성공회의 공동 기도서는 하나님의 약속이 신앙과 소망 의 토대라는 것을 우리에게 끊임없이 보여준다. 삼위일체를 위한 여섯 번째와 열한 번째와 열세 번째 특별 기도는 그리스도인의 소 망을 "주의 약속들"이라는 어구로 요약한다.

요리문답에서는 세례 후보자인 성인들에게 "세례에서 그들 에게 주어진 하나님의 약속들을 변함없이 믿는 믿음"을 요구한다 (1961년에 개정된 요리문답에는 유감스럽게도 이 문구가 빠져 있다). 유아 세례 예식의 중심축 중 하나는 "우리 주 예수 그리스도께서는 자 신의 복음서에서 그대가 기도해온 이 모든 것(구원의 은사와 은혜)을 (이 자녀에게) 주시겠다고 약속하셨다"는 것을 믿는 믿음이다. 이것 은 죄 용서와 관련해 특히 더 강조된다. "우리 주 그리스도 예수 안 에서 인류에게 선포된 주의 약속들을 따라 회개하는 자들을 회복 시키소서"(총 고해, 아침과 저녁 기도). "죄 용서를 약속하신 ⋯ 전능하 신 하나님께서 ⋯ 그대에게 자비를 베푸시기를"(사죄의 선언, 성찬 예 식). 하나님의 약속과 보증하시는 말씀은 "위로가 되는 말씀들"로 서 하나님이 우리에게 자비를 베푸실 것이라는 확신의 토대로 제 시된다. 오늘날 그리스도인은 하나님의 약속이 믿음의 토대라는

제6장 하나님의 말씀을 듣는다는 것

성공회의 이러한 인식을 회복해야 한다. 신앙고백을 한 그리스도 인이 하나님의 모든 약속이 자신에게 주어진 것을 알고 기쁨 가운데서 살아가고 있지 못한다면, 사실 그들은 하나님의 말씀을 듣고 있지 않는 것과 같다.

사랑과 율법의 조화

두 번째, 경건은 하나님의 율법에 대한 순종을 포함한다는 것이다. 성공회의 성경관은, 성경이 지극히 실천적인 책으로서, 우리를 이끌어 예수 그리스도와 만나게 하여 하나님을 알게 할 뿐만 아니라, 우리 삶 전체를 하나님의 뜻과 일치시키기 위해 준칙과 규범들을 제시하고 있다고 본다. 1540년에 대주교 크랜머(Cranmer)는 영국의 모든 교회에서 공적인 봉독을 위해 비치해 놓도록 했던 저 획기적인 대성경(the Great Bible)의 서문을 썼는데, 거기에서 이렇게 말했다.

"성경에는 영혼의 비옥한 초지가 있다. 거기에는 독이 든 것도 없고 해로운 것도 없다. 오직 이롭고 풍성한 진수성찬이 있다. 무지한 사람은 거기에서 자신이 배워야 할 것을 발견할 것이다. … 거기에서 군주는 신민을 어떻게 다스려야 하는지를 배울 수 있고, 신민은 … 군주에게 어떻게 복종해야 하는지를 배울 수 있다. 남편은 아내에게 어떻게 처신해야 하고 자녀를 어떻게 교육해야 하는지를 배운다. … 반대로 아내와 자녀와 종은 남편과 부모와 주인에 대한 의무도 알 수 있다. 남자, 여자, 젊은이, 노인, 배운 자, 배우지 못한 자, 부자, 가난한 자, 사제, 평신도, 영주, 숙녀, 관리, 소작농, 비천한 사람, 처녀, 아내, 과부, 법률가, 상인, 기술자, 남편을 비롯한 온갖 부류의 사람이 어떤 처지와 상황에서도 이 책에서 전능하신 하나님에 관해서는 물론이고 그들 자신과 다른 모든 사람에 대해 무엇을 믿어야 하고, 무엇을 행해야 하며, 무엇을 행해서는 안 되는지와 관련한 모든 것을 배울 수 있다."[1] 이처럼 성경은 신앙의 준칙임과 동시에 삶의 준칙이다.

하지만 성경이 우리 삶과 관련해서 어떤 종류의 준칙인지를 분명히 아는 것이 중요하다. 성경의 도덕적 가르침은 바리새인의 율법주의처럼 개별적이고 외적인 행위를 규율하는 법전이 아니고, 인류에게 계시된 하나님의 본성과 목적에서 직접 도출되어 서로 연결된 일련의 원칙과 이상들로서, 바른 유형의 행위는 물론이고 바른 동기도 요구한다.

성경에 제시된 하나님의 율법은 우리에게 어떤 종류의 행동을 하라고 요구함과 동시에, 어떤 사람이 될 것도 요구한다. 성경적인 사랑 개념은 이 두 측면을 모두 포괄한다. 따라서 어떤 사람처럼 사랑과 율법이 서로 반대되는 것이라고 생각하는 일은 아내가 남편을 사랑하기는 하되, 남편이 좋아하는 것을 주려고 해선 안 된다고 하는 것만큼 잘못이다. 사랑과 율법은 서로 반대되기는커녕 도리어 분리할 수 없을 정도로 결합되어 있다. 율법은 사랑의 눈으로서 필요하고, 사랑은 율법의 심장 박동으로서 필요하다. 사랑 없는 율법은 바리새주의이고, 율법 없는 사랑은 도덕폐기론이다. 이 둘은 모두 정도에서 벗어난 것이다. 우리 주님은 "너희가 나를 사랑하면 나의 계명을 지키리라 … 나의 계명을 지키는 자라

제6장 하나님의 말씀을 듣는다는 것

야 나를 사랑하는 자니"(요 14:15, 21)라고 말씀하심으로써 사랑과 율법의 상관관계를 보여주셨다. 요한은 이것을 한층 더 간결하게 표현한다. "사랑은 이것이니 우리가 그 계명을 따라 행하는 것이요…"(요이 1:6). 그리스도인이 자기 삶의 모든 세세한 부분에서 끊임없이 성경을 통해 "책망과 바르게 함과 의로 교육"받지 않는다면(딤후 3:16), 사실 그들은 하나님의 말씀을 듣는 것이 아니다.

하나님의 진리를 항상 즐거워하는 삶

세 번째, 참된 경건의 특징은 늘 하나님의 진리를 즐거워한다는 것이다. 시편 119편은 이것을 아주 극명하게 보여준다. 거기에서 시편 기자는 하나님의 율법을 사랑하고, 하나님의 생각을 아는 것으로 기뻐하며, 하나님이 자신에게 가르쳐주신 진리를 어떤 대가를 치르더라도 굳게 붙잡는다. 그는 하나님을 즐거워하지만, 다른 무엇보다도 특히 하나님의 말씀을 즐거워한다.

성경의 다른 곳에서 하나님 말씀은 자양분을 공급해 성장을 촉진한다는 점에서 양식으로 묘사되고(고전 3:2, 히 5:12, 벧전 2:2), 그 달콤함 덕분에 꿀로도 묘사된다(시 19:10, 119:103, 겔 3:3, 계 10:9~10). 오늘날 많은 사람은 성경이 말하는 사랑에 대해 문외한이고, 하나님의 진리가 달콤하다는 것을 전혀 느끼지 못하기 때문에, 그들에게는 무슨 일이 닥쳐도 하나님의 진리를 온전히 지켜야 한다는 사명감이 없다.

하지만 종교개혁자 가운데는 교황과 다수에 맞서서 하나님의 진리를 온전히 지키려고 끝까지 고군분투하다가 메리 여왕 치하에서 순교에 이른 사람이 많았다. 교리적으로 부차적인 문제에 관한 차이를 너그럽게 용납하는 관용이 성공회의 미덕임은 의심할 여지가 없다. 하지만 오늘날 우리가 자주 접하는 교리에 관한 총체적인 무관심은 성공회 이상(理想)의 모조품에 지나지 않는다.

1662년의 공동 기도서가 보여주는 성공회의 신앙은 성경을 읽고 성경을 사랑하며 성경을 믿는 신앙이다. 거기에서는 하루에 읽어야 할 성경 본문이 백여 절이나 되어 한 달이면 시편 전체를 읽을 수 있었고, 매일의 예배도 성경 본문으로 꽉 채워져 있으며, 성경을 강해하는 설교를 대단히 높게 평가했다(예배 모범, 대림절을 위한 세 번째 특별 기도와 성 베드로 축일을 위한 특별 기도가 보여주듯). 하지만 오늘날 성공회 신자들은 성경적 진리를 고백하기보다는 교리적으로 느슨한 삶을 유지하는 데 열을 올린다. 39개조 신조는 성공회 교회에서 아직 유지되기는 하지만 끊임없이 폄하되고 있고, 성직자들이 이 신조를 지키겠다고 약속하며 쓴 서약서는 오늘날에는 거의 휴지조각이 된 상황이다. 성공회 연합은 신앙고백적인 것이 아니라 "제도적이고 제의적인" 것이라는 개념이 새로운 계시로 환영받고, 성공회 교회에서 교리를 훈련시킨다고 하면 웃음거리가 된다. 이것은 크랜머, 주얼, 후퍼, 후커(그리고 이 문제와 관련해서는 해먼드, 피어슨, 비버리지, 손다이크도!)로부터 얼마나 멀리 떨어져 나간 것인가! 성직자와 평신도들이 성경의 가르침을 하나님의 생각과 뜻을 그대로 옮겨 적어놓은 것으로 여기며 경외하지도 않고, "진리의 사랑을 받[아]"(살후 2:10) 그 진리를 깊이 묵상하고 소중히 여기며 훼손 없이 온전히 보존하려고 애쓰는 모습을 거의

제6장 하나님의 말씀을 듣는다는 것

보이지 않으며(딤후 1:13~14), 도리어 공허하고 헛된 세상 즐거움에 대한 관심으로 복음의 중요한 가르침을 약화한다면, 사실 그들은 하나님의 말씀을 듣고 있지 않는 것이다.

성령의 역사에 나를 열어라

그렇다면 어떻게 해야 하나님의 말씀을 실제로 듣는 것이냐고 묻는다. 먼저 성경을 설교하거나 공부하거나 읽지 않는 곳에서는 하나님 말씀을 들을 수 없음이 분명하다. 따라서 가장 먼저 할 일은 개인과 교회의 삶 속에서 성경을 원래의 합당한 위치로 되돌려놓는 것이다. 그렇게 했더라도 하나님 말씀을 들으려면 또 하나의 추가적인 조치가 필요한데, 그것은 성령의 역사에 우리 마음을 여는 것이다.

"그들이 다 하나님의 가르치심을 받으리라"(요 6:45, 사 54:13 인용)는 것은 하나님이 모든 그리스도인에게 약속하신 특권이고, 그들을 가르치시는 분은 하나님의 성령이시다. 사도들에게 모든 것을 가르치신 성령(요 14:26, 16:13~14, 고전 2:10, 13)이 그리스도께 속한 모든 사람을 가르치신다고 약속된 바로 그 '기름 부음'이다(요일 2:27). 성령은 사도들에게 그때까지 알려져 있지 않았던 진리를 새롭게 드러내주셨다. 하지만 우리에게는 그런 식으로 가르치지 않으시고, 타락해서 본성적으로 하나님과 하나님의 일들에 대해 무감각하고 전혀 반응할 수 없는 우리로 하여금 성경에 나온 하나님께 속한 사실과 진리의 실체 그리고 신적인 특질을 깨닫게 해주고,

그 권위 앞에 절하게 하며, 그것이 우리 삶과 어떤 관계에 있는지를 알게 해주는 방식으로 우리를 가르치신다.

역사적으로 신학자들은 성령의 이러한 사역을 "성령의 조명" 또는 "내적 증언"이라 불렀다. 우리 주님이 성령의 소임은 "깨닫게 하는" 것이라고 하신 말씀이 바로 이 사역을 가리키신 것이었다(요 16:8). 이 사역을 통해 성령은 예수 그리스도가 하나님의 아들이요 우리의 구주라는 것이 참됨을 우리에게 확증하고, 선지자와 사도들이 전한 말이 하나님의 말씀임을 우리 양심에 확증해준다. 성령은 우리로 하여금 한편으로는 그리스도, 다른 한편으로는 성경이 자신의 신성을 스스로 증명하고 있음을 인정하게 해서, 이 둘의 권위 앞에 절하도록 이끈다. 또한 성령은 이 둘이 우리에게 말씀하는 것들을 깨닫게 하시고, 우리의 생각과 마음에 역사해 하나님의 교훈을 효과적으로 적용하고 응답하게 해준다. 데살로니가 사람들이 "우리[바울]에게 들은 바 하나님의 말씀을 받을 때에 사람의 말로 받지 아니하고 하나님의 말씀으로" 받은 것은 바로 이러한 성령의 역사 때문이었다(살전 2:13).

그렇다면 우리는 이러한 역사에 열려 있는가? 나와는 상관없다는 듯이 초연하게 성경을 역사적으로 접근하거나 하나의 문학 작품처럼 대하거나 단지 인간이 쓴 글로만 여긴다면, 우리는 그러한 역사에 거의 열려 있지 않은 것이다. 우리가 성경 속으로 걸어 들어가, 거기에서 하나님 말씀을 듣고 있는 사람들 옆에 함께 앉아 기꺼이 경청하려고 할 때만, 우리는 성령의 그런 사역에 열려 있게 된다. 갈대아 우르에서 하나님 말씀을 경청하는 아브라함, 시내산에서 하나님 말씀을 경청하는 모세, 모세와 선지자들이 전하는 하나님 말씀을 경청하는 이스라엘 백성, 예수의 말씀을 경청하는 유대인들, 바울이 전하는 말씀을 경청하는 로마 사람, 고린도 사람들과 디모데 옆에 앉아 말씀하시는 것을 받아 적으면서, 하나님이 우리에게 원하시는 것이 무엇인지를 깨닫고자 할 때에만 성령의 그러한 사역에 열려 있게 된다는 것이다. 우리 대부분에게는 그러한 자원하는 마음이 별로 없다. 우리는 선입견에 사로잡혀 있고, 게으르며, 성령의 역사를 위해 필요한 방향으로 자신의 영과 양심을 사용할 준비가 되어 있지 않다. 그러한 자원하는 마음과 더욱 기꺼이 받아들이려는 마음 자체가 사실은 성령의 은사들이다. 따라서 우리는 단지 가르침을 달라는 의미뿐 아니라 잘 가르침 받을 수 있도록 준비시켜달라는 의미에서도 "주 여호와여 주의 율례들을 내게 가르치소서"(시 119:12, 이 기도는 이 시편에 7번 더 나온다)라고 기도해야 한다. 후자가 없이는 전자도 있을 수 없기 때문이다.

여호와의 말씀을 발견하는 길

우리는 아무도 부인할 수 없어 보이는 오늘날의 현실, 즉 교회에서 열심히 성경 공부를 하고 성경을 자세하게 아는 것 같은데도 "여호와의 말씀을 듣지 못한 기갈"로 고통을 겪고 있다는 문제를 부각함으로써 이 책을 시작했다. 우리는 어떻게 그런 일이 벌어지게 되었는지를 밝혀내려고 애썼고, 그 자체로 올바를 뿐만 아니라 진정으로 성공회적인 성경관, 즉 다시 한번 우리에게 하나님의 말씀을 들려줄 그런 접근 방법을 가능한 한 간단하고 개략적으로 제시하려고 애썼다. 나와 독자들은 모두 '옛길'에 심한 반감을 품은 시대를 살아가기 때문에, 성경에 대한 그러한 접근방법은 여러 문제를 불러일으킨다고 느낄 것이다.

나도 그것을 굳이 부정할 생각은 없다. 단지 독자들에게 우리가 지금까지 말해 온 것에 비추어 보았을 때, 성경에 대한 다른 접근 방법은 더 큰 문제를 불러일으키고 있는 것은 아닌지를 숙고해 보라고 권한다. 우리가 지금까지 설명한 원칙에 비추어 실제로 성경 본문을 연구하고 묵상할 때 생겨나는 수많은 질문들—석의적이고, 역사적이며, 도덕적이고, 신학적인—을 모두 다루는 것이 불가능한 것처럼, 독자들이 이 책을 읽으면서 떠오르는 많은 의문을 이 작은 책에서 다루는 것은 불가능하다. 그리고 그렇게 하는 것이 과연 바람직한지도 의문이다. 이 책은 본격적인 학술 논문이 아니라, 단지 사무엘이 여호와의 전에서 "말씀하옵소서 주의 종이 듣겠나이다"(삼상 3:10)라고 했던 것처럼 하나님을 경외하는 마음으로 하나님의 말씀을 구하고 대망하는 가운데 성경을 연구하고자 하는 열심을 불러일으키고, 그렇게 할 수 있도록 그들을 정신적으로나 영적으로 준비시키기 위한 소책자에 불과하기 때문이다.

성경에 담긴 온갖 의문에 대한 답을 다 찾을 때까지 성경 연구를 미룬다면, 우리는 아예 시작조차 하지 못한다. 평생 성경을 연구해서 하나님이 많은 것을 가르쳐주셨다고 해도, 풀지 못한 문제 역시 여전히 많다. 우리가 세상에서 살아가는 동안에 모든 것에 대한 답을 발견할 수는 없다. 중요한 것은 여러 문제에도 우리 모두는 실제로 바른 원칙과 방법론에 따라 성경을 연구하여, 하나님의 아들에 관해 날마다 하나님께 배워야 한다는 것이다.

오늘날 신학자들이 성경에 대해 알게 된 전문 지식은 아주 방대하지만, 그런 지식이 평신도에게 성경을 더 잘 알게 하는 데 사용되기보다는 성경 연구를 더 힘들게 하는 쪽으로 작용하고 있다는 목소리가 종종 들린다. 하지만 성경에 대한 전문적이고 신학적인 지식을 갖추고 있지 않다면 성경을 제대로 연구할 수 없다는 생각은 거짓이다. 우리는 성경을 연구할 때 이런 질문을 품고 다가간다. 이 본문은 하나님에 대해 내게 무엇을 말하는가? 나 자신에 대해서는? 구주에 대해서는? 이 본문은 내가 아는 다른 것과 어떻게 조화되는가? 하나님이 당시 아무개에게 이런 말씀을 하셨다면, 지금 나에게는 어떤 말씀을 하시는가? 이런 질문을 하면서 각 책 안의 문맥과 사고의 흐름에 유의하면서 성경 본문을 읽어나간다면, 거기에 좋은 관주가 있는 성경을 사용한다면, 신학자든 평신도든 성령 하나님은 각 사람이 알고 싶어 하는 것을 성경에서 배울 수 있게 해주신다.

오늘날 평신도가 성경 연구를 하는 것이 전보다 더 힘들어진 이유는 주일마다 강단에서 강해 설교를 쏟아냈던 훌륭한 복음주의 전통이 와해되었기 때문이다. 신약성경은 하나님의 말씀을 공적으로 전하는 설교는 말하자면 '주식'으로 은혜의 주된 수단이고, 개인적으로 성경을 연구하고 그 진리를 묵상하는 것은 각자가 필요한 만큼 섭취하는 '간식'으로 보조적인 성격을 띠기 때문에, 그것을 주식으로 삼아서는 안 된다는 것을 보여준다. 하지만 공예배에서 성경을 제대로 강해하는 설교가 사라져서, 하나님의 사람들이 영적인 자양분을 섭취하기 위해 전적으로 개인적인 성경 연구에 의존해야 하는 상황은 극히 부자연스럽고 불만족스러운 것이다. 하지만 이것은 이 책에서 논의하는 것과는 다른 문제여서 지금 자세히 다룰 수 없다.

나는 신학자들의 전문 연구를 하찮게 여기는 것이 결코 아니라는 것을 다시 한번 분명히 밝힌다. 내가 말하고 싶은 것은 단지 성령은 오직 성경 전문가에게만 가르침을 주는 것이 아니며, 여호와의 율법은 "우둔한 자를 지혜롭게" 한다는 시편 기자의 말은 지금도 여전히 유효하다는 것을 강조하고 싶다(시 19:7).

1958년에 열린 램버스 회의에서 첫 번째 위원회 보고서는 "성경: 그 권위와 메시지"를 다루었다.[2] 이 보고서는 몇 가지 유감스러운 특징을 보여주긴 하지만(앞에서 언급했던 성경의 충족성[3]과 성경의 무오성을 부정한 것, 말씀하시는 하나님에 관한 성경적 개념을 부적절하게 다룬 것),[4] 많은 탁월한 내용을 담아냈다. 또한 한편으로는 강단에서 이루어지는 성경 강해, 다른 한편으로는 개인 및 가정에서 성경을 읽는 것의 중요성을 강조한 것은 특히 환영할 만한 것이었다. 물론 이 보고서는 개혁 전통의 성공회 신앙의 토대를 이루는 원칙을 재천명한 것일 뿐이다. 램버스 회의는 "모든 신자는 가정에서 성경 읽는 습관을 재정립할 것"[5]과 "성공회에 속한 교회는 앞으로 10년 동안 개인적이고 공동체적인 성경 연구의 범위를 확대하고 질적으로 심화시키는 데 특별한 노력을 기울일 것"[6]을 촉구하는 것을 포함한 일련의 결의문과 함께 이 보고서를 채택했다. 성공회 회람 서신에서는 이와 관련해서 성경이 회중에게 "살아 있게" 하기 위해 설교에서 행해야 할 성직자의 의무, 그리고 "하나님의 말씀을 듣고자 하는 마음으로 성경을 듣고, 성경을 개인적으로 연구하고 묵상하는 법을 다시 배울 평신도의 의무"에 대해 말했다.[7] 이것은 모두 훌륭한 이야기다. 하지만 1958년부터 10년 동안, 또는 그 이후에 이에 대한 어떤 진지한 응답도 이루어지지 않은 것으로 보인다. 서양 세계에서 성공회 신자들은 일반적으로 다른 많은 그리스도인과 마찬가지로 대체로 성경에 여전히 문외한이다.

> 그러므로 하나님께서 그 자비하심으로 그의 아들 예수 그리스도를 믿는 믿음으로 우리 마음을 순전하게 해주시고, 하늘에 속한 그 은혜의 물방울로 돌처럼 딱딱하게 굳어진 우리 마음을 촉촉이 적시어 유순하게 해주셔서, 우리가 하나님의 무오한 말씀을 멸시하고 조롱하는 자들이 되지 않게 해주시고, 도리어 우리로 하여금 지극히 낮아진 심령과 경외하는 마음으로 하나님의 성경을 듣고 읽어서 내적으로 소화하려고 애씀으로써, 우리 영혼이 위로받고 하나님의 거룩하신 이름이 높임받으며, 성부와 성자와 성령, 삼위이자 한 분이신 살아 계신 하나님이 영원토록 모든 찬미와 영광과 찬송을 받으시게 해주옵소서. 아멘.
>
> (설교집, 383쪽)

> 오, 전능하신 하나님, 주께서는 당신의 아들 예수 그리스도로 말미암아 주의 사도 성 베드로에게 수많은 탁월한 은사를 주시고, 부지런히 주의 양 무리를 먹이라고 명하셨습니다. 이제 우리가 주께 비옵기는, 모든 주교와 목자가 주의 거룩한 말씀을 부지런히 전하게 하시고, 사람들

이 주의 거룩한 말씀을 순종하고 따르게 하셔서, 우리 주 예수 그리스도로 말미암아 그들이 영원한 영광의 면류관을 받게 해주십시오. 아멘.

(성 베드로 축일을 위한 **특별기도**)

찬송 받으실 여호와여, 주께서는 모든 성경을 기록하셔서 우리로 배우게 하셨습니다. 그러므로 이제 우리가 성경을 듣고 읽고 유념하고 배우고 내적으로 소화해서, 주의 거룩하신 말씀이 주는 인내와 위로로 주께서 우리 구주 예수 그리스도 안에서 우리에게 주신 영생에 대한 복된 소망을 받아 끝까지 견고히 붙잡게 해주십시오.

(대림절을 위한 두 번째 **특별기도**)

너희가 오늘 그의 음성을 듣거든 너희는 므리바에서와 같이 또 광야의 맛사에서 지냈던 날과 같이 너희 마음을 완악하게 하지 말지어다. 그때에 너희 조상들이 내가 행한 일을 보고서도 나를 시험하고 조사하였도다. 내가 사십 년 동안 그 세대로 말미암아 근심하여 이르기를 그들은 마음이 미혹된 백성이라 내 길을 알지 못한다 하였도다. 그러므로 내가 노하여 맹세하기를 그들은 내 안식에 들어오지 못하리라 하였도다.

(시 95:7~11, 공동기도서 판본)

제6장 하나님의 말씀을 듣는다는 것

주

서문(1993년판)

1. James Barr, *Fundamentalism* (London, 1977, 2nd ed.1987); 또한 그의 *Escaping from Fundamentalism* (London, 1984)도 보라.

제2장

1. *The Lambeth Conference 1958* (London, 1958), 1, 33.
2. *Confessions*, xiii, 29. (《고백록》, CH북스, 2016).
3. C. Hodge, *Systematic Theology* (London, 1873), Vol. I, p. 162. (《조직신학1》, CH북스, 2002).
4. 벨 하우젠의 이 학설은 W. H. Green, *The Higher Criticism of the Pentateuch* (New York, 1895); J- Orr, *The Problem of the Old Testament* (London, 1900); R. D. Wilson, *A Scientific Investigation of the Old Testament* (New York, 1926); O. T. Allis, *The Five Books of Moses* (Philadelphia, 1943); G. Ch. Aalders, *A Short Introduction to the Pentateuch* (London, 1949); E. J. Young, *Introduction to the Old Testament* (Grand Rapids, 1949; London, 1954); R. K. Harrison, *Introduction to the Old Testament* (London, 1970) 등과 같은 보수주의 신학자들로부터 집중적인 비판을 받고 초토화되어 왔다. 로마 가톨릭 신학자들은 흔히 오늘날의 스칸디나비아 학파와 마찬가지로 이 학설을 배척하지만, 개신교 진영 대부분은 이 학설을 계속 받아들이고 있는데, 이것은 오경과 관련된 수많은 문제를 깔끔하게 설명해줄 만한 다른 학설이 없어 보이기 때문이다. 하지만 오늘날 대부분 신학자들은 벨 하우젠의 학설은 전에 생각했던 것처럼 확정적인 것이 아니라 열려 있는 문제임 인정한다. D. A. Hubbard, *The New Bible Dictionary*, ed. J. D. Douglas, N. Hillyer, F. F. Bruce, J. I. Packer, R. V. G. Tasker, D. J. Wiseman, D. Guthrie, A. R. Millard (Leicester, 1980), 'Pentateuch'를 보라.
5. J. Baillie, *The Idea of Revelation in Recent Thought* (London, 1956), p. 109.

6. 이것은 D. E. Nineham이 *The Church's Use of the Bible Past and Present* (London, 1963), p. 162에서 성공회의 개정 요리문답(1961)에 관해 논평한 말이다. 나인햄은 인간의 본성은 시대와 문화적 환경에 따라 변하기 때문에, 신약성경이 전달하고자 한 것이 무엇인지를 오늘날의 서양인이 이해하는 것은 단순한 문제가 아니라고 생각하는 듯하다. *The Use and Abuse of The Bible* (London, 1976)과 "Infallible Scripture and the Role of Hermeneutics," *Scripture and Truth*, ed. D. A. Carson and J. B. Woodbridge (Leicester, 1983), pp. 331f.에서 나인햄의 견해에 대해 내가 논평한 글을 보라.

7. 복음주의(그리고 이 문제에서는 제2차 바티칸공의회 이전의 대부분 로마 가톨릭) 성경학자들이 바로 그렇게 하고 있다는 비난은 잘못이다. 도리어 복음주의 신학자들은 과학적이고 역사적인 탐구를 통해서 제기된 성경의 문제점들을 솔직하게 대면하고서, 아우구스티누스가 말한 원칙 위에서, 만족할 만한 해법이 나올 때까지 그것들과 씨름하는데, 그 원칙은 이런 것이다. "우리가 그러한 모순(즉, 한편으로는 세속적인 연구에서 밝혀진 것으로 보이는 결과들과 다른 한편으로는 성경 연구에 의해 드러난 것 사이의 모순)을 조화시킬 수 없는 경우에는, 우리는 성경이나 인간의 관찰과 추론의 결과를 둘 다 의심하지 않지만, 충분한 지식과 이해가 주어지기만 하면 겉보기에 모순되어 보이는 것을 조화시키는 일이 가능하다고 믿으면서 판단을 유보해야 한다."

8. *The Homilies*, ed. G. E. Corrie (Cambridge, 1850), pp. 370, 378, 383.

제3장

1. *Westminster Theological Journal*, May 1960 (XXII, ii), pp. 127f.

2. Emil Brunner, *Our Faith* (London, 1936; 1949 edn.) p. 12.

3. Calvin, *Institutes of the Christian Religion*, II, ii, 18.

4. 기독교 이외의 종교들에 관한 훌륭한 개관으로는 J. N. D. Anderson (ed.), *The World's Religions* (2nd. ed., London, 1951); H. D. Lewis and R. L. Slater, *The Study of Religions* (London, Pelican Books, 1969); G. Parrinder, *The World's Living Religions* (London, Pan Piper, 1964); N. Smart, *The Religious Experience of Mankind* (London, 1969) 등이 있다. 기독교 외의 종교에 대한 모범적인 접

근 방법에 대해서는 J. N. D. Anderson, *Christianity and Comparative Religion* (London, 1970); A. K. Cragg, *Christian and Other Religions* (Oxford, 1977); S. C. Neill, *Crises of Belief* (London, 1984)를 보라. 지금은 고인이 된 칼 라너 (Karl Rahner)가 제시한 "익명의 그리스도인" 개념과 존 히크(John Hick)의 보편주의적 사변으로 촉발된 논쟁, 즉 세계의 주요 종교들은 실제로 하나로 수렴되는가, 그리고 기독교 외의 종교를 신봉한 사람에게도 그리스도 안에서의 구원이 존재하는가에 관한 논쟁이 진행 중이다. 이 논쟁과 관련된 현재 상황에 대해서는 H. A. Netland, *Dissonant Voices* (Leicester, 1991); J. Sanders, *No Other Name* (Grand Rapids, 1992)를 보라.

5. 본문에 나오는 말은 바르트가 한 말을 그대로 옮겨 놓은 것이다. *Church Dogmatics*, I.2.528f. (Edinburgh, 1956)을 보라. 하지만 바르트가 7,000여 페이지나 되는 자신의 *Church Dogmatics* 전체에 걸쳐서 사용한 방법론은 자신의 특유한 성경 석의를 통해 각각의 논점을 증명하는 것이었고, 따라서 그가 성경 본문에서 발견한 것은 각각의 논점과 전혀 다르지 않았다는 것을 말해준다.

제4장

1. 영국의 성경 신학 운동과 대륙의 구속사(Heilsgeschichte) 신학자들에게 특유한 이 특징(후자에 대해서는 Alan Richardson, *The Bible in the Age of Science* [London, 1961], pp. 122ff.를 참조하라)은 Gabriel Hebert, *The Bible from Within* (Oxford, 1950); William Neil, *The Rediscovery of the Bible* (London, 1954); Oscar Cullmann, *Christ and Time* (Eng. tr., London, 1951); G. E. Wright, *God Who Acts* (London, 1952); 1958년의 램버스 회의에 위원회가 제출한 성경에 관한 보고서(*The Lambeth Conference 1958*, 2, 2ff., 특히 pp. 9-12) 등에 전형적으로 표현되어 있다. B. S. Childs, *Biblical Theology in Crisis* (Philadelphia, 1970)에서는 이른바 석의적이고 비평학적이며 언어학적이고 해석학적으로 순진한 견해들 때문에 성경 신학이 1960년대에 어떤 식으로 암흑시대를 겪었는지를 말한다. 하지만 그것은 William Dumbrell, *Covenant and Creation* (Nashville, 1986) 같은 저작을 통해 다시 등장했다.

2. 런던과 에든버러를 오가는 "날아다니는 스코틀랜드인"(A3 Pacific Flying

Scotsman)이라는 명칭의 급행열차는 기원이 19세기 중반까지 거슬러 올라 간다. "날아다니는 스코틀랜드인"이라는 이름의 증기 기관차는 1923년에 만들어져 보존되어 왔다.

3. Temple, *Nature, Man and God* (London, 1934), Lecture xii, 그리고 *Revelation*, ed. D. M. Baillie and H. Martin (London, 1937)에 수록된 그의 논문을 보라. Hodgson, *The Doctrine of the Trinity* (London, 1943), Lecture I.

4. *Nature, Man and God*, p. 317.

5. 예컨대, 조지 에브리(George Every)는 허버트 켈리(Herbert Kelly)에 대해 이 렇게 썼다. "켈리 신부는 구약성경에 관한 자신의 성찰에서 선지자나 선 지자적 역사가에 의해 주어진 해석은 아예 거들떠보지도 않고 곧장 사 건으로 달려갔다"(H. Kelly, *The Gospel of God* [London, 1959 ed.], p. 34). 이 점에서 켈리는 자신이 우리 시대의 선지자가 아니라 우리 시대가 낳 은 자녀임을 보여주었다. 녹스(D. B. Knox)는 이렇게 논평한다. "계시가 해석에 있지 않고 사건에 있다면, 계시는 각 사람의 변덕에 따라 어떤 모 양으로도 변형시킬 수 있는 밀랍으로 된 코같이 될 것임은 너무나 분명 하다"("Propositional Revelation the Only Revelation," *Reformed Theological Review*, February 1960 [XIX, 1], P. 5).

6. 해먼드(Hammond)는 1930년대에 영국 최고의 크리켓 선수였다. 나는 글로 스터에서 그가 수비 선수와 정면으로 대치하는 중에 6점 타를 멋지게 성공 하면서 전율을 일으킨 순간을 지금도 기억한다. 나는 거기에서 그 경기를 관람하고 있었고, 당시 그가 친 그 공은 나를 맞힐 것만 같았다.

7. *The Authority of the Bible* (London, 1960 ed.), p. 83.

8. 또한 내가 쓴 '*Fundamentalism' and the Word of God* (London, 1958); "Revelation and Inspiration," *The New Bible Commentary* (2nd ed., London, 1954), pp. 21ff.; "Revelation," *The New Bible Dictionary* (London, 1962)도 보라.

9. *Commentary on Hebrews*, ad loc. (London, 1840 ed., Vol. II, pp. 19, 20).

10. *Institutes*, I, vi. 2.

제5장

1. 본서의 59-70쪽을 보라.

2. 오늘날 이 분야에서 로마 가톨릭이 이루어낸 성과는 다음의 두 권으로 가늠할 수 있다. 이 책들은 칭의론 및 교회론에서는 불가피하게 약점을 보이지만, 그 밖의 다른 내용은 아주 훌륭하다. C. Charlier, *The Christian Approach to the Bible*(Eng. tr., London, 1958); L. Bouyer, *The Meaning of Sacred Scripture*(Eng. tr., Indiana and London, 1960). *The Jerome Bible Commentary*, ed. R. E. Brown, J. A. Fitzmyer and R. E. Murphy (Englewood Cliffs, 1968)는 로마 가톨릭 신학계의 기념비적인 저작이었고, 지금도 여전히 그런 평가를 받고 있다.

하지만 제2차 바티칸 공의회에서 채택한 "계시에 관한 교의헌장"(Constitution on Revelation)은 회의론적인 성경 비평학이 로마 가톨릭으로 쏟아져 들어오게 하는 수문을 열어놓았다는 것을 유념할 필요가 있다. 이 헌장의 제11장은 이렇게 말한다. "성경의 책들은 하나님이 우리 구원을 위하여 거룩한 글 속에 두길 원하신 진리를 확고하고 충실하며 오류 없이 가르치고 있다고 인정된다." 로마 가톨릭의 지도적인 신학자들은 이것을 오직 구원에 필수적인 진리만이 무오한 것으로 보증된다는 의미로 해석하고, 일부 신학자는 그런 진리가 극소수라는 말을 추가한다. 이렇게 이제 로마 가톨릭도 개신교와 마찬가지로 성경이 말하는 것은 하나님이 말씀하시는 것이라는 공리를 포기하는 대열에 합류하고 있다. J. I. Packer, "Encountering Present-day Views of Scripture," *The Foundation of Biblical Authority*, ed. James M. Boice (Grand Rapids, 1978), pp. 61ff., 특히 pp. 74-76; John W. Montgomery, "The Approach of New Shape Roman Catholicism to Scriptural Inerrancy: a Case Study," *God's Inerrant Word*, ed. John W. Montgomery (Minneapolis, 1974) pp. 263ff.; David F. Wells, *Revolution in Rome*(London, 1973), pp. 26ff.를 보라.

3. J. A. T. Robinson, *Honest to God*, p. 25; 이 서신의 본문은 D. A. Edwards가 편집한 *The Honest to God Debate* (London, 1963), pp. 138f.에 수록되어 있다.

4. B. B. Warfield, *The Inspiration and Authority of the Bible* (London, 1951), p. 155.

5. 이것을 증명하는 것 그리고 그리스도께서 그렇게 가르치신 것을 보여주는 본문—어떤 사람은 이 본문들이 그리스도께서 구약성경의 권위를 배

척하셨음을 보여주는 것으로 해석하기도 한다—에 대한 논의로는 J. W. Wenham, *Our Lord's View of the Old Testament* (London, 1953), 특히 pp. 28ff.; *Christ and the Bible* (London, 1972), ch. 1; "Christ's View of Scripture," *Inerrancy*, ed. N. L. Geisler (Grand Rapids, 1980); R. V. G. Tasker, *Our Lord's Use of the Old Testament* (London, 1953); *The Old Testament in the New Testament* (2nd. ed., London, 1954)의 제2장; N. B. Stonehouse, *The Witness of Matthew and Mark to Christ* (Philadelphia, 1944); J. I. Packer, *Our Lord's Understanding of the Law of God* (London, 1962)를 보라.

6. N. Geldenhuys, *Supreme Authority* (London, 1953). 특히 pp. 45ff.를 보라.

7. J. D. Wood, *The Interpretation of the Bible* (London, 1958), pp. 1f.

8. 카이퍼(A. Kuyper)는 이 시편들을 쓴 영감받은 시인들은 궁극적인 영적인 실체라는 관점에서 그렇게 쓴 것인데, 그러한 실체가 존재하는 곳에서 구별은 절대적이고 "하나님 편에 선 모든 것은 살아 있고 우리 사랑을 받는 반면에, 영원히 하나님을 거역하는 편을 선택한 모든 것은 사망의 표를 지니고 있고 우리의 미움을 불러일으킨다"라고 말한다. 이것은 세상에서 우리 모두가 일상적으로 도달할 수 있는 관점은 아니지만, 천국에서는 모두가 지니게 될 관점이다. 또한 카이퍼는 이렇게 말한다. "이 관점에 서서 모든 것을 바라보았을 때 '오, 주여, 주를 미워하는 자들을 어떻게 내가 미워하지 않을 수 있겠습니까'라는 규범이 유일하게 적용 가능한 기준이 되고, 여기서 벗어난 모든 것은 하나님에 대한 사랑이 부족한 것이다. … 당신이 부활의 절대적인 관점(즉, 종말론적으로 바라본 새 창조의 질서)에 섰을 때, (이 저주의 말들은) 지엄하게 참되고 거룩하다. 거기에서는 하나님을 높이는 것이 인간 마음의 조화를 위한 기조를 이루기 때문이다"(*Principles of Sacred Theology* (Grand Rapids, 1954), p. 524). 이 기도를 사탄과 그의 무리 그리고 자신을 괴롭히는 죄를 대적하는 기도로 사용하는 법을 배운다면, 이 기도를 제대로 이해하고 시편의 관점 속으로 들어가는 데 도움이 될 것이다. C. S. Lewis, *Reflections on the Psalms* (London, 1961 ed.), pp. 113f. (《시편사색, 홍성사, 2019》).

9. 본서 59쪽의 설교집("성경의 특정 본문에 대해 거리낌이 있는 사람들을 위한 지식")에서 인용한 구절을 보라. 크랜머(Cranmer) 대주교, 리들리

(Ridley) 주교와 주얼(Jewel) 주교도 이 단어를 사용했다. 14세기의 존 위클리프는 성경을 "무오한 신앙의 준칙"(라틴어로 *infallibilis regula fidei*[인팔리빌리스 레굴라 피데이])으로 불렀다.

10. Calvin, *Institutes of the Christian Religion*, I, vii, 5.

11. *New Bible Dictionary* (Leicester and Grand Rapids, 1980), 단권으로 된 *New Bible Commentary Revised* (London and Grand Rapids, 1970), *Zondervan Pictorial Encyclopaedia of the Bible* (Grand Rapids, 1975), Tyndale and New International commentary series, D. Guthrie, *New Testament Introduction* (London, 1970), J. W. Wenham, *Christ and the Bible and The Goodness of God* (London, 1972, 1974), Gleason Archer, *Encyclopaedia of Bible Difficulties* (Grand Rapids, 1982)는 성경의 난해한 부분들을 설득력 있게 설명해주는 가장 유익한 학문적인 자료들에 속한다.

12. 첫 번째 분기점에 대해서는 본서 113쪽 이하를 참조하라.

13. 유감스럽게도 이 원칙은 1958년의 램버스 회의에 위원회가 제출한 "성경에 관한 보고서"에서 받아들여졌다. "성공회는 저 초기의 전통 전체를 근거로 삼는다. 성례전들, 신조들, 성경의 정경, 역사적 주교제도는 모두 그 전통의 부분들이다. 따라서 신약성경을 독자적으로 보아서는 안 된다. 교회는 시간적으로 신약성경보다 먼저 있었다. 신약성경은 교회 및 교회의 성례전, 신조, 사도적 사역 내에서 정경화되었다"(*The Lambeth Conference 1958*, 2, 4).

14. E. A. Litton, *Introduction to Dogmatic Theology* (London, 1960 ed.), pp. 30f.

15. 신약 정경의 형성 그리고 정경화 과정과 관련된 원칙에 대한 좀 더 자세한 논의들로는 다음을 보라. J. W. Wenham, op. cit., 제6장; Herman N. Ridderbos, "The Canon of the New Testament," *Revelation and the Bible*, ed, C. F. H. Henry (Grand Rapids and London, 1958), pp. 187ff.; *The Authority of the New Testament Scriptures* (Philadelphia, 3); J. N. Birdsall, "Canon of the New Testament," *The New Bible Dictionary* (1980); Bruce Metzger, *The Canon of the New Testament* (Oxford, 1987); F. F. Bruce, *The Canon of Scripture* (Leicester, 1988). 제6조에서 "일반적으로 받아들여지는" 신약성경의 책들은 "교회에서 그 권위를 단 한 번도 의심받지 않은" 책들이라고 한 것

은 너무 느슨한 정의여서 명확한 느낌은 들지 않는다. 하지만 거기서 말하고자 한 것은 신약 정경으로 분류된 책의 진정성과 권위가 개별 신학자와 회중에게 한 번도 의심받지 않았어야 한다는 것이 아니라(39개조 신조를 작성한 사람들도 이것이 터무니없음을 너무도 잘 알고 있었을 것이다), 보편적이고 가시적인 교회 전체에게 단 한 번도 의심받지 않았어야 한다는 의미임이 분명하다. 제6조를 그런 식으로 이해한다면, 거기에서 말하는 것은 현재까지의 증거를 놓고 볼 때에 참으로 보인다.

16. 장 칼뱅은 '내적 증언'이라는 개념을 처음으로 만든 인물이기 때문에(다른 것과 관련해서도 흔히 그러했듯 이것도 루터가 흘린 암시들을 가져와서 만들어낸 것이긴 하지만), 여기에서 그의 말을 인용하는 것이 좋을 것 같다. "우리가 그(성령)에 의해 빛을 받게 되면, 이제 더 이상 자신의 판단이나 다른 사람의 판단에 따라 성경이 하나님에게서 왔다고 믿는 것이 아니라, 마치 우리가 성경에서 하나님 자신의 위엄을 본 것처럼, 성경이 사람들의 사역을 통해 하나님의 입에서 직접 우리에게 왔음을 인간의 판단을 뛰어넘는 방식으로 절대적으로 확신하게 된다." … "성경에 대한 확신이 성령의 내적인 설득을 토대로 한 것일 때만, 성경은 궁극적으로 구원을 위해 하나님을 아는 지식으로 충분하게 된다." *Institutes of the Christian Religion*, I. vii. 5와 viii. 13.

17. 이것은 살펴볼 만한 가치가 있다. 이 문제는 야고보서 2장 18~26절을 로마서 3장 21절~5장 21절 및 갈라디아서 3장과 비교했을 때, 특히 거기에서 아브라함에 대해 말하는 것들을 서로 비교했을 때 생긴다. 핵심은 이런 것들이다. (1) "의롭다 함을 얻는다"는 것은 바울에게는 하나님께 죄 용서를 받고 받아들여지는 것을 가리키는 전문용어인 반면, 야고보에게는 어떤 사람이 자기가 하나님께 죄 용서를 받고 받아들여졌다고 주장하는 것이 참이냐 거짓이냐를 다루면서 쓰는 말이다. (2) "믿음"은 바울에게는 중생한 심령이 보이는 반응을 가리키지만, 야고보는 믿음이 있다고 말하는 사람의 믿음이 참되냐 아니냐를 따지는 데 이 단어를 사용한다. (3) "행위"는 바울에게는 자신을 의롭게 만드는 자기 노력을 가리키는 반면, 야고보에게는 믿음이 있다는 것을 나타내보이는 적절한 증거로서 하나님을 섬기는 것, 즉 바울이 "선한 행위들"이라고 말한 것을 가리킨다.

야고보는 구원의 방법을 다루지 않고, 어떤 사람이 이미 자신은 구원을 받아 하나님과 좋은 관계에 있다고 했을 때 그의 말이 과연 참된지를 증명하는 문제를 다룬다. 따라서 야고보가 말하려는 요지는 구원하는 믿음이 되려면 단지 믿는다고 말하고 고백하는 것만으로는 충분하지 않고, 믿음이 있다는 것을 보여주는 증거로서 행위가 있어야 한다는 것이고, 바울 역시 로마서 2장 17~29절에 정확히 이 부분을 말하고 있다.

18. 이것에 대해서는 R. T. Beckwith, G. E. Duffield, J. I. Packer, *Across the Divide* (Basingstoke, 1978)을 보라. 복음주의 진영이 로마 가톨릭 및 동방 정교회와의 관계에 관하여 성공회 주교단에 보내는 공개서한 본문과 해설이 담겨 있다. 성공회와 로마 가톨릭이 성찬, 사목에 관한 교리, 권위에 관해 견해를 같이한 세 가지 합의문은 모두 핵심 부분에서 방금 정의한 의미에서 충분히 성경적이지 않다.

제6장

1. Cranmer, *Remains and Letters* (Parker Society: Cambridge, 1846), p. 121.
2. *The Lambeth Conference 1958*, 2, 1-18.
3. Ibid. 또한 제5장, 주 13과 주 1도 보라.
4. 2, 7.
5. 1, 33 (결의 5).
6. 1, 34 (결의 12).
7. 1, 19.

성경의 무오성에 관한 시카고 선언(1978년)

1978년에 개신교의 모든 교단에서 온 300여 명에 달하는 신학자와 교회 지도자들이 성경 무오성에 관한 국제위원회(International Council on Biblical Inerrancy)의 주관 아래 시카고에서 모여 국제회의를 열고, 이 회의에 참석한 거의 모든 사람이 서명한 다음 선언문을 만들었다. 이 선언문은 북미에서 복음적인 신앙을 고백한 그리스도인 사이에서 지난 여러 해 동안 광범위하게 진행된 토론에 대한 응답이다. 나도 이 선언문의 초안을 작성하는 데 참여했고 직접 서명했는데, 허락을 받아 여기 수록한다. 이 선언문을 여기에 부록으로 수록한 이유는 이 선언문이 지닌 대표성과 권위 때문이기도 하고, 또한 이 책에서 제시한 성경관을 이 선언문이 제대로 표현하고 있다고 보았기 때문이다.

선언문 서문

성경의 권위는 이 시대와 모든 시대에서 기독교회의 핵심이다. 예수 그리스도를 주와 구주로 믿는 믿음을 고백하는 사람들은 기록된 하나님의 말씀에 겸손히 신실하게 순종함으로써 제자로서 신분의 실체를 보여주도록 부르심을 받는다. 믿음이나 행실에서 성경으로부터 벗어나는 일은 주님에 대한 불충이다. 성경이 전적으로 참되고 신뢰할 만함을 인정하는 일은 성경의 권위에 대한 온전한 이해와 적절한 고백에 필수적이다.

　아래 선언은 이러한 성경의 무오성을 새롭게 천명하고, 그것에 대한 우리의 이해를 분명히 하며, 그것을 부정하는 것에 대해 경고한다. 성경의 무오성을 부정하는 것은 예수 그리스도와 성령의 증언을 무시하는 것이고, 참된 기독교 신앙의 특징인 하나님의 말씀에 대한 복종을 거부하는 것이라고 우리는 확신한다. 동료 그리스도인이 무오성에 관한 진리에서 벗어나 있고, 이 교리에 대한 오해가 전 세계적으로 퍼져 있는 현 상황에서 성경의 무오성을 천명하는 것은 우리의 시의적절한 의무라고 본다.

이 선언문은 선언 요약, 긍정과 부정 조항들, 부속 해설문, 이렇게 세 부분으로 이루어져 있다. 이 선언문은 시카고에서 진행된 3일에 걸친 협의를 통해 준비되었다. 선언 요약과 조항에 서명한 사람들은 성경의 무오성에 관한 확신을 천명함으로써, 이것이 모든 그리스도인에게 힘과 도전이 되어 이 교리를 점점 더 제대로 이해할 수 있기를 바라고 있다. 우리는 짧고 집중적인 회의를 통해 준비된 문서가 지닌 한계를 인정하고, 이 선언문에 신조로서의 무게감이 실리게 되길 바라지 않는다. 하지만 우리는 여러 논의를 통해 확신을 다 함께 심화시킨 것을 기뻐하고, 우리가 서명한 이 선언문이 믿음과 삶과 선교에서 교회를 새롭게 개혁하는 데 사용되어 하나님께 영광이 되기를 기도한다.

우리는 논쟁하려는 것이 아니라 겸손과 사랑의 마음으로 이 선언문을 준비했고, 우리가 말한 것으로부터 장래에 생겨날 모든 대화에서도 하나님의 은혜로 그러한 태도가 유지되기를 바란다. 우리는 성경의 무오성을 부정하는 사람들 중에도 그들의 나머지 신념과 행실에서는 그러한 부정의 결과들을 나타내지 않는 사람이 많다는 것을 기쁘게 인정하고, 이 교리를 시인하고 고백하는 우리도 생각과 행위, 전통과 습관을 하나님의 말씀에 진정으로 복종시키지 못함으로써 삶 속에서는 흔히 이 교리를 부정하고 있음을 안다.

이 선언문은 성경의 무오한 권위 아래에 서서 성경 자체에 비추어 성경에 관해 천명한 것이기 때문에, 우리는 그 동일한 관점에 서서 수정할 이유가 있다고 보는 모든 사람에게서 올 응답을 기대한다. 우리는 이 증언과 관련해서, 그리고 하나님의 말씀에 이렇게 증언할 수 있게 해준 모든 도움의 손길과 관련해 다만 감사할 뿐이고, 그 어떤 개인적인 무오함도 주장하지 않는다.

선언 요약

1. 자신이 진리이시고 오직 진리만을 말씀하시는 하나님은 창조주와 주, 구속주와 심판주로서 타락한 인류에게 예수 그리스도를 통해 자신을 계시하시기 위하여 영감된 성경을 주셨다. 성경은 하나님 자신에 대한 하나님의 증언이다.

2. 하나님의 성령에 의한 준비와 감독 아래 사람들에 의해 쓰인 하나님 자신의 말씀인 성경은 그것이 다루는 모든 것에서 무오한 신적 권위를 지닌다. 성경이 단언하는 모든 것은 하나님의 가르침으로 여기고 믿어야 하고, 성경이 명령하는 모든 것은 하나님의 명령으로 여기고 순종해야 하며, 성경이 약속하는 모든 것은 하나님의 약속으로 받아들여야 한다.

3. 성경의 신적 저자이신 성령은 내적 증언을 통해 우리에게 성경이 참되다는 것을 확증해주심과 동시에 우리 마음을 열어 성경의 의미를 깨닫게 해주신다.

4. 성경은 전적으로 하나님이 말을 통해 주신 것이어서, 그 모든 가르침에서, 즉 개개인의 삶 속에서 하나님의 구원하시는 은혜에 대한 증언만이 아니라, 창조에 있어서 하나님의 역사들, 세계사의 사건들, 하나님 아래에서 성경의 문학적 기원들에 대해 성경이 말하는 것에서도 오류나 결함이 없다.

5. 성경 전체의 신적 무오성을 어떤 식으로든 제한하거나 무시하거나 성경과 어긋나는 진리관에 비추어 상대화한다면 성경의 권위는 훼손되고, 그러한 잘못은 개인과 교회에 심각한 손실을 초래한다.

긍정과 부정 조항들

제1조. 우리는 성경을 권위 있는 하나님의 말씀으로 받아야 한다는 것을 긍정한다. 우리는 성경이 교회나 전통이나 그 밖의 다른 인간적인 원천으로부터 권위를 부여받는다는 것을 부정한다.

제2조. 우리는 성경이 하나님께서 양심을 구속하는 데 사용하시는 최고의 기록된 규범이고, 교회의 권위는 성경의 권위에 종속된다는 것을 긍정한다. 우리는 교회의 신조나 공의회나 선언들이 성경의 권위보다 크거나 동등한 권위를 지닌다는 것을 부정한다.

제3조. 우리는 기록된 말씀 전체는 하나님에 의해 주어진 계시임을 긍정한다. 우리는 성경이 단지 계시에 대한 증언이거나, 오직 하나님과의 만남을 통해서만 계시가 되거나, 사람들의 응답에 따라 그 유효성이 좌우된다는 것을 부정한다.

제4조. 우리는 인간을 당신의 형상을 따라 지으신 하나님이 언어를 계시 수단으로 사용하셨다는 것을 긍정한다. 우리는 인간의 언어가 그 피조성으로 제한을 받기 때문에 하나님의 계시를 위한 수단으로 부적절하다는 것을 부정한다. 또한 우리는 죄로 말미암은 인간의 문화와 언어의 타락이 하나님의 영감의 역사를 좌절시켜 왔다는 것을 부정한다.

제5조. 우리는 성경 안에 담겨 있는 하나님의 계시가 점진적이었다는 것을 긍정한다. 우리는 나중에 주어진 계시가 이전에 주어진 계시를 성취하는 것일 때, 전자가 후자를 바로잡거나 후자와 상충한다는 것을 부정한다. 또

한 우리는 신약성경이 완성된 이후로 어떤 규범적 계시가 주어졌다는 것을 부정한다.

제6조. 우리는 성경 전체와 그 모든 부분이 원문의 단어들에 이르기까지 신적 영감에 의해 주어졌다는 것을 긍정한다. 우리는 성경의 부분들이 아닌 전체에 대해서만, 또는 전체가 아닌 그 부분들에 대해서만 성경이 영감되어 있다는 것을 부정한다.

제7조. 우리는 영감은 하나님께서 자신의 영으로 인간 기자들을 통해 우리에게 자신의 말씀을 주신 역사였다는 것을 긍정한다. 성경은 하나님으로부터 왔다. 신적 영감의 방식은 우리에게는 대체로 여전히 신비로 남아 있다. 우리는 영감을 인간적인 통찰이나 온갖 종류의 의식 고양 상태로 환원할 수 있다는 것을 부정한다.

제8조. 우리는 하나님이 영감의 역사에서 자신이 선택하시고 준비시키신 기자들이 지닌 고유한 개성과 문학적 특성을 사용하셨다는 것을 긍정한다. 우리는 하나님이 선택하신 그 단어들을 이 기자들로 하여금 사용하게 하셨을 때 그들의 개성을 무시하셨다는 것을 부정한다.

제9조. 우리는 영감이 성경 기자들로 하여금 모든 것을 알게 해주지는 않았지만, 그들이 감동을 받아 말하고 쓴 모든 것이 참되고 신뢰할 만한 것이 되도록 보장해주었다는 것을 긍정한다. 우리는 이 기자들의 유한성 또는 타락성으로 인해 필연적으로, 또는 다른 방식으로 하나님 말씀에 왜곡이나 거짓이 들어갔다는 것을 부정한다.

제10조. 우리는 엄밀하게 말해 영감은 하나님의 섭리 안에서 현존하는 사본들로부터 상당히 정확하게 확인할 수 있는 성경의 원문에만 적용된다는 것을 긍정한다. 또한 우리는 성경의 사본들과 역본들은 원문을 충실하게 반영하는 정도만큼 하나님의 말씀이라는 것을 긍정한다. 우리는 기독교 신앙에 본질적인 모든 요소 중에서 원문의 부재로 영향을 받고 있는 것이 단 하나라도 있음을 부정한다. 또한 우리는 원문의 부재가 성경의 무오성에 대한 주장을 타당하지 않거나 부적절하게 만든다는 것을 부정한다.

제11조. 우리는 성경이 신적 영감에 의해 주어져 무오하기 때문에 우리를 잘못 이끌 수 없고, 성경이 말하는 모든 것은 참되고 신뢰할 만하다는 것을 긍정한다. 우리는 성경이 말하는 것들은 신뢰할 만하지만 오류가 있을 수 있다는 것을 부정한다. 신뢰할 만하다는 것(무류성)과 오류가 없다는 것(무오성)은 구별될 수는 있지만 분리될 수는 없다.

제12조. 우리는 성경 전체가 무오하고, 모든 거짓이나 사기나 기만으로부터 자유롭다는 것을 긍정한다. 우리는 성경의 무류성과 무오성은 역사와 학문 분야에 관한 것은 제외되고, 오로지 영적이거나 신앙적이거나 구속과 관련된 주제에 국한된다는 주장을 부정한다. 또한 우리는 지구 역사에 관한 학문적인 가설을 사용해서 창조와 대홍수에 관한 성경의 가르침을 뒤집는 것이 합당하다는 주장을 부정한다.

제13조. 우리는 성경이 온전히 참되다는 것을 가리키는 신학적인 용어로 무오성을 사용함이 적절하다는 것을 긍정한다. 우리는 성경 자체의 용법이나 목적과 다른 진리와 오류의 기준들에 근거해 성경을 평가하는 것이 합당하다는 것을 부정한다. 또한 우리는 오늘날의 전문적인 정확성, 문법이

나 철자의 실수, 관찰에 의거한 자연 묘사, 거짓에 대한 보도(예컨대 사탄의 거짓말들), 과장법과 어림수의 사용, 내용의 주제별 배열, 병행 기사에서의 서로 다른 내용 선별, 자유로운 인용 같은 성경의 현상에 의해 성경의 무오성은 무효화된다는 것을 부정한다.

제14조. 우리는 성경의 통일성과 내적 일관성을 긍정한다. 우리는 아직 해결되지 않았다고 주장되는 오류와 불일치가 성경의 진리성을 훼손시킨다는 것을 부정한다.

제15조. 우리는 성경의 무오성에 관한 교리가 영감에 관한 성경의 가르침을 근거로 한다는 것을 긍정한다. 우리는 성경에 관한 예수의 가르침은 편의적인 것이었거나 그 인성의 어떤 본성적인 제한에 영향을 받았기 때문에 배제할 수 있다는 것을 부정한다.

제16조. 우리는 성경의 무오성에 관한 교리가 교회사 전체에 걸쳐 교회가 견지한 신앙의 일부였다는 것을 긍정한다. 우리는 성경의 무오성이 개신교의 스콜라주의 신학이 고안한 교리라거나, 고등비평의 부정적인 입장에 맞서기 위해 고안된 반대 논리라는 것을 부정한다.

제17조. 우리는 성령이 성경을 증언하고, 신자들에게 기록된 하나님의 말씀이 참됨을 확증한다는 것을 긍정한다. 우리는 성령의 이러한 증언이 성경과는 별개로, 또는 성경을 거슬러 작용한다는 것을 부정한다.

제18조. 우리는 성경 본문은 성경의 문학적 양식과 장치를 고려해서 문법적이고 역사적인 석의를 거쳐 해석해야 하고, 성경은 성경으로 해석해야

한다는 것을 긍정한다. 우리는 성경의 가르침을 상대화하거나 비역사화하거나 폄하하고, 성경 자체가 말해주는 저자를 배척하는 방식으로 본문을 다루거나 그 배후에 있는 자료를 추적하는 작업의 정당성을 부정한다.

제19조. 우리는 성경의 온전한 권위와 무류성과 무오성에 대한 신앙고백이 기독교 신앙 전체를 바르게 이해하는 데 지극히 중요하다는 것을 긍정한다. 또한 우리는 그러한 신앙고백이 점점 그리스도를 닮아가는 것으로 이어져야 한다는 것을 긍정한다. 우리는 그러한 신앙고백이 구원을 위해 필수적이라는 것을 부정한다. 또한 성경의 무오성에 관한 교리를 거부하더라도 개인과 교회에 심각한 결과를 초래하지 않는다는 주장 역시 부정한다.

해설문

우리는 성경이 성경에 대해 가르치는 좀 더 폭넓은 맥락 속에서 성경의 무오성에 관한 교리를 이해해야 한다. 이 해설문에서는 앞의 선언 요약과 조항들의 기반이 된 교리의 개요를 설명한다.

창조, 계시, 영감

창조의 말씀을 통해 만물을 지으셨고 작정의 말씀을 통해 만물을 다스리시는 삼위일체 하나님은 하나님의 신격 안에서 사랑의 교류를 통해 이루어지는 영원한 교제를 본으로 삼으셔서, 인간도 자신과 친교를 나누는 삶을 살게 하시려고 자신의 형상을 따라 인간을 지으셨다. 하나님의 형상을 지닌 인간은 하나님이 그에게 하시는 말씀을 듣고 경배와 순종의 기쁨으로 응답하게 되어 있었다. 아담 이래로 인간은 피조 질서와 그 안에서 일어나는 일련의 사건들을 통한 하나님의 자기계시 외에도 그러한 계시를 능가하는, 언어를 통해 하나님에게서 오는 메시지들을 성경에서 말하는 것처럼 직접, 또는 성경 전체나 부분을 통해 간접적으로 받아 왔다.

아담이 타락하자, 창조주께서는 인간을 버린 채 최종적으로 심판하지 않으셨고, 도리어 구원을 약속하시고는 아브라함 가족을 중심으로 한 일련의 역사적 사건을 통해 자신을 구속주로 계시하기 시작하셨는데, 그 계시는 예수 그리스도의 삶과 죽음, 부활, 하늘에서의 현재 사역, 재림의 약속에서 정점에 도달하였다. 이러한 틀 안에서 하나님은 때를 따라 죄악 된 인간에게 심판과 자비, 약속과 명령의 구체적인 말씀을 주셔서, 하나님과 인간이 서로에게 헌신하는 언약 관계 속으로 사람들을 이끄시고, 그 언약 관계 안에서 은혜의 선물로 사람들에게 복주셨고, 사람들은 그 은혜에 응답하여 하나님을 경배하고 송축하게 되었다.

하나님이 출애굽 때 자기 백성에게 말씀을 전하시기 위해 사용하신 모세는 하나님이 자신의 말씀을 주어 이스라엘에게 전하시려고 오랜 세월에 걸쳐 세우신 일련의 선지자 가운데 선두에 서 있다. 하나님이 이렇게 일련의 메시지를 주신 목적은 백성으로 하여금 당신의 이름—즉, 그의 본성— 및 현재와 미래에 당신의 교훈과 목적의 뜻을 알게 하심으로써 언약을 지키시려는 것이었다. 하나님의 보내심을 받은 이 일련의 대언자들은 하나님의 성육신한 말씀으로서 선지자 이상의 존재였고, 그 계승은 하나님의 선지자로 살아가셨던 예수 그리스도 및 기독교 제1세대의 사도들과 선지자들에게서 완료되었다. 하나님이 예수 그리스도에 관하여 세계에 주신 말씀의 정점인 하나님의 최종 메시지를 주의 사도들이 전하면서, 일련의 계시된 메시지는 그쳤다. 이후로 교회는 하나님이 지금까지 모든 시대에 걸쳐 이미 말씀하신 것을 통해 하나님을 알고 살아가야 했다.

시내산에서 당신의 언약의 조항들을 두 개의 돌 판에 친히 기록하셔서 영원한 증언으로 삼으시고 사람들이 영속적으로 알 수 있도록 하신 하나님은 선지자들과 사도들을 통해 계시를 주신 모든 기간에도 사람들로 하여금 그들에게 또는 그들을 통해 주신 메시지를 기록하게 하셨고, 아울러 하나님이 자기 백성에게 행하신 일을 송축하는 내용, 언약의 삶에 대한 도덕적인 성찰, 언약에 의한 자비를 찬송하는 글과 구하는 기도도 아울러 기록하게 하셨다.

성경의 글을 탄생시킨 영감의 신학적 실체는 말로 주어진 예언을 탄생시킨 것과 동일하다. 인간 기자의 개성은 그들이 쓴 글에 표현되었지만, 그 글은 하나님이 하신 말씀이기도 했다. 이렇게 해서 성경이 말하는 것은 하나님이 말씀하시는 것이 되었고, 성경의 권위는 하나님의 권위가 되었다. 성경은 하나님이 어떤 사람을 선택하고 준비시키셔서, 그들이 "성령의 감동하심"을 받아 자신의 생각과 말로써 자유롭고 신실하게 "하나님께 받아 말한 것"(벧후 1:21)이라는 점에서, 성경의 궁극적인 저자는 하나님이시기 때문이다. 성경은 그 기원이 하나님께 있기 때문에 하나님의 말씀으로 인정되어야 한다.

권위: 그리스도와 성경

성육신하신 하나님의 아들, 우리의 선지자이자 제사장이며 왕이신 예수 그리스도는 하나님의 모든 은혜의 선물을 주시는 궁극적인 중보자이실 뿐만 아니라, 하나님이 인간에게 주시는 모든 말씀의 궁극적인 중보자시다. 그가 주신 계시는 말에 의한 계시 이상의 것이었다. 그는 자신의 존재와 행위들을 통해서도 아버지 하나님을 계시하셨다. 하지만 그분의 말씀은 아주 중요하다. 그는 하나님이셨고, 아버지 하나님에게서 받아 말씀하셨으며, 모든 사람은 마지막 날에 그의 말씀에 따라 심판을 받기 때문이다.

예언된 메시아로서 예수 그리스도는 성경의 중심적인 주제다. 구약성경은 장차 오실 그리스도를 대망했고, 신약성경은 그의 초림을 이미 경험한 가운데 재림을 대망한다. 정경인 성경은 하나님의 영감으로 된 것으로 그리스도에 대한 규범적 증언이다. 따라서 역사적 그리스도를 그 초점으로 하지 않는 해석학은 받아들여질 수 없다. 성경은 그것이 지닌 본질적인 성격을 따라 성육신하신 성자에 대한 성부의 증언으로 여겨져야 한다.

구약 정경은 예수 시대에 이르러 확정된 것으로 보인다. 신약 정경도 이제는 역사적 그리스도에 관한 새로운 사도적 증언이 더해질 수 없다는 점에서 확정되어 있다. 그리스도께서 다시 오실 때까지 (성경이 기존의 계시를 깨닫게 해주시는 것과는 구별되는) 새로운 계시는 주어지지 않을 것이다. 정경은 원칙적으로 신적 영감으로 만들어졌다. 교회의 역할은 정경을 스스로 고안해내는 것이 아니라, 하나님이 만들어놓으신 정경을 분별하는 것이었다.

잣대 또는 기준을 의미하는 '정경'이라는 단어는 권위를 가리키는 것으로, 이 권위는 다스리고 주관하는 권한을 의미한다. 기독교에서 권위는 하나님께 있고 하나님의 계시에 있다. 이것은 한편으로는 권위가 살아 계신 말씀인 예수 그리스도께 있고, 다른 한편으로는 기록된 하나님 말씀인 성경에 있음을 의미한다. 하지만 그리스도의 권위와 성경의 권위는 하나다. 우리의 제사장이신 그리스도는 성경이 절대로 무효화될 수 없다고 증언하셨다. 우리의 제사장이자 왕으로서 그리스도께서는 이 땅에서 율법과 선지서를 완성하시는 데 자신의 삶을 바치셨고, 메시아에 관한 예언의 말씀을 이루시기 위하여 죽기까지 순종하셨다. 이렇게 그리스도께서는 성경이 자기와 자신의 권위를 증언하고 있음을 아셨고, 친히 성경에 복종하심으로써 그 권위를 증언하셨다. 그리스도께서는 친히 성경(당시에는 지금의 구약성경)에 주어진 아버지 하나님의 가르침에 순종하셨고, 자신의 제자들에게도 그렇게 하라고 명령하셨다. 하지만 구약성경만을 독자적으로 순종하는 것이 아니라, 그리스도께서 보내신 성령을 통해 영감을 부여한 사도적 증언과 결합하여 순종할 것을 명령하셨다. 따라서 그리스도인은 성경을 이루는 선지자와 사도들의 글에 나와 있는 하나님의 가르침에 순종함으로써 자신이 주님의 신실한 종임을 보여줄 수 있다.

그리스도와 성경은 서로의 권위를 확증함으로써, 이 둘이 합하여 하나의 단일한 권위의 원천이 된다. 그러한 관점에서 성경적으로 해석된 그리스도와 (그리스도를 선포하는) 성경은 하나다. 성경이 영감으로 기록되었다는 사실에 따라 성경 말씀은 하나님의 말씀이라고 결론 내릴 수 있듯이, 예수 그리스도와 성경의 관계에 관한 계시에 따라 성경이 말하는 것은 그리스도께서 말씀하시는 것이라고 선언할 수 있다.

무류성, 무오성, 해석

영감으로 기록되어 권위를 지니고 예수 그리스도를 증언하는 하나님의 말씀인 성경은 속임이 없고(무류성) 오류가 없다(무오성)고 하는 말은 옳다. 이 부정어는 극히 중요한 긍정의 진리를 확고하게 보호한다는 점에서 특별한 가치가 있다.

'무류성'은 오도하는 것도 없고 오도된 것도 없다는 특징이 있기 때문에, 성경은 모든 일에서 확실하고 안전하며 신뢰할 만한 준칙이자 지침이라는 절대적인 진리를 보호한다. 마찬가지로 '무오성'은 모든 거짓이나 잘못으로부터 벗어나 있다는 특징 때문에, 성경이 단언하는 모든 것은 전적으로 참되고, 참된 것으로 믿을 수 있다는 진리를 보호한다.

우리는 정경인 성경이 언제나 무류성과 무오성을 토대로 해석되어야 한다고 천명한다. 하지만 하나님의 가르침을 받은 성경 기자가 각각의 본문에서 무엇을 단언하고 있는지를 결정하려면 인간 저작으로서 성경이 지닌 특성을 아주 세심하고 주의 깊게 살피지 않으면 안 된다. 영감 과정에서 하나님은 자신이 선택하신 성경 기자들의 환경—하나님이 자신의 주권적인 섭리를 통해 주관하신 환경—에 속한 문화와 관습을 활용하셨다. 이것과 다르게 생각한다면, 성경에 대한 잘못된 해석으로 이어진다.

따라서 역사는 역사로, 시가는 시가로, 과장법과 은유는 과장법과 은유로, 일반화와 추정은 일반화와 추정으로 취급되어야 한다. 성경의 여러 시대와 우리 시대 사이에 존재하는 문학적 관행들의 차이도 고려해야 한다. 예컨대 연대순이 아닌 서술과 부정확한 인용은 관행적이고 용납된 것으로서 당시 기준을 어긴 것은 아니기 때문에, 우리는 성경 기자들에게 발견되는 그런 것을 결함으로 여겨서는 안 된다. 우리 시대의 기준에 따른 정확성은 당시에는 사람들이 기대하지도 않았고 성경 기자들도 목표로 하지 않았기 때문에, 성경 기자들이 그런 정확성을 충족시키지 않는다고 해도 오류가 아니다. 성경이 무오하다는 것은 오늘날 기준에서 볼 때에 절대적으로 정확하다는 의미가 아니고, 성경 기자들이 의도한 정도의 진리성과 타당성을 지니고 있다는 의미이다.

성경이 참되다는 진실은 성경에 부정확한 문법이나 철자, 자연에 대한 현상 묘사나 설명, 거짓말 서술(예컨대, 사탄의 거짓말), 서로 불일치해 보이는 성경 본문 등으로 무효화되지 않는다. 성경의 현상들, 즉 무엇인가 부족해 보이는 성경의 겉모습을 거론하면서 성경의 가르침 자체를 부정하는 것은 옳지 않다. 물론 성경에 서로 불일치하는 것처럼 여겨지는 것들을 무시할 수는 없다. 그런 것을 설득력 있게 해결하면 우리 믿음은 더욱 힘을 얻을 것이고, 반면에 현재 설득력 있는 해법을 찾을 수 없고 겉보기에 서로 모순되어 보일지라도 하나님이 당신의 말씀은 참되다고 하신 것을 신뢰하고 언젠가는 그것이 서로 모순으로 다가오지 않을 것이라고 확신함으로써 하나님께 영광을 돌릴 수 있기 때문이다.

모든 성경은 하나님의 단일한 생각과 뜻에 따라 만들어진 것이기 때문에 성경을 해석할 때에는 "성경의 유비"라는 해석 원칙의 경계를 넘어서서는 안 되고, 점진적인 계시에 관한 가설 또는 성경 기자의 불완전 영감에 관한 가설을 받아들여 성경의 한 본문을 다른 본문에 의거해서 고치려는 시도를 피해야 한다.

성경 가르침이 보편적인 타당성을 지니지 못할 정도로 인간 문화에 구속받는 것은 아니지만, 특정 시대의 관습이나 관습적인 사고 같은 문화적인 요인으로 제약을 받는 경우가 종종 있기 때문에, 그 가르침이 보여주는 원칙을 오늘날에 적용했을 때는 그 실천이 당시와는 다른 것이 될 수 있다.

회의주의와 비평학

르네상스 이래, 좀 더 구체적으로는 계몽운동 이래로, 기독교의 기본적인 교리에 관한 회의주의를 내포한 세계관이 발전해왔다. 인간이 하나님을 알 수 있음을 부정하는 불가지론, 인간이 하나님을 이해할 수는 없음을 부정하는 합리주의, 하나님이 초월적인 존재임을 부정하는 관념론, 하나님과 우리의 관계가 합리성에 기반하고 있음을 부정하는 실존주의가 그것이다. 이러한 비성경적이고 반성경적인 원칙들이 신학에 침투해 신학의 기본전제로 작용할 때, 성경에 대한 충실한 해석은 불가능해진다. 그런데 오늘날 그러한 원칙이 여러 신학의 기본전제가 되어 있다.

전승과 번역

하나님은 그 어디에서도 성경의 무오한 전승을 약속하신 적이 없기 때문에, 성경 원본만이 영감으로 만들어졌음을 천명하는 것이 필수이고, 전승 과정에서 본문으로 들어왔을지 모르는 실수를 찾아내기 위한 수단으로 본문비평이 반드시 필요하다. 하지만 지금까지 진행된 본문비평의 결과는 히브리어와 헬라어로 된 성경 본문이 놀라울 정도로 잘 보존되어 왔음을 보여준다. 따라서 웨스트민스터 신앙고백이 말하고 있듯, 성경 본문의 전승 과정에 하나님의 특별한 섭리가 작용했다고 단언하는 것은 지극히 옳고, 성경의 권위는 현존하는 성경 사본들이 전적으로 오류에서 벗어나 있지 않다는 사실로 인해 결코 훼손되지 않는다고 단언할 수 있다.

또한 번역은 완전하지 않고, 그럴 수도 없기 때문에, 모든 역본은 원본에서 한 걸음 떨어져 있을 수밖에 없다. 하지만 언어학적인 판단에 따르면, 오늘날 적어도 영어권 그리스도인은 많은 훌륭한 역본이 갖추어진 대단히 좋은 환경 속에 있어 사람들이 도처에서 하나님의 참된 말씀을 접할 수 있다는 결론을 주저함 없이 내릴 수 있다. 성경에서 중요한 내용에 대해서는 자주 반복적으로 말하고 있고, 게다가 성령이 하나님 말씀에 대해, 하나님 말씀을 통해 끊임없이 증언하고 계시기 때문에 번역본의 경우 원본의 의미가 제대로 드러나지 않아 성경을 읽는 사람들이 "그리스도 예수 안에 있는 믿음으로 말미암아 구원에 이르는 지혜"(딤후 3:15)를 얻지 못하는 일은 벌어지지 않는다.

무오성과 권위

우리는 성경이 진리 전체를 담고 있기에 권위가 있다고 긍정한다. 이것은 그리스도와 그의 사도들 그리고 실제로는 성경 전체와 첫날부터 최근까지 이어져온 교회사의 주류에 서는 것을 의미한다. 이 시대를 살아가는 많은 사람은 우리 신앙에 광범위한 영향을 미치는 이 지극히 중요한 가르침을

별 생각 없이 무심코 부주의하게 포기한 채로 살아간다.

또한 성경과 거기에 담긴 진리 전체가 지닌 권위를 부정했을 때 거기로부터 심각하고 중대한 혼돈이 초래된다는 것을 우리는 안다. 그럴 때 하나님이 주신 성경은 권위를 상실하고, 비평학적 추론과 요구들에 따라 재단된 성경이 그 자리를 차지하며 그러한 과정은 일단 시작된 후에는 계속 진행되어 성경은 거의 껍데기만 남는다. 그것은 근본적으로 성경의 가르침과는 반대되는 독립적인 이성이 권위를 지니는 것을 의미한다. 이러한 실상을 알지 못하는 사람들은 실제로는 성경 전체가 진리라는 것을 부정하면서도, 자기는 여전히 복음적인 가르침을 붙들고 있는 복음주의자라고 주장할 것이다. 하지만 방법론적으로 보면, 그들은 진리를 아는 지식에 관한 복음적인 원칙으로부터 이미 멀리 떨어져 나와 불안정한 주관주의 속으로 깊이 들어가 있기 때문에, 계속 그 속으로 더 깊이 빠져 들어갈 것이다.

우리는 성경이 말하는 것은 곧 하나님이 말씀하시는 것임을 분명히 한다. 하나님께서 영광을 받으시기를. 아멘, 아멘.

성경 해석학에 관한 시카고 선언(1982년)

1982년 11월에 성경의 무오성에 관한 국제위원회는 성경 해석의 원칙들과 실천에 관한 합의 도출을 목적으로 한 두 번째 주요 과제를 수행하기 위해 100여 명의 학자가 참석한 가운데 두 번째 국제회의를 개최했다. 성경의 무오성에 관한 믿음이 성경의 권위를 유지하는 데 기본적인 것이기는 하지만, 성경의 의미와 메시지가 제대로 이해되는 경우에만 그러한 믿음과 합의가 진정한 가치를 지닌다는 데 인식을 같이했기 때문이다. 사실 오늘날 성경에 관한 대부분 토론에서 중점적으로 다루어지는 것은 해석과 해석학의 문제들이다. 이런 이유에서 무오성 위원회는 애초부터 두 번의 회의를 열어, 무오성과 해석학에 관한 두 가지 선언문을 하나의 쌍으로 채택할 계획을 세워두었다. 거의 모든 참석자의 폭넓은 지지를 받은 문서인 아래의 조항과 해설문 초안을 작성하는 데 또다시 참여하게 된 것을 나는 영예로 생각한다. 이제 위원회의 허락을 얻어 이 문서를 여기에 싣는다.

긍정과 부정의 조항들

제1조. 우리는 성경의 규범적 권위가 하나님 자신의 권위이고, 교회의 주이신 예수 그리스도에 의해 증명된 것임을 긍정한다. 우리는 그리스도의 권위와 성경의 권위를 분리시키거나 서로 상충하는 것으로 보려는 시도의 정당성을 부정한다.

제2조. 우리는 그리스도가 한 분이면서도 하나님이자 사람이신 것과 마찬가지로, 성경도 인간의 언어로 된 하나님의 말씀이고, 이 둘은 서로 분리될 수 없음을 긍정한다. 우리는 그리스도가 낮아지실 때 취하신 인성이 죄를 수반함을 부정하는 것처럼, 성경이 비천한 인간적인 형태를 취하고 있기에

오류를 수반한다는 것도 부정한다.

제3조. 우리는 그리스도의 인격과 사역이 성경 전체의 중심 초점이라는 것을 긍정한다. 우리는 성경의 그리스도 중심성을 거부하거나 희석시키는 해석 방법론을 부정한다.

제4조. 우리는 성경에 영감을 부여하신 성령이 오늘날에도 역사하셔서 성경의 메시지로 믿음을 만들어내신다는 것을 긍정한다. 우리는 성령이 성경의 가르침에 어긋나는 것을 누군가에게 가르치신다는 것을 부정한다.

제5조. 우리는 성령이 신자들로 하여금 성경을 자기에게 주신 것으로 받아들여 각자의 삶에 적용할 수 있게 하신다는 것을 긍정한다. 우리는 자연인이 성령 없이 성경의 메시지를 영적으로 분별할 수 있다는 것을 부정한다.

제6조. 우리는 성경이 하나님의 진리를 명제적인 진술로 표현하고 있다는 것을 긍정하고, 성경 진리는 객관적인 동시에 절대적이라고 선언한다. 또한 우리는 특정 진술이 어떤 것을 있는 그대로 나타내는 경우에는 참이지만, 사실을 잘못 나타내는 경우에는 오류라는 것을 긍정한다. 성경이 구원에 이르는 지혜를 얻게 해주지만, 성경 진리는 그러한 기능적인 측면에서 정의되어야 한다는 것을 우리는 부정한다. 또한 오류는 의도적으로 속이는 것이라는 정의를 부정한다.

제7조. 우리는 각각의 성경 본문에 표현된 의미는 단일하고 확정되어 있으며 일정하다는 것을 긍정한다. 우리는 이러한 단일한 의미에 대한 인정이 그 의미의 다양한 적용을 배제한다는 것을 부정한다.

제8조. 우리는 성경이 모든 문화와 상황에 적용되는 가르침과 명령과 함께, 오직 특수한 상황에만 적용되는, 그 밖의 다른 명령을 담고 있다는 것을 긍정한다. 우리는 성경의 보편적 명령과 특수한 명령을 문화적이고 상황적인 요소에 따라 결정할 수 있다는 것을 부정한다. 또한 우리는 보편적인 명령이 문화적, 상황적으로 상대적인 것으로 취급될 수 있다는 것을 부정한다.

제9조. 우리는 역사적으로 석의의 규칙을 지칭해왔던 해석학이라는 용어를, 성경 계시가 무엇을 의미하고 우리 삶에 어떤 영향을 미치는지를 인식하는 과정을 모두 포함하도록 확장하는 것이 합당하다고 긍정한다. 우리는 성경 메시지가 해석자의 깨달음에서 나오거나 결정된다는 것을 부정한다. 따라서 우리는 성경 기자의 '지평'과 해석자의 '지평'이 정확하게 맞아떨어지면 성경 본문이 해석자에게 전달하는 의미가 성경에 표현된 의미에 궁극적으로 통제받지 않을 수 있다는 것을 부정한다.

제10조. 우리는 성경이 아주 다양한 문학 양식을 통해 하나님의 진리를 우리에게 말로 전달한다는 것을 긍정한다. 우리는 인간의 언어가 지닌 한계로 인해서 성경은 하나님의 메시지를 전하기에는 적절하지 않다는 것을 부정한다.

제11조. 우리는 성경 본문의 여러 번역본이 시대와 문화의 경계를 넘어 하나님을 아는 지식을 전달해줄 수 있다는 것을 긍정한다. 그리고 성경 본문은 그것이 나온 문화와 결합되어 있기 때문에 다른 문화에서 그 의미를 동일하게 이해하기는 불가능하다는 것을 부정한다.

제12조. 우리는 각 문화의 맥락 속에서 성경을 번역하고 가르치는 일을 할 때 내용을 충실하게 전달하는, 기능적으로 동등한 것만을 사용해야 한다는 것을 긍정한다. 우리는 서로 다른 문화 사이에 소통하기 위해 요구되는 것에 무감각해선 안 된다고 여기며, 그 과정에서 성경의 의미를 왜곡하는 방법이 정당함을 부정한다.

제13조. 우리는 성경의 여러 부분에서 문학적인 범주, 양식과 문체에 관한 이해가 올바른 석의를 위해 필수적이라는 것을 긍정한다. 따라서 우리는 양식 비평을 성경학의 많은 분과 학문 중 하나로 높이 평가한다. 하지만 우리는 사실을 서술하는 성경 서사의 역사성을 부인하는 일반 범주의 사용은 부정한다.

제14조. 우리는 사건과 강론과 말씀에 대한 성경 기록은 여러 적절한 문학 양식으로 표현되어 있더라도 역사적 사실과 부합한다는 것을 긍정한다. 우리는 성경에 보도된 사건이나 강론이나 말씀이 성경 기자 또는 그들이 몸담고 있던 전통에 의해 고안되었다는 것을 부정한다.

제15조. 우리는 성경을 문자적 또는 통상적인 의미에 따라 해석하는 것이 필수적이라고 긍정한다. 문자적 의미라는 것은 문법적이고 역사적인 의미, 즉 성경 기자가 표현한 그대로의 의미이다. 문자적 의미에 따른 해석은 성경 본문에 나타나 있는 모든 비유와 문학 양식을 고려한다. 우리는 문자적으로 뒷받침되지 않는 의미를 성경에 덧붙이는 방법론의 정당성을 부정한다.

제16조. 우리는 정경의 본문과 그 의미를 결정하는 데 합당한 비평학적 기

법을 사용해야 한다는 것을 긍정한다. 우리는 성경 기자가 표현한 의미나 그 밖의 다른 성경의 가르침이 참되거나 흠이 없이 온전하다는 것에 의문을 제기하는 모든 성경 비평학 방법론의 정당성을 부정한다.

제17조. 우리는 성경의 통일성, 조화성, 일관성을 긍정하고, 성경 자체가 성경에 대한 최고의 해석자라는 것을 선언한다. 우리는 한 본문이 다른 본문을 수정하거나 훼손하는 방식으로 성경을 해석할 수 있다는 것을 부정한다. 우리는 이후에 나타난 성경 기자들이 이전의 성경 구절을 잘못 해석해서 인용하거나 참조했다는 것을 부정한다.

제18조. 우리는 성경에 대한 성경의 해석은 언제나 올바르고, 영감으로 된 본문의 단일한 의미를 결코 벗어나지 않으며, 도리어 명료하게 한다는 것을 긍정한다. 어떤 선지자가 전한 말씀의 단일한 의미는 말씀에 대한 그 선지자의 이해를 포함하기는 하지만 거기에 국한하지 않고, 그 말씀의 성취를 통해 증명된 하나님의 의도를 반드시 포함한다. 우리는 성경 기자가 자신들이 전한 말씀의 온전한 함의를 언제나 이해했다는 것을 부정한다.

제19조. 우리는 해석자가 성경에 가져오는 모든 선이해는 성경의 가르침과 조화되어야 하고 성경에 의해 수정되어야 한다는 것을 긍정한다. 우리는 성경이 자연주의, 진화론, 과학주의, 세속적인 인문주의, 상대주의 등과 같이 자신과 부합하지 않는 이질적인 선이해에 자신을 맞추어야 한다는 것을 부정한다.

제20조. 우리는 하나님께서 모든 진리의 원천이시기 때문에, 성경 안과 밖에 있는 모든 진리는 일관되고 통일되어 있으며, 성경은 자연이나 역사나

그 밖의 다른 모든 것에 속한 것을 다룰 때에 진리를 말하고 있다는 것을 긍정한다. 또한 우리는 어떤 경우에는 성경 밖의 자료가 성경이 가르치고 있는 것을 분명히 해주고 잘못된 해석을 바로잡게 하는 가치가 있다는 것을 긍정한다. 우리는 성경 밖의 견해들이 성경의 가르침이 틀렸음을 증명한다거나 그 해석에 우선권을 지니고 있다는 것을 부정한다.

제21조. 우리는 특별 계시와 일반 계시는 서로 조화되기 때문에 성경의 가르침과 자연의 사실도 조화된다는 것을 긍정한다. 우리는 진정한 과학적 사실이 성경 본문의 참된 의미와 부합하지 않는다는 것을 부정한다.

제22조. 우리는 창세기 1~11장이 성경의 나머지 부분과 마찬가지로 사실이라는 것을 긍정한다. 우리는 창세기 1~11장의 가르침이 신화적이어서 지구 역사 또는 인류 기원에 관한 과학적 가설들로 성경이 창조에 관해 가르치는 것을 무너뜨릴 수 있다는 주장을 부정한다.

제23조. 우리는 성경의 명료성, 특히 죄로부터의 구원에 관련된 성경 메시지의 명료성을 긍정한다. 우리는 성경의 모든 구절이 구속 메시지와 관련해서 동일하게 명료하거나 동등한 의미를 지닌다는 것을 부정한다.

제24조. 우리는 한 개인이 성경을 이해하기 위해 성경학자들의 전문 지식에 의존하지 않아도 된다는 것을 긍정한다. 우리는 한 개인이 성경에 대한 성경학자들의 전문적인 연구 결과를 무시해도 좋다는 것을 부정한다.

제25조. 우리는 성경 본문을 하나님 말씀으로 충실하게 설명하는 것이 하나님의 계시와 우리 삶과 관련해서 그 계시의 합당한 적용을 충분히 전달

하는 유일한 설교 유형임을 긍정한다. 우리는 설교자가 성경 본문을 떠나 하나님으로부터 메시지를 받는다는 것을 부정한다.

해설문

아래의 글은 성경 해석학에 관한 시카고 선언에 반영된 전체적인 신학적 이해를 개략적으로 설명해놓은 것이다. 이 글의 초안은 선언문을 작성하기 위해 먼저 마련됐다. 그리고 그 후에 선언문과 그 선언문을 작성하기 위한 학자들의 회의에서 제시된 많은 구체적인 제안에 비추어 개정되었다. 이 개정본은 제때에 완성되지 못해 이 회의에 제출될 수 없었지만, 그 내용은 선언문에 서명한 사람들의 공통된 생각을 포괄적으로 정확하게 담고 있는 것으로 보아도 무방하다.

이 해설문의 관점

창조주이시고 구속주이신 살아 계신 하나님은 인간과 소통하는 분이시고, 역사 속에서 하나님의 구원 계시를 우리에게 제시하는 영감받고 무오한 성경은 하나님이 오늘날 우리와 소통하시는 수단이다. 전에 자기 아들 예수 그리스도를 통해 이 세계에 말씀하셨던 하나님은 지금도 여전히 자신의 기록된 말씀 안에서 또한 그 말씀을 통해 우리에게 말씀하신다. 따라서 그리스도인은 그리스도의 몸 안에서 교제하고 기도하는 가운데 설교 및 개인적인 연구와 묵상을 통해 성경을 해석하기 위해 늘 힘씀으로써, 성경 안에서 하나님이 우리에게 주시는 규범적인 메시지를 합당하게 이해하여야 한다. 글로 된 권위 있는 계시이자 하나님이 주신 신앙과 삶의 준칙으로 성경적인 개념을 올바르게 정립했다고 해도, 성경의 메시지를 바르게 파악해 적용하지 않는다면, 아무런 유익도 없게 된다. 따라서 기록된 하나님의 말씀을 해석하는 잘못된 방식을 찾아내 배척하고, 그런 것을 하나님의 무오한 말씀에 대한 충실한 해석으로 대체하는 것은 지극히 중요하다. 이것이 본 해설문이 추구하는 목적이다.

이 해설문은 다음과 같은 세 가지 확신에 비추어 해석학적 과제에 대한 기본적인 관점을 제시한다. 첫 번째, 성경은 하나님이 친히 우리에게 주신 가르침으로서 영속적으로 참되고 전적으로 신뢰할 만하다는 것이다. 두 번째, 해석학은 오늘날 교회에서 성경의 권위를 지키기 위한 싸움에서 극히 중요하다는 것이다. 세 번째, 성경 해석에서 우리는 성경 무오성의 원칙을 천명함으로써 성경이 단언한다고 증명된 모든 것이 단 하나라도 훼손되지 않도록 하는 것과 마찬가지로, 성경이 실제로 어떤 단언을 하고 있는지를 결정하는 성경 해석학을 제시함으로써 성경 무오성의 범위와 의미를 분명히 하지 않으면 안 된다는 것이다.

하나님과 인간의 친교

하나님은 양 방향의 소통에 의거한 친교를 통해 인간과 영원한 사랑의 교제를 나누시기 위하여 인간을 자신의 형상을 따라 이성을 지닌 인격적인 존재로 지으셨다. 여기에서 양 방향의 소통이라 함은 하나님은 계시의 말씀으로 우리에게 말씀하시고, 우리는 기도와 찬송의 말로 하나님께 응답하는 것을 가리킨다. 하나님이 우리에게 언어의 은사를 주신 것은 부분적으로는 그러한 상호 소통을 가능하게 하기 위한 것이었고, 부분적으로는 하나님에 대한 우리의 이해를 다른 사람과 공유하게 하려는 것이었다.

아담에서 그리스도에 이르기까지, 하나님께서 타락한 인류와의 교제를 어떻게 재정립하셨는지 역사적 과정을 증언할 때, 성경은 그분이 끊임없이 언어를 사용하여 사람들에게 자기 메시지를 보내셔서 당신이 무엇을 하시고 사람들이 무엇을 해야 하는지를 알게 하신 것으로 묘사한다. 성경의 하나님은 많은 형태의 말을 사용하신다. 하나님은 이야기하시고, 정보를 주시고, 가르치시고, 경고하시고, 이치를 따져 추론하시고, 약속하시고, 명령하시고, 설명하시고, 감정을 담아 외치시고, 간청하시고, 격려하신다. 구원하시는 하나님은 이러한 온갖 방식으로 말씀하시는 하나님이다.

성경의 기자들, 역사가들, 선지자들, 시인들, 교사들은 한결같이 하나님께서 모든 사람에게 말씀하시는 것처럼 여기면서 성경을 인용한다. 창조주는 당시만 아니라 모든 시대에 현재적이고 인격적으로 사람들을 자신과의 교제로 초대하시고 신앙과 경건의 표준을 제시하신다고 여기는 믿음은 성경적 신앙에 속한다.

하나님은 자연의 질서, 역사의 흐름, 양심의 소리를 통해서도 계시되지만, 인간은 죄로 둔감해져서 그러한 일반 계시에 제대로 응답할 수 없다. 그리고 일반 계시는 어쨌든 이 세계의 선하신 주님이자 의로우신 심판주로서의 창조주만을 드러낼 뿐이고, 예수 그리스도로 말미암는 구원에 대해서는 말해주지 않는다. 따라서 성경에 계시된 그리스도를 아는 것은 오늘날 죄인들에게 요구되는 하나님을 아는 지식과 하나님과의 친교에 필수적이다. 사람들이 성경 메시지를 듣거나 읽거나 설교를 통해 전해 듣거나 가르침을 받을 때, 성령은 그 메시지를 통해 역사하셔서 영적으로 눈먼 자들의 눈을 열어주시고 그러한 지식을 주입하신다.

겸손히 하나님의 도우심을 구하며 성경을 읽는 모든 사람이 성경에 나와 있는 구원 메시지를 깨달을 수 있도록 하나님은 그렇게 성경을 기록하셨고, 성령은 그렇게 역사하신다. 성령의 사역은 개인적인 성경 연구를 불필요하게 하기는커녕, 도리어 그러한 성경 연구가 열매를 맺을 수 있게 해준다.

하나님이 우리에게 말을 통해 이성적이고 알아들을 수 있도록 소통하신다는 것을 부정하고, 어떤 사람들처럼 인격적 계시와 명제적 계시를 구분하고 대립적으로 이해하며, 우리에게 주어진 언어가 하나님의 참된 메시지를 받기에 적절한지를 의심하는 것은 근본적으로 잘못이다. '말씀'이 육신이 되셔서 비천한 종의 모습을 지녔기 때문에 예수께서 아버지 하나님을 참되게 계시하지 못하신다고 할 수 없듯이, 하나님의 뜻이 성경의 언어라는 비천한 모습으로 주어졌기 때문에 성경에 나와 있는 것은 하나님의 참된 계시가 아니라고 주장할 수는 없다.

각 사람이 영적으로 잘되기 위해 반드시 알아야 하는 것을 하나님이 성경에 분명하게 계시해 놓으셨음을 부정하는 것은 또 하나의 잘못된 주장이다. 우리가 성경에 나오는 어떤 것들을 모호하다고 생각한다면, 그것이 실제로 모호한 것이 아니라, 우리가 아는 것과 통찰이 제한되어 있어 그렇게 생각하는 것뿐이다. 성경은 양심을 구속하는 가르침의 원천으로도 명료하고 충분하며, 우리를 지으시고 사랑하시며 구원하시는 하나님을 예배하고 섬기기 위한 영생과 경건의 지침으로도 명료하고 충분하다.

성경의 권위

성경은 사람의 말을 통해 주어진 하나님의 자기계시다. 성경은 하나님에 대한 사람의 증언임과 동시에, 하나님에 대한 하나님 자신의 증언이다. 성경은 역사 속에서 이루어진 하나님의 구속 사역에 대한 신적이면서도 인간적인 기록과 해석으로, 인간이 알아들을 수 있는 계시, 즉 인간이 자기 지성으로 깨닫고 응답할 수 있도록 주어진 진리이다. 하나님은 성경의 원천이시고, 구주 예수 그리스도는 성경의 준거점이며 주된 내용이시다. 신앙과 삶의 무오한 지침으로서 성경의 절대적이고 영속적인 가치는 성경이 하나님에게서 주어졌다는 사실로부터 온다(딤후 3:15~17).

성경은 인간적인 것임과 동시에 온전히 신적인 것이기 때문에, 모든 가르침에서 하나님의 지혜를 표현하고 있고, 지식과 관련된 모든 단언에서 신뢰할 만하게, 즉 속임도 없고(무류성) 오류도 없이(무오성) 말한다. 성경은 여러 시기에 걸쳐 쓰인 고유한 특성과 내용을 지닌 일련의 글로서, 한데 결합되어서 보편적으로 타당한 진리, 곧 인간의 보편적인 죄에 관한 나쁜 소식과 주후 1세기에 하나님의 아들이요 이 세상의 유일하신 구주임이 증명된 한 유대인에 관한 좋은 소식을 담고 있는 일종의 유기체를 이루고 있다. 이렇게 많은 책으로 구성된 성경은 인간의 삶 전반을 폭넓게 다루고 있고, 인간의 모든 문제와 행실에 영향을 미친다. 성경은 구속사, 곧 율법과 복음 그리고 믿음과 순종 및 그 반대의 반응에 관한 하나님의 명령, 약속, 경고, 역사들, 방식, 실물 교훈, 각각의 결과를 우리 앞에 제시함으로써, 하나님이 우리에게 보여주시려는 인간 실존의 전체 모습을 보여준다.

성경의 권위는 예수 그리스도의 권위와 결합되어 있다. 예수 그리스도의 기록된 말씀은 이스라엘 성경(우리의 구약성경)의 가르침이 주님의 가르침이나 사도들의 증언(우리의 신약성경)과 함께 당신을 따르는 자들을 위해 세우신 신앙과 행실의 준칙을 구성한다는 원칙을 확인한다. 그분은 성경에 대한 잘못된 해석에 대해서는 비판하셨지만, 성경 자체를 비판하지는 않으셨다. 도리어 성경에는 당신과 모든 제자를 구속하는 권위가 있다고 단언하셨다(마 5:17~19). 따라서 그리스도의 권위와 성경의 권위를 분리해서 대립시키는 것은 잘못이다. 또한 한 사도의 권위를 또 다른 사도의 권위와 대립시키거나, 한 사도가 이때에 가르친 것을 다른 때에 가르친 것과 대립시키는 것도 잘못이다.

성령과 성경

인간 저자들을 감동시키셔서 성경의 책들을 쓰게 하신 하나님의 성령은 지금도 당신의 능력으로 그 책들과 함께하신다. 성령은 교회를 이끄셔서 정경화 과정에서 각 책의 영감 여부를 분별하게 하였고, 지금도 계속 성경을 통해 개개인을 감동시킴으로써 성경이 영감으로 된 것임을 확증하신다. 개개인이 성경을 연구하고 기도하며 묵상하고 교회에서 배우고자 할 때, 성령은 그들을 도우셔서, 성경이 가르치는 것을 깨닫게 하고 순종하게 하시며, 살아 계신 삼위일체 하나님을 알게 해주신다.

이러한 성령의 조명은 성경 본문을 부지런히 연구할 때만 기대할 수 있다. 조명은 성경이 말하는 것을 넘어서는 어떤 새로운 진리를 보여주는 것이 아니라, 성경이 우리에게 내내 보여왔던 것을 볼 수 있게 해준다. 조명은 우리 양심을 하나님 말씀인 성경에 묶고, 성경 본문의 의미를 통해 우리에게 주어지는 하나님 말씀을 들었을 때에 우리 안에서 기쁨과 경배를 만들어낸다. 반대로 성경의 가르침을 무시하거나 그 가르침에 시비를 걸려는 지적, 감정적인 충동은 하나님의 성령이 아니라 다른 원천에서 온다. 성경에 대한 명백히 잘못된 이해와 해석을 성령의 인도하심이라고 해서는 안 된다.

해석학의 개념

성경 해석학은 전통적으로 성경 본문을 이해하기 위한 바른 원칙을 연구하는 학문으로 정의되어 왔다. 이해는 이론적이고 개념적인 차원에서 그칠 수 있고, 신앙의 동의와 참여를 통해 그 이론과 개념이 보여준 하나님을 인격적이고 경험적으로 알게 되는 데까지 나아갈 수도 있다. 모든 고대 문헌을 이해하고자 할 때는 그 문헌의 언어와 배경에 대한 충분한 지식과 서로 다른 문화적 맥락에 대한 충분한 공감이 요구되듯이, 이것은 성경에 대한 이론적인 이해를 위해서도 마찬가지다. 하지만 그렇게 한다 해도 성령의 조명 없이는 성경에 대한 경험적인 이해, 즉 성경이 보여주는 하나님을 인격적으로 아는 지식에는 도달할 수 없다. 성경 해석학은 이 두 가지 차원의 이해에 도달하는 방법을 연구한다.

성경 해석의 범위

가장 넓은 의미에서 해석자의 소임은 한편으로는 성경이 역사적으로 무엇을 의미했는지를 이해하는 것이고, 다른 한편으로는 오늘날 우리에게는 무엇을 의미하는지, 즉 우리 삶에는 어떤 의미를 지니는지를 이해하는 것이다. 이 소임을 제대로 수행하려면 세 가지 활동을 끊임없이 해나가야 한다.

첫 번째는 '석의'이다. 석의는 하나님이 성경 기자를 통해 당시 사람들에게 무엇을 말씀하고자 하셨는지를 성경 본문에서 추출해내는 것이다.

두 번째는 '통합'이다. 통합은 어떤 문제에 대해 말하는 본문을 석의하면서 얻은 결과물과 그 문제(혹은 다른 문제)에 관한 성경의 다른 가르침을 서로 연결하는 것이다. 오직 이 틀 안에서만 특정 본문에 대한 석의를 통해 얻은 결과물이 지닌 온전한 의미를 결정할 수 있다.

세 번째는 '적용'이다. 적용은 석의를 통해 얻은 결과물을 하나님의 가르침으로 여기고 우리 생각과 행위를 바로잡거나 지도하는 데 사용하는 것이다. 적용은 하나님의 성품과 뜻, 인간의 본성과 필요, 예수 그리스도의 구원 사역 그리고 교회의 공동의 삶을 비롯한 경건의 경험적인 측면들, 역사에 대한 하나님의 계획을 비롯해 하나님과 그의 세계 사이의 다면적인 관계가 세월이 흘러도 변하지 않는 실체임을 전제한다. 구약성경과 신약성경이 끊임없이 다루는 것은 바로 그러한 문제다.

성경의 해석과 적용은 설교에서 아주 자연스럽게 일어나고, 모든 설교는 이 세 가지 절차에 토대를 두어야 한다. 그렇게 하지 않으면 성경의 가르침을 잘못 이해해서 잘못 적용하게 될 것이고, 하나님과 그의 길에 관한 혼란과 무지가 초래될 것이다.

성경 해석의 공식 규칙들

성경 해석에서 이성을 바르게 사용하는 방법은 이성을 주인이 아니라 종으로 사용하는 것이다. 믿는 해석자는 성경 본문에 특정한 의미를 강제하거나 조작하기 위해서가 아니라, 성경 본문에 이미 들어 있는 의미를 이해하는 데 자신의 지성을 사용하는 것이 마땅하다. 그리스도인이 아니더라도 성경의 개념을 정확하게 이해한 학자들의 저작은 해석자의 소임으로서 성경을 이론적으로 이해하는 부분에서는 가치 있는 자료일 것이다.

a. 해석은 문자적 의미, 즉 각각의 성경 본문이 담고 있는 단일한 문자적 의미를 고수해야 한다. 가장 먼저 탐구해야 하는 것은 언제나 하나님이 사용하신 성경 기자가 어떤 의미로 해당 본문을 썼느냐 하는 것이다. 해석학에서는 본문에서 읽어낼 수 없는 의미를 본문 속에 집어넣어서 읽는 것, 어떤 본문을 읽고서 떠오른 생각이 본문 속에 나타나 있는 성경 기자의 사고의 일부가 아닌데도 그 생각을 좇는 것, 본문의 배후로 들어가서 숨겨진 의미를 찾아내고자 하는 것을 모두 철저하게 배제한다. 성경에 나오는 상징적인 말이나 비유는 있는 그대로 인정하는 것이 마땅하지만, 제멋대로 알레고리 방식으로 해석하는 것(성경 기자가 모형론을 사용하고 있음이 증명되어 거기서 기자가 의도한 의미를 이끌어내는 경우와는 다르다)은 피해

야 한다.

　b. 각각의 성경 본문이 지닌 문자적 의미는 문법적이고 역사적인 방법론을 사용해서, 즉 그 본문을 역사적인 맥락 속에서 언어학적으로 자연스럽게 이해하는 방법이 무엇이냐를 물음으로써 찾아내야 한다. 고언어적이고, 의미론적이며, 논리적인 기반으로 언어학 기법들의 도움을 받아 이루어지는 본문에 대한 역사적이고 문학적이며 신학적인 연구가 여기에서 우리가 제시하는 방법론이다. 각 본문에 대한 석의는 그 본문이 속한 성경 각 책의 맥락 속에서 이루어져야 하고, 성경 기자가 알고 있거나 사용한 것으로 추정되는 자료 속에서 그 본문이 의미하는 것이 아니라, 성경 기자 자신이 그 본문을 통해 말하고자 한 것이 무엇인지를 알아내려고 해야 한다. 여러 가지 비평학적 도구를 사용할 때에는 성경 기자가 말하고자 하는 의미에 의문을 제기하는 게 아닌, 단지 그 의미를 확정하는 데 유용한 도구로 사용하는 경우에만 합당하다.

　c. 성경 해석은 성경에 나오는 모든 내용이 전체적으로 조화를 이루고 있다는 원칙을 고수해야 한다. 성경은 공통의 신앙 안에서 아주 다양한 개념과 관점을 보여주고, 동일한 하나님의 진리를 성경 시대 전체에 걸쳐 점진적으로 보여준다. 이러한 차이들을 의도적으로 축소해서는 안 되지만, 그러한 다양성의 근저에 있는 통일성을 놓쳐서도 안 된다. 우리는 성경으로 성경을 해석해야 하고, 성경이라는 단일한 원천에서 나온 본문이 서로 진정 불일치할 수 있음을 방법론적으로 전제해서는 안 된다. 설령 서로 불일치해 보이는 본문이 사실은 서로 조화된다는 것을 현재로선 설득력 있게 증명할 수 없더라도, 사실 그 본문은 서로 조화되고, 우리가 좀 더 온전하게 알게 되는 날에는 그것이 증명될 것임을 전제해야 한다.

　d. 해석은 정경적인 것이어야 한다. 즉, 우리는 언제나 성경 전체의 가르침이라는 틀 안에서 특정 본문에 대한 최종 이해에 도달해야 하고, 그 최

종적인 이해는 그 틀과 부합해야 한다.

양식비평은 성경 본문의 문자적 의미를 결정하는 데 보조수단으로서 유용하다. 양식비평은 성경의 책들이나 특정한 본문에서 사용된 문체와 양식과 내용에 비추어 어떤 책이나 본문이 여러 다양한 문학 범주 중에서 어디에 속하는지를 밝혀내는 것이다. 각각의 성경 기자가 특정한 문학 양식을 사용해 글을 썼을 때, 부분적으로는 그 기자가 속해 있던 문화와 관련된 문제이기 때문에, 그 문화에 대한 지식을 통해 해명될 수 있다. 양식에 대한 오해는 성경 내용에 대한 광범위한 오해로 이어지기 때문에, 양식비평을 소홀히 하지 않아야 한다.

성경의 메시지에서 예수 그리스도의 중심성

예수 그리스도와 그 안에서 주어진 하나님의 은혜는 성경의 중심 주제다. 구약성경과 신약성경은 둘 다 그리스도를 증언하고, 구약성경에 대한 신약성경의 해석은 일관되게 예수 그리스도를 가리킨다. 구약성경에 나오는 모형과 예언은 그리스도의 초림, 대속의 죽음, 부활, 통치, 재림을 미리 보여주는 것이었다. 제사장, 선지자, 왕의 직분과 사역, 하나님이 제정하신 제의와 희생제사들, 구약 역사 속에 나타난 구속 행위의 패턴은 모두 예수를 미리 보여주는 모형으로서 의미를 지니고 있었다. 구약의 신자들은 그리스도께서 장차 오실 것을 기다렸고, 그리스도와 그의 나라가 올 것을 믿는 믿음으로 구원받았으며, 오늘날 그리스도인은 우리 죄를 위하여 죽으셨다가 다시 살아나셔서 다스리시며 언젠가는 다시 오실 구주이신 그리스도를 믿는 믿음으로 구원받는다. 교회와 나라가 정확히 어떤 관계인지에 대해서는 의견이 갈릴지라도 교회와 예수 그리스도의 나라가 성경에 나타난 하나님의 계획에서 중심이라는 사실에는 의문의 여지가 없다. 따라서 성경의 일관된 그리스도 중심성에서 벗어난 성경 해석은 잘못된 것일 수밖에 없다.

성경적 지식과 성경 외적 지식

모든 사실은 서로 부합하고 하나의 통일된 전체를 이루고 있기 때문에, 그 사실에 대해 말하는 진리도 서로 부합하고 하나의 통일된 전체를 이룰 수밖에 없다. 모든 성경의 원천이신 하나님은 모든 사실의 주인이기도 하시기 때문에, 성경이 말하는 것에 대한 올바른 이해와 피조 질서 속에 존재하는 어떤 실체나 사건에 대한 올바른 설명 사이에는 원칙적으로 서로 모순되거나 상충하는 것이 있을 수 없다. 여기에서 서로 모순되거나 상충하는 것처럼 보이는 부분은 성경이 실제로 단언하는 것이나 성경 외적인 사실의 실상에 대한 오해나 부적절한 지식에 의해 생겨난다. 이는 재평가와 추가적인 학문적 탐구가 필요함을 보여준다.

성경의 진술과 자연과학

성경이 자연의 사실에 관해 말하는 것은 성경이 다른 것에 대해 말하는 것만큼 참되고 신뢰할 만하다. 하지만 성경은 현대 과학처럼 전문적으로 설명하는 방식이 아니라 일상생활에서 말하는 방식으로 자연 현상에 대해 말한다. 또한 성경은 피조 질서 내의 인과관계라는 관점이 아니라 하나님 역사라는 관점에서 자연 사건을 설명한다. 또한 성경은 흔히 현대 과학처럼 분석적이고 산문적인 표현이 아니라 비유적이고 시적인 표현으로 자연 과정을 묘사한다. 그렇기 때문에 성경이 송축하는 자연 사실과 사건에 관한 묘사가 과학적으로 바른 설명과 다를 수밖에 없다.

하지만 성경은 과학적인 문제를 과학적인 관점으로 말하기 위해서가 아니라 하나님을 계시하기 위해 주어진 것이기 때문에, 현대 과학의 언어를 사용하지 않고, 하나님과 우리에 관한 성경의 본질적인 메시지를 이해하는 데도 하나님의 창조 과정에 관한 과학 지식을 필요로 하지 않는다는 것을 기억해야 한다. 성경은 과학적인 지식을 해석해서, 그 지식을 하나님의 계시된 목적 및 사역과 연결시킴으로써, 과학적인 개념을 연구하고 개혁하기 위한 궁극적인 환경을 만든다. 성경 외적인 지식은 종종 성경에 대한 잘못된 해석을 밝혀내는 데 도움을 주긴 하지만, 과학 이론들은 성경이 말할 수 있는 것과 말해서는 안 되는 것을 정해줄 수 없다.

사실 과학 지식에 비추어서 자연에 관한 성경의 진술을 살펴보면 더 정확한 석의에 도달하는 데 도움이 된다. 석의는 성경 본문 자체에 의해 주도되어야 하고, 외적인 것들을 고려하면서 이루어져서는 안 되지만, 과학적인 지식과 본문을 비교해 보면서 그 본문이 무엇을 의미하는지를 끊임없이 묻는 것은 석의 과정을 촉진시키기 때문이다.

성경의 계시에서 규범과 문화

성경에는 다양한 형태의 말로 표현된 하나님과 그분의 뜻에 관한 변하지 않는 진리가 나오고, 또한 그 진리들을 여러 문화와 상황에 적용한 것도 나온다. 따라서 인간의 행실에 관한 성경의 모든 가르침이 오늘날 우리 행실의 규범이 되는 것은 아니다. 도덕적인 원칙을 특정한 문화와 상황에 적용한 것 중 일부는 성경 자체를 통해 그 성격과 범위가 구체적으로 정해진 제한된 청중에게만 해당된다. 석의의 과제 중 하나는 절대적이고 규범적인 진리와 그 진리들을 적용한 것 중 상황에 따라 달라질 수 있는 여러 상대적인 측면을 서로 구별하는 것이다. 이렇게 구별했을 때만, 우리는 그 동일한 절대적인 진리들이 당시와는 다른 문화 속에서 살아가는 우리에게 어떻게 적용되는지를 알게 된다.

특정한 문화 안에서 결정된 것이긴 하지만 사실은 상대적인 것이라기보다는 절대적인 원칙을 구체적인 상황에 적용해 명령한 것(예컨대, 바울이 그리스도인에게 입맞춤으로 서로에게 인사하라고 명령한 것)임을 알지 못하거나, 계시된 절대적인 진리(예컨대, 오경에서 동성애적 행위를 금지하신 것)를 문화에 따라 결정되는 상대적인 것으로 취급하는 일은 둘 다 잘못이다. 관습적인 가치와 후대의 사회적인 변화를 포함한 문화의 발전에 근거해 성경 원칙을 적용하는 전통적인 방식에 도전하는 것은 합당하긴 하지만, 그런 과정에서 그 원칙 자체를 수정하거나 그 원칙 적용을 아예 피하는 일은 합당하지 않다.

서로 다른 문화 사이의 소통에서 기독교 신앙을 가르치는 사람이 계시된 진리를 자신과는 다른 문화 속에서 살아가는 사람들에게 다시 적용하려면 또 하나의 조치가 필요하다. 이런 요구 때문에 기독교 신앙을 가르치는 사람이 성경에서 하나님의 뜻과 역사에 관해 말하는 것 중에서 무엇이 절대적인 진리이고 무엇이 그 절대적인 진리를 특정 문화에 적용한 상대적인 것인지를 명확히 하는 것이 얼마나 중요한 일인지 드러난다. 이 과제의 중요성을 알았다면, 성경에는 진리를 특정 문화에 적용한 사례가 있어서 오늘날에 그것을 적용할 때에는 당시와는 달라진 문화적인 변수에 맞춰 조정해야 한다는 점에 전보다 더 경각심을 갖고 절대적인 것과 상대적인 것을 명확하게 구별하는 데 힘을 쏟아야 한다.

하나님 말씀을 통해 하나님을 만남

20세기 동안 성경이 우리를 하나님의 말씀으로 인도하는 도구라고 단언하면서도, 하나님 말씀이 성경 본문 안에 늘 제시되어 왔음은 부정하려는 많은 시도가 있었다. 그러한 견해는 하나님은 성경 본문의 설교와 성경 연구를 통해 우리에게 말씀과 관련된 이런저런 통찰을 형성하고 촉발하기는 하시지만, 본문 자체는 무오하지 않은 인간의 증언이라고 본다. 그러나 그러한 견해는 대체로 하나님의 말씀이 인간이 알아들을 수 있는 언어로 하나님께서 소통하신 것임을 부정하기 때문에, 그 결과 필연적으로 '감화'를 중시하는 신비주의로 빠진다. 또한 그들은 성경이 객관적으로 주어진 하나님 말씀임을 부정하기 때문에, 하나님의 말씀과 성경 본문의 관계는 정의할 수 없는 것이 되어 지속해서 문제를 일으킨다. 오늘날 온갖 형태의 신정통주의와 실존주의 신학이 여기 해당하고, 방금 설명한 접근법의 극단적이고 앞뒤 맞지 않는 형태인 이른바 "신해석학"이라 불리는 것도 거기 포함된다.

오늘날 신해석학의 두 가지 강조점은 우리 세계와 성경 기자의 세계 사이의 문화적 차이를 제대로 알아야 한다는 것과 하나님이 자기 말씀을 통해 현 세대의 관점이 지닌 전제와 한계에 도전하심을 알아야 한다는 것이다. 사실 이 두 가지는 이 해설문이 제시한 성경 해석의 과제에 대한 이해에 포함되어 있다.

이것은 성경을 통해 하나님 및 그의 아들 예수 그리스도를 만나 변화되는 것을 강조하는 실존주의 신학도 마찬가지다. 성경 최고의 영광은 육신이 되신 살아 계신 그리스도, 즉 "영이요 생명"(요 6:63)이신 구주 예수님과의 교제를 통해 생명을 얻게 하는 것이다. 하지만 성경의 그리스도 외에 그리스도는 존재하지 않고, 오직 예수와 예수를 중심으로 한 하나님의 계획에 대해 성경이 말하는 것을 믿고 받아들이는 정도만, 예수 그리스도와의 진정한 영적 만남이 이루어짐을 기대할 수 있다. 성부와 성자는 성령으로 말미암아 신뢰할 만하고 제대로 된 바른 해석을 통해 죄악 된 사람들

에게 자신을 알게 하신다. 이 선언문을 통해 제시된 해석학적 원칙과 절차
는 바로 그러한 만남과 변화로 나아가는 길을 밝히고 지켜준다.

제임스 패커

제임스 패커의 절대 진리

초판 1쇄 인쇄 2019년 12월 6일
초판 1쇄 발행 2019년 12월 13일

지은이 제임스 패커
옮긴이 박문재

펴낸이 오정현
펴낸곳 국제제자훈련원
등록번호 제2013-000170호(2013년 9월 25일)
주소 서울시 서초구 효령로68길 98(서초동)
전화 02)3489-4300   **팩스** 02)3489-4329
이메일 dmipress@sarang.org

ISBN 978-89-5731-803-4 03230